"十二五"职业教育国家规划教材

经全国职业教育教材审定委员会审定

高职高专市场营销类精品教材系列

营销心理学

（第二版）

孙庆群　主　编

王贵玉　赵立营　副主编

兰贵秋　廖宏军　陈　涛　梁丽君　参　编

刘　进　主　审

科 学 出 版 社

北　京

内 容 简 介

本书自 2008 年首版发行后，经过几年的使用和教学实践的检验，广大读者给予了较高的评价，但也反映出一些观念老化、信息与数据过时等跟不上时代要求的问题。为了解决上述不足，进一步提高教材质量，更好地适应国家"十二五"教育发展的需要，编者又对本书进行了认真的修订。

本书注重理论联系实际，注意培养学生的市场观念和实践意识，提高学生运用营销心理学的基本理论去分析和解决营销实践中实际问题的能力，力求做到理论性与应用性并重，学术性与普及性兼顾，结构体例尽量新颖，案例资料尽量丰富，语言文字通俗易懂，努力做到适合高职高专学生的特点并易教、易学，具有较强的时代性和可操作性。修订后，本书在保持首版特点和优势的基础上，将更加适应"十二五"期间对高职高专层次营销管理及服务人才培养的需要。

图书在版编目（CIP）数据

营销心理学/孙庆群主编. —2 版. —北京：科学出版社，2015
（"十二五"职业教育国家规划教材）
ISBN 978-7-03-042736-6

Ⅰ. ①营… Ⅱ. ①孙… Ⅲ. ①市场心理学-高等职业教育-教材 Ⅳ. ①F713.55

中国版本图书馆 CIP 数据核字（2014）第 288724 号

责任编辑：朱大益 / 责任校对：王万红
责任印制：吕春珉 / 封面设计：多边图文

科学出版社 出版
北京东黄城根北街 16 号
邮政编码：100717
http://www.sciencep.com

三河市骏杰印刷有限公司印刷
科学出版社发行　各地新华书店经销
*
2008 年 9 月第 一 版　　开本：787×1092　1/16
2014 年 11 月第 二 版　　印张：19
2019 年 8 月第十一次印刷　字数：448 000

定价：**44.00 元**

（如有印装质量问题，我社负责调换〈骏杰〉）

销售部电话 010-62134988　　编辑部电话 010-62138978-2018（VF02）

前　言

随着社会经济的发展和人们消费水平的提高，消费者的消费需求差异也越来越大，他们不仅要追求物质消费的满足，也越来越多地追求心理方面的满足，这就对企业的产品营销（从产品设计、命名、生产，到包装、定价、广告、销售和售后服务等全过程）提出了更高的要求。

"营销心理学"是将心理学应用于市场营销当中而形成的一门综合性的应用管理学科，它专门研究市场营销活动中营销对象（中间商和消费者）的心理特点与行为规律。该学科在借鉴有关心理学的研究成果和全面分析研究营销对象心理活动过程及行为特点的基础上，进一步阐述了市场营销活动组织者如何采取有效的心理策略，在满足各类顾客物质需求的同时，更好地满足其心理需求，从而获取更大的营销效益。

在社会主义市场经济体制逐步走向完善的今天，工商企业应该清醒地认识到，由于改革开放以来工农业生产的迅猛发展和物质的极大丰富，目前的商品销售早已由"卖方市场"变为"买方市场"，因此，市场营销工作仅靠传统的营销方式已很难满足广大消费者的"感性需求"，必须运用心理营销策略，让企业投向市场的商品在品种、式样、品牌、包装、价格以及广告促销等方面均具有某种情感和思想寓意，以突出商品营销的心理功能，才能更好地抓住顾客的购物心理，促成购买；才能有助于激励中间商更好地经营本企业的产品，使企业的营销活动更具有竞争力。为实现上述目的，工商企业的决策者和营销人员，应系统地学习和掌握营销心理学的相关知识。

本书自 2008 年首版发行后，经过几年的使用和教学实践的检验，广大读者给予了较高的评价，但也反映出一些观念老化、信息与数据过时等跟不上时代要求的问题。为了解决上述不足，进一步提高教材质量，更好地适应国家"十二五"教育发展的需要，编者又对本书进行了认真的修订。本书注重理论联系实际，注意培养学生的市场观念和实践意识，提高学生运用营销心理学的基本理论去分析和解决营销实践中实际问题的能力，力求做到理论性与应用性并重，学术性与普及性兼顾，结构体例尽量新颖，案例资料尽量丰富，语言文字通俗易懂，努力做到适合高职高专学生的特点并易教、易学，具有较强的时代性和可操作性。修订后，本书在保持首版特点和优势的基础上，将更加适应"十二五"期间对高职高专层次营销管理及服务人才培养的需要。

本书由孙庆群担任主编，王贵玉、赵立营担任副主编，刘进担任主审。具体编写分工为：第一章、第二章、第四章、第五章、第十二章由孙庆群编写，第三章由赵立营编写，第六章由王贵玉编写，第七章、第九章由兰贵秋编写，第八章由兰贵秋和梁丽君编写，第十章由孙庆群和陈涛编写，第十一章由廖宏军编写。本书由孙庆群负责全面统稿。

本书得到了渤海大学单凤儒教授的精心指导和大力帮助，在此向他表示衷心的感谢！

由于编者水平所限，书中不妥之处仍在所难免，敬请广大读者批评指正。

编　者

2014 年 9 月

目　录

第一章　绪论 ··· 1

第一节　营销心理学及其发展 ··· 3

一、营销心理学的概念 ··· 3

二、营销心理学研究对象的界定 ··· 3

三、研究营销心理学的意义 ·· 4

四、营销心理学的产生和发展 ··· 5

第二节　营销心理学的研究内容、原则和方法 ····································· 9

一、营销心理学的研究内容 ·· 9

二、研究营销心理学的基本原则 ·· 11

三、研究营销心理学的方法 ·· 13

小结 ··· 16

实训练习 ·· 16

复习思考题 ·· 16

第二章　营销心理学理论基础 ··· 17

第一节　营销活动中的感觉与知觉 ·· 18

一、感觉 ·· 19

二、知觉 ·· 20

三、阈限与产品的营销策略 ·· 23

四、有关知觉理论在营销活动中的应用 ··· 27

第二节　营销活动中的注意 ·· 29

一、注意 ·· 29

二、有关注意理论在营销活动中的应用 ··· 31

第三节　营销活动中的记忆、思维和意识 ··· 32

一、记忆 ·· 32

二、遗忘 ·· 35

三、思维 ·· 36

四、意识 ·· 38

第四节　营销活动中的学习 ·· 39

一、学习 ·· 40

二、有关学习理论在营销活动中的应用 ··· 42

第五节　营销活动中的态度 ································· 43
　　一、态度 ··· 43
　　二、态度的形成与改变 ································· 45
　　三、有关态度理论在营销活动中的应用 ················· 48
第六节　营销活动中的语言和行为 ······················· 50
　　一、语言 ··· 50
　　二、行为 ··· 51
小结 ·· 54
实训练习 ·· 54
复习思考题 ·· 54
第三章　顾客的购买决策与心理 ························· 55
第一节　顾客的需要 ···································· 56
　　一、需要概述 ··· 56
　　二、需要层次理论 ····································· 57
　　三、消费需要对顾客购买行为的影响 ··················· 59
　　四、顾客需要的新趋势 ································· 60
第二节　顾客的购买兴趣 ································ 63
　　一、兴趣的概念 ······································· 63
　　二、兴趣的分类 ······································· 63
　　三、兴趣的特征 ······································· 65
　　四、兴趣对顾客购买行为的影响 ······················· 66
　　五、顾客兴趣在购买中的表现类型 ····················· 67
　　六、激发顾客的购买兴趣 ······························· 68
第三节　顾客的购买动机 ································ 69
　　一、购买动机的概念 ··································· 69
　　二、购买动机的特点 ··································· 70
　　三、购买动机的作用 ··································· 71
　　四、动机与需要的关系 ································· 72
　　五、顾客动机的类型 ··································· 72
第四节　顾客的购买决策 ································ 76
　　一、购买决策的概念 ··································· 76
　　二、购买决策过程中的角色 ····························· 77
　　三、购买决策的内容 ··································· 77
　　四、购买决策的原则 ··································· 79
　　五、购买决策的过程 ··································· 80

第五节　顾客的购买行为 84
　　一、顾客购买行为的概念 84
　　二、顾客购买行为的模式 85
　　三、影响顾客购买行为的环境因素 85
　　四、顾客购买行为的类型 87
第六节　顾客的逆反心理 90
　　一、顾客逆反心理的概念 90
　　二、降低顾客逆反心理的策略 90
　　三、逆反心理在商品促销中的应用 91
小结 94
实训练习 94
复习思考题 94

第四章　细分市场消费心理 95
第一节　消费者消费行为分析 96
　　一、个性心理与消费 96
　　二、消费者生活方式与消费 102
　　三、消费者的社会阶层与消费 105
第二节　不同年龄段消费者心理及营销策略 106
　　一、少年儿童消费者心理及营销策略 106
　　二、青年消费者心理及营销策略 108
　　三、中老年消费者心理及营销策略 109
第三节　不同性别消费者心理及营销策略 111
　　一、女性消费者心理及营销策略 112
　　二、男性消费者心理及营销策略 113
小结 115
实训练习 116
复习思考题 116

第五章　商品策略心理 117
第一节　新产品设计的心理 119
　　一、新产品概述 119
　　二、消费者对新产品的心理需求 120
　　三、新产品设计的心理策略 121
　　四、消费者对新产品的购买分析 124
第二节　商品命名的心理影响 126
　　一、商品命名的心理要求 126

二、商品命名的心理策略 ·· 128
第三节　商标的心理影响 ·· 129
　　一、商标的心理功能 ·· 130
　　二、商标设计的心理要求 ·· 131
第四节　商品包装的心理影响 ·· 132
　　一、商品包装的心理功能 ·· 133
　　二、包装设计的心理要求 ·· 134
　　三、包装设计的心理策略 ·· 135
小结 ·· 138
实训练习 ·· 138
复习思考题 ·· 139
第六章　商品价格策略心理 ·· 140
第一节　商品价格的心理功能 ·· 142
　　一、衡量商品价值和商品品质的功能 ·· 143
　　二、自我意识比拟功能 ·· 143
　　三、调节消费需求功能 ·· 144
第二节　消费者的价格心理 ·· 145
　　一、消费者的价格心理特征 ·· 145
　　二、价格变动与消费者的心理行为反应 ·· 147
第三节　商品定价与调价的心理策略 ·· 149
　　一、商品定价的方法 ·· 150
　　二、商品定价的心理策略 ·· 153
　　三、商品调价的心理策略 ·· 160
小结 ·· 162
实训练习 ·· 162
复习思考题 ·· 163
第七章　广告心理 ··· 164
第一节　广告的心理功能与心理策略 ·· 165
　　一、广告的心理功能 ·· 165
　　二、广告的心理策略 ·· 167
　　三、广告创意中的心理策划 ·· 173
第二节　广告设计的心理策略 ·· 175
　　一、广告定位心理 ··· 175
　　二、广告创意心理 ··· 178
　　三、广告诉求心理 ··· 180

四、广告词的设计 ··· 187
　第三节　广告心理效果的测定 ··· 188
　　一、广告心理效果测定的作用 ·· 188
　　二、广告心理效果测定应遵循的原则 ······································ 188
　　三、广告心理效果测定的内容 ·· 189
　　四、广告心理效果的测定项目 ·· 190
　　五、广告心理效果的测定方法 ·· 190
　小结 ··· 192
　实训练习 ·· 192
　复习思考题 ··· 192

第八章　营业推广和营销公共关系心理 ·································· 193
　第一节　营业推广的心理研究 ··· 194
　　一、营业推广的含义及特点 ·· 194
　　二、营业推广的目标 ··· 195
　　三、营业推广的方式 ··· 196
　　四、推广方式的控制及评估 ·· 198
　　五、营业推广的管理 ··· 199
　第二节　营销公共关系心理研究 ·· 201
　　一、公共关系的含义 ··· 201
　　二、公共关系决策 ··· 201
　　三、公共关系的作用 ··· 204
　　四、公共关系与市场营销 ··· 205
　小结 ··· 207
　实训练习 ·· 207
　复习思考题 ··· 208

第九章　营销场景及营销服务心理 ·· 209
　第一节　营销场景心理 ··· 210
　　一、外观设计心理 ··· 210
　　二、商场内部环境设计心理 ·· 214
　第二节　营销服务心理 ··· 219
　　一、服务营销与顾客心理 ··· 219
　　二、商品销售服务心理 ·· 221
　小结 ··· 226
　实训练习 ·· 226
　复习思考题 ··· 227

第十章　中间商的心理 ·· 228
　第一节　中间商的心理与行为特征 ·· 230
　　一、批发商的心理与行为 ·· 230
　　二、零售商的心理与行为 ·· 232
　第二节　调动中间商积极性的心理策略 ·· 234
　　一、对批发商、零售商促销的心理策略 ······································ 235
　　二、对中间商的激励制度 ·· 236
　小结 ·· 239
　实训练习 ·· 239
　复习思考题 ··· 239
第十一章　现代营销方式及心理策略 ··· 240
　第一节　超市营销与消费者心理 ··· 241
　　一、超市的产生与发展 ·· 241
　　二、超市的定义及特点 ·· 242
　　三、超市营销策略与消费者心理 ·· 242
　第二节　超市管理与消费者心理 ··· 245
　　一、超市卖场氛围管理与消费者心理 ·· 245
　　二、人员服务管理与消费者心理 ·· 246
　第三节　网络营销与消费者心理 ··· 247
　　一、网络营销的概念 ·· 247
　　二、网络消费者的心理类型 ·· 248
　　三、网络消费者的心理特征 ·· 249
　　四、网络消费者购买行为的心理过程 ·· 250
　第四节　网络营销的策略选择 ·· 252
　　一、产品策略 ··· 252
　　二、价格策略 ··· 253
　　三、促销策略 ··· 254
　　四、渠道策略 ··· 254
　　五、网站策略 ··· 255
　小结 ·· 255
　实训练习 ·· 256
　复习思考题 ··· 256
第十二章　推销员的心理及策略 ··· 257
　第一节　推销员的职能心理 ··· 258
　　一、上门推销心理分析 ·· 259

二、柜台推销心理分析 ·· 261

第二节　推销员应具备的素质 ··· 263
　　一、推销员的职业心理素质 ·· 263
　　二、推销员的品德素质 ·· 267
　　三、推销员的业务素质 ·· 268
　　四、推销员的仪表素质 ·· 270

第三节　推销技巧与心理策略 ··· 271
　　一、接近顾客的技巧与心理策略 ··································· 271
　　二、面谈的技巧与心理策略 ·· 274
　　三、顾客异议转化的技巧与心理策略 ···························· 277
　　四、成交的技巧与心理策略 ·· 280

第四节　推销员心理素质的培养 ·· 284
　　一、推销员应培养的心理素质内容 ······························ 284
　　二、推销员心理素质的培训方法 ··································· 286

小结 ··· 287

案例分析 ·· 287

实训练习 ·· 288

复习思考题 ··· 289

主要参考文献 ··· 290

第一章　绪　论

☞　**本章导读**

　　经济的发展和社会的进步使企业家、经济学家和心理学家们逐渐从心理学的角度去探索营销活动过程中的商品供需双方的行为活动——营销人员的销售行为、消费者的购买行为和消费行为，从而把普通心理学原理运用到商品营销活动中，用以指导市场营销活动。本章讲解营销心理学及其发展和营销心理学的研究内容、原则和方法。

☞　**关键词**

营销心理学（marketing psychology）

市场观念（marketing concept）

顾客（customer）

消费者（consumer）

研究意义（research meaning）

研究内容（research contents）

研究原则（research principle）

研究方法（research method）

开篇案例

名 画 被 毁

　　有一位印度人手里拿着均出自一位名画家之手的三幅画，这三幅名画恰好被一位美国画商看中，这位美国画商心想："既然这三幅画都是珍品，必有收藏价值，假如把它买下来，收藏若干年后定会大幅度增值，到那时我就能发一笔大财。"他打定主意，无论如何也要买下这三幅画。

　　于是，美国画商问那位印度人："先生，你手中的画不错，我想买下来，多少钱能卖？"

印度人反问道："你是买三幅，还是只买一幅呢？"

"买三幅多少钱？只买一幅又多少钱？"美国画商试探着问。他的如意算盘是先和印度人谈定一幅画的价格，然后再说三幅都要，多买优惠肯定能占便宜。

印度人只是在表情上略显难色，但并没有直接回答他的问题，可美国人却有点沉不住气，他说："你开个价，一幅要多少钱？"

卖画的印度人是一位地地道道的商业精，他非常清楚自己三幅画的价值，同时他看出了这位美国画商喜欢收藏古董名画，他一旦看中，是不会轻易放弃的，价格多高他也会买下的，而且他还从美国画商的眼神中判断出，这位美国画商已经看上了这三幅画。

印度人仍装作漫不经心的样子，回答说："先生，如果你真心诚意要买，我看每幅画你给250美元吧！这够便宜的了！"

美国画商也并不是商场上的庸者，他抓住多买少算的砝码，一美元也不想多出，于是，两个人讨价还价，谈判一下子陷入了僵局。

那位印度人灵机一动，计上心来，装作大怒的样子，起身离开了谈判桌，拿起一幅画就往外走，出了门二话不说就把画烧了。美国画商很是吃惊，他从来没有遇到过这样的对手，对于烧掉的那幅画又惋惜又心痛。他小心翼翼地问印度人剩下的两幅画卖多少钱。想不到烧掉一幅画后，印度人要价的口气更强硬了："两幅画少了800美元不卖！"

美国画商觉得太亏了，少了一幅画，反而还要多卖钱，哪有这种道理。于是，他强忍着怨气再次拒绝。

想不到，那位印度人不理他这一套，又怒气冲冲地拿出一幅画烧了。这回，美国画商可真是大惊失色，只好乞求印度人不要把最后一幅画烧掉，因为自己太爱这幅画了。接着又问这最后一幅画多少钱。

想不到印度人张口要1000美元。这一回美国画商真有点儿急了，气呼呼地问道："一幅画怎么能比三幅画的价钱还高呢？你这不是存心戏弄人吗？"

这位印度人回答："这三幅画均出自于知名画家之手，本来有三幅的时候，相对价值应该小一点儿。如今只剩下一幅了，它变成了绝版，已经大大超过了三幅画都在时候的价值。因此，如果你想买，最低得出价1000美元。"

听完后，美国画商一脸苦相，没办法，最后只能以1000美元成交。

启示： 有时候"一"的价值是大于"三"的，物以稀为贵；然而，把"三"变为"一"最关键的是要有印度人那种"毁画"的勇气。通过该案例的分析可以体会到心理学在营销活动当中的重要作用。

"营销心理学"是在20世纪初才出现的一门新的学科，直到20世纪80年代才传入经济与教育进入发展新阶段的中国，它属于市场营销学和心理学相互交叉的边缘学科。随着市场营销学理论与实务的发展，营销心理学越来越引起工商企业界及营销人员的普遍关注。

第一节 营销心理学及其发展

一、营销心理学的概念

营销是指个人或者集体通过交易其创造的产品或价值，以获得所需之物，实现双赢或多赢的过程。营销过程主要包括两个要素（营销者和消费者，亦即卖方和买方）和三个环节（即生产、销售和消费）。营销心理学就是专门研究营销活动中卖方和买方的心理现象产生与发展的一般规律，以及买卖双方心理沟通的一般过程的科学。它是自然科学与社会科学相互渗透而形成的一门边缘科学。科学心理学的研究证明，人的心理具有社会性质和自然性质两种属性。在商品营销活动中发生的心理现象，也同样具有这两种属性。因为顾客的心理现象不仅取决于顾客自己的认识，也受到经营者的种种有意识的诱导，受商品经济活动客观现实的一定制约（如商品营销中采取的各种促销方式对顾客的刺激而产生的心理影响）。根据营销过程中心理先行的性质，营销心理学同样具有自然科学的性质和社会科学的性质。因此，研究营销心理学，应以哲学为理论基础，吸取自然科学的成果，科学地认识市场营销活动中的心理现象，把市场营销活动建立在科学的基础上，提高市场营销活动的效率。

作为普通心理学分支的营销心理学，它所揭示的营销人员和顾客在商品营销活动中的心理变化规律，以及人的心理现象与市场营销活动实践的关系，有助于商品销售者确立科学的世界观，正确地看待市场经济现象，掌握科学的心理策略，调节商品的供求，不断满足顾客的心理需要，繁荣市场。因此，研究、学习和掌握营销心理学的基本原理是进行营销活动的基础。它的意义不仅在于理论的研究，更在于把理论研究的成果运用于指导营销活动的实践。

二、营销心理学研究对象的界定

任何一门学科都必须有它自己的、区别于其他学科的研究对象，否则就不能成为一门独立的学科。营销心理学的研究对象是商品营销活动中顾客的购买心理现象和营销人员销售心理现象的产生、发展、变化的一般规律及营销过程中营业员与顾客的心理沟通，内部因素和外部因素对营销人员和顾客的心理影响。具体地说，营销心理学就是研究顾客心理（包括消费者心理）、营业员心理（包括推销员心理、售货员或服务人员心理）、营销要素（包括商品价格、品名、商标、包装、购物环境和营销场景等）的心理影响。

严格来讲，顾客与消费者是有区别的。所谓顾客（customer），是指到商店购买商品的人。那些来到商店只逛了一圈而没有购买商品的人也是顾客，或称潜在的顾客。所谓消费者（consumer），是指使用、消耗商品的人，但他们不一定直接到商店来买自己使用、消耗的商品。例如，父母为年幼的子女买东西，到商店购物的父母是"顾客"，而使用、消耗商品的年幼的子女是"消费者"；子女为表孝敬之心到商店为年迈的父母买东西，此时，子女是商店的"顾客"，而使用和消耗商品的年迈父母则是商品的"消费者"。

从营销心理学的角度来考察，商品不仅具有使用价值和价值，而且在流通过程中还会产生心理价值。商品的物理价值即商品的使用价值，是由它的用途、质量、价格等诸多因素决定的，它是影响顾客心理的物质基础。然而，在商品销售过程中，则会产生一种商品的心理价值。商品的心理价值是一种主观价值，它反映的是顾客或消费者对商品的主观印象，而这种商品心理价值的产生，又是多种因素刺激的结果。所以，营销心理学必须研究商品的心理价值。相比之下，商品心理价值比商品物理价值对顾客的购买行为更有影响。

三、研究营销心理学的意义

工商企业学习和研究营销心理学这门学科，对更好地开拓国内外市场、提高企业营销活动的综合经济效益，更好地满足消费者的需求、改善企业经营管理，以及提高服务水平等都具有非常重要的意义。

1. 有助于更好地开拓国内外市场

工商企业研究和掌握营销心理学，可以在市场细分化过程中，借助于营销心理学的知识和研究成果，使划分出的"细分市场"不仅有社会经济形态方面的标准，也有心理与行为特征的标准，从而更加符合当今市场的实际情况；也可以在调动中间商的进货积极性时，不仅运用经济手段，还运用一些心理策略去激励中间商，使其经营本企业商品时积极性更高；还可以在产品的品牌设计、包装、装潢及广告促销等各个方面，注重他们的心理功能。这样就使本企业的营销策略从整体上更具竞争力，更能争得实效，使企业在开拓国内外市场的各类活动中立于不败之地。

2. 有助于更好地满足消费者的需求

不同的消费者，其消费需求除了在物质形态上有较大的差别外，其消费心理和消费行为以及购物习惯等也有较大的差异，工商企业如果只考虑消费品物质形态方面的消费差异，而忽视了消费者消费心理与消费行为的不同，就不能说是最大限度地满足了消费者的需求，也不可能取得更好的营销效益。尤其是在当今的感性消费时代，这个问题就显得更为突出。工商企业只有了解消费者的消费需求和消费特点，按消费者的消费习惯和心理特征，有针对性地制订生产计划，调整生产结构，改进产品设计并促进产品及时更新换代，合理制定营销策略，才能使消费者的购物活动不仅得到物质上的满足，也能获得精神上的愉悦。

3. 有助于企业改善经营管理，提高服务水平

现代市场竞争既是企业的市场、技术、经营管理水平的竞争，也是商品销售手段和服务水平的竞争。这就要求营销人员必须学习和研究营销心理学，掌握消费者的心理规律和特点，在交易、服务以及与消费者的交往中，正确运用心理策略的技巧，使消费者得到满足感和享受感。然而，很多工商企业的营销效果不甚理想，其主要原因就是忽视了市场营销活动中的心理因素。而有些成功的企业正是抓住了顾客购物时的心理因素，让企业的经营活动真正从消费者的心理需要出发，取得了显著的营销业绩。为此，广大工商企业应该借鉴他们成功的经验，在安排生产、购进货源、店堂布置、商品陈列、接待顾客和销售服务等各个经营环节中，都能考虑到消费者的心理与行为特征，使企业经营状况得到明显的改善。

过去由于我国营销人员对外国顾客的心理特点和目标市场当地的民族文化缺乏必要的了解，在国际贸易中有过不少失败的教训，因此，学好营销心理学，对避免类似事情的再次发生具有十分重大的意义。

四、营销心理学的产生和发展

1. 市场的产生和发展

市场的产生和发展是以社会分工和商品生产的产生和发展为前提的，首先回顾一下人类社会的产生与发展。

1）人类在漫长的原始社会时代，生产力非常落后，没有剩余产品，没有产品交换，当然也就没有市场。

2）到了原始社会的中期，生产力有了较大提高，人类社会出现了第一次大分工（物质资料的生产者和物质资料的管理者进行分工），出现了少量的剩余产品，偶尔会有产品的交换活动，由此便开始有了市场。

3）到了原始社会的后期，人类社会出现第二次大分工（生活资料的生产者和商品的生产者进行分工），产生了私有制，出现了直接以交换为目的的商品生产，于是便形成了有集中地点和统一时间的固定市场。

4）随着商品生产的发展，商品交换的范围和规模逐渐扩大，客观上要求把商品交换事务从商品生产者那里分离出来，从而导致了人类社会的第三次大分工（从事商品生产的劳动者和从事商品交换的人员进行分工），出现了专门从事商品交换的"商人"。

随着人类社会的不断发展和进步，商品生产和商品交换也随之进一步得到发展，客观上也需要将商品交换活动限定在一定的区域之内，这就形成了固定的市区。在中国，这种有集中地点和统一时间的固定市场从唐代、宋代、明代、清代一直延续下来，直至现代（如现在有些农村的大集）……随着时代的发展和社会的进步，市场逐渐

得到了发展，并进一步繁荣。

资料 1

商人——没有社会地位的商代遗民

中国最原始的货币是羊，后来是贝。纸币到宋朝年间才产生，称之为"交子"。"商人"一词出现于周初。那个时候商朝灭亡，西周兴起，商朝的贵族一时间沦落为平民，实际社会地位比平民还低，因为他们中的多数人连耕种土地的权利都没有。于是，为了生存，商朝的遗老遗少们不得不收集一些别人的剩余劳动产品，长途贩运到异地去换其他物品，倒卖一圈以后，就有了一点利差，可能是几斤麦子，也可能是几只羊，这些就成了他们维持生计的唯一来源。当时的人们很鄙视地叫他们"商人"——没有社会地位的商代遗民。后来就把那些倒卖贩运的人统称为商人。

（资料来源：汪中求. 2007. 营销人的自我营销. 北京：新华出版社）

2. 市场观念的发展与演变

市场观念是企业从事市场经营活动的基本思维方法和指导思想，即企业经营者对市场的根本态度和根本看法，因而也是企业的市场经营和营销哲学。市场观念作为人们对市场营销的指导思想是市场营销实践的产物，并随着商品经济的发展和市场供求关系的变化而不断发展变化。因为一定的市场观念是和一定的生产力发展阶段相联系的，所以西方的市场观念和我国的市场观念分别经历了不同的阶段。

（1）西方市场观念的演变

一个多世纪以来，资本主义工商企业的市场观念经历了一个漫长的演变过程。一般说来，大体经历了以下几个阶段。

1）生产观念，又称生产导向，这是一种最古老的企业经营思想，其指导思想是以生产为中心。生产观念是在"卖方市场"条件下产生的。资本主义国家在20世纪20年代以前，由于商品供不应求，企业产品的销路不成问题，企业的指导思想普遍是"生产观念"。企业的中心任务是努力扩大生产，增加产量，而不关心消费者的需求和愿望，即"企业生产什么，就卖什么"。这是一种典型的"以产定销"的经营思想。

2）销售观念，又称销售导向，这是一种以销售为中心的市场观念，是在"卖方市场"向"买方市场"的过渡期间产生的。20世纪20年代末期，由于科学技术的进步，科学管理的推广，商品产量迅速增加，许多产品出现供过于求，企业产品的销售出现困难，企业的经营人员开始认识到不能只抓生产，而不考虑顾客需求和产品销售。此时，企业开始把"销售观念"作为营销工作的指导思想。企业重点考虑的是"如何能把产品卖出去"。其经营管理指导方针还是"企业生产什么，就销售什么"，因而，仍属于"以产定销"的经营思想范畴。

3）市场营销观念，又称营销导向（或市场导向、顾客导向），这是一种以消费者为中心的市场观念，是在第二次世界大战后的20世纪50～60年代逐步形成的。此时，科学技术迅速发展，物质财富有了较大的增长，不仅产量剧增，而且花样品种日新月异，许多商品供过于求，逐渐从"卖方市场"向"买方市场"转变，此时西方各主要发达国家为了缓和国内生产和消费之间日益尖锐的矛盾，开始推行高工资、高福利、高消费的政策，这样就促使着消费者的需求愿望和需求结构发生了很大变化。许多企业家开始认识到，顾客的需求才是推动企业营销活动的轴心，只有主动了解消费者目前和将来的需求，并且采取措施来影响和满足这种需求，企业才能持续、稳定的发展，并获得丰厚和长期的利润。此时，工商企业的市场观念已转变到"以消费者需求为中心"的观念上来。这种观念的主要特征是"消费者需要什么，企业就生产什么"、"市场需要什么，企业就卖什么"，将过去的"以产定销"的指导思想改变为"以销定产"。

4）社会市场营销观念（营销导向）是近年来西方发达国家在市场营销中出现的一种新观念，一般被称为"现代市场观念"。近年来，由于环境的污染、资源的短缺、"爆炸性"的人口增长和世界性的经济危机与通货膨胀，以及社会服务受到忽视，于是，逐渐引起一些人怀疑市场营销观念是不是一种最科学的经营思想。他们认为市场营销观念回避了满足消费者眼前利益和长远的社会福利之间的潜在矛盾，长期下去会导致大量的资源浪费和造成环境污染以及生态平衡的破坏等诸多弊病，因此，要求由"市场营销观念"向"社会市场营销观念"转变。

社会市场营销观念认为，企业在制定市场营销策略时，要全面兼顾公司利润、消费者的需要及社会的长远利益。它要求企业要以消费者为中心，以满足消费者的需求作为企业存在的条件，在此基础上讲求企业的经济效益，并同时注意维护消费者的眼前利益与长远利益，既考虑到人类社会的可持续发展，又致力于提高社会经济效益。当然，由于资本主义制度社会化大生产与生产资料私人占有之间这个不可解决的固有矛盾的存在，因此在资本主义制度的国家社会市场营销观念是难以得到彻底贯彻和完全实现的。

（2）我国市场观念的发展变化

我国目前正处于社会主义初级阶段，随着社会主义市场经济体制的建立和不断完善，以及市场经营实践的发展，市场上商品的供应情况也逐渐发生变化，我国工商企业的市场观念也随之发展变化。新中国成立以来，我国的市场观念大体经历了以下三个阶段。

1）销售观念。这是一种以扩大商品推销为中心的市场观念，是在新中国成立初期至第一个五年计划期间形成的。这一时期，城乡市场活跃而稳定，商品供应日益丰富，但由于人民收入水平较低，而且很多人还保持着长期战争所培育的艰苦朴素的习惯与勤俭持家的作风，消费需求变化不大，致使有些商品滞销，出现了供过于求的现象（实际上这种"供过于求"是一种假象：一是有些人想买，但买不起；二是有些人虽然能买得起，但却舍不得买）。因此，工商企业多以商品推销为中心，采取赊销、折扣等方式来扩大销售，以求减少商品积压，从而获得较多的经营利润。

2）生产观念。这是以追求产值为中心的市场观念，是第一个五年计划完成后至1978 年党的十一届三中全会前这一期间形成的。在此期间，国家实行高度的计划经济，工商业大多以生产观念为指导，不管消费者是否需要，工业企业坚持按计划生产，生产什么就销售什么；商业企业全力抓货源，收购什么就销售什么。这种单纯的生产观念，不仅无法调动广大工人农民的生产积极性，阻碍了社会主义经济建设的发展，而且大大限制了社会主义制度优越性的发挥。

资料 2

计划经济时代企业的采购模式

在计划经济体制下胜利油田有 9000 多人在做物资供应管理，庞大的体系给采购管理造成了许多困难。胜利油田每年 85 亿的采购资金中，有 45 亿的产品由与胜利油田有各种隶属和姻亲关系的工厂生产，很难将其产品的质量和市场同类产品比较，而且价格一般要比市场价高。例如供电器这一产品，价格比市场价贵 20%，但由于这是一家由胜利油田长期养活的残疾人福利工厂，只能本着人道主义精神接受他们的供货，强烈的社会责任感让企业背上了沉重的包袱。同样，胜利油田使用的大多数涂料也是由下属工厂生产，一般只能使用 3 年左右，而市面上一般的同类型涂料可以用 10 年。还有上级单位指定的产品，只要符合油田使用标准、价格差不多，就必须购买指定产品。这种放弃市场选择而采取计划采购的政策，明显阻碍了油田生产质量和经济效益的提高。

3）现代市场营销观念。这是一种以充分满足消费者的需要为中心，全心全意为人民服务的市场营销观念，是在党的十一届三中全会之后逐步形成的。在这一时期，党中央制定了社会主义现代化建设的宏伟目标，调整长期失调的、重大的国民经济比例关系，大力发展消费品生产，强调流通和市场的作用，特别是确立了充满生机和活力的、有计划的商品经济体制，并逐渐过渡到社会主义市场经济体制，工农业生产迅速发展，市场商品日益增多，消费者的选择性日益加强，市场竞争激烈。面对新的市场形势，工商企业不得不从旧式的生产观念和推销观念转变到以满足消费者需求为中心的现代市场观念上来。改革开放的实践已经证明，工商企业只有树立现代市场营销观念，才能充分满足人们日益增长的物质和文化需要，同时又维护广大消费者的眼前利益和长远利益，促进社会的科学发展，实现社会主义生产的真正目的，使企业不断地发展和壮大，开拓市场，提高企业的经济效益和社会效益。

3. 营销心理学的发展过程

"营销心理学"的英文为"marketing psychology"，意思是"市场营销心理学"。营销心理学的建立不是偶然的，它是心理学的一般原理在市场营销活动中的渗透、延伸和应用，也是市场学发展的结果。

1903 年，美国心理学家斯科特，编写了《广告心理学》（Advertising Psychology）一书，这标志着"营销心理学"的雏形——广告心理学的诞生。在此以后的相当长的时期里，学者们围绕着广告促销的心理进行了大量的调查和研究，其研究成果对帮助工商企业克服生产过剩、商品积压，以及刺激消费等困难起到了较好的促进作用。进入 20 世纪 60 年代以后，定价的心理研究得到了迅猛的发展。20 世纪 60 年代中期美国的一些大学开始讲授消费心理学。到 70 年代末期，陆续出版了一些有关的著作，如《广告心理学》、《定价心理学》、《市场心理学》、《消费心理学》等。

20 世纪 70 年代末期，以德国学者比特·萨尔曼教授的《市场心理学》为代表的论著，不仅研究市场活动中的消费者心理，也研究细分心理和针对推销员、中间商的心理策略，这标志着市场营销心理学进入了一个完善和成熟的时期。由于商品经济现象和人的心理现象的复杂性，在研究商品营销活动中的心理现象时，要借助于各种学科的研究成果。因此，营销心理学处于许多学科的结合点上，它与生理学、哲学、社会学、商业经济学、广告学、市场学、美学等学科有着密切的关系。随着市场的演变和发展，新的营销观念的确立，营销心理学这门新兴学科的研究范围将会不断扩大，科学依据将会日益充足，对顾客及营销人员心理现象的产生、发展及其规律的研究也将会日臻完善。

第二节 营销心理学的研究内容、原则和方法

一、营销心理学的研究内容

1. 研究影响营销活动的心理因素

工商企业以满足消费者需求为导向的市场营销过程，从产品设计、定型到投放市场及企业的促销和消费者的购买为一个基本周期。伴随着商品的价值转移活动和商品的实体运动，参与交易活动的中间商和消费者，无论是顺利购买还是拒绝购买，都会发生十分复杂的心理现象，并伴随着一系列的心理发展过程。通过分析这些现象可以看出，它存在以下三个方面的内容。

1）消费者（个人消费者或集团消费者）和中间商对商品和劳务的感觉、知觉、注意、想象、思维、态度、兴趣、意志、体验和记忆的过程及上述过程的融汇和统一。

2）消费者和中间商在商品认知过程中所形成的心理倾向。例如，消费者追求物美价廉、标新立异、货真价实、显示个人身份和地位等心理倾向，以及这些心理倾向表现的程度和范围。而中间商则追求较高的经营利润和良好的商业机会，以及与企业形象相适应的商品等。

3）顾客购物心理变化的趋势及心理需求的发展动态。例如，消费者今天喜欢的商品明天是否还喜欢？未来一个时期哪些商品更受欢迎？受消费者需求变化的影响，中间

商所形成的进货心理的变化如何？中间商未来的进货心理会有怎样的发展动态？消费者在未来购物时对商品的品牌或商标、款式、颜色、质量、功能等追求的变化和心理愿望如何等。

2. 研究受心理因素影响而产生的购买行为和习惯

市场营销对象的上述心理因素一定要影响和制约消费者的购买行为和购买习惯。例如，有些中间商就专爱经营某些著名商标的商品；有些中间商则专爱经营廉价商品以取悦某些消费者。消费者购物时有的对价格敏感，有的对质量敏感；有的消费者长期喜爱购买某一款式的商品而不去选购其他商品；有的消费者长期偏爱某几家商店，而不愿去其他商店购物等。因为购物者消费行为的发生，主要表现为他们接受外界的刺激（包括营销者的刺激和群体因素、社会因素、文化因素、商品因素和营销环境因素等方面的刺激）后所产生的行为反应。所以必须研究消费者的各种需要是在受到外界怎样的刺激和怎样的心理因素影响下转化为特定的消费动机并进而引发为购买行为和购买习惯的。

3. 研究细分市场的心理标准

心理标准是工商企业在市场细分过程中不可忽视的一个重要内容。因购物者心理不同而形成的各类消费者群，或许正是企业扩大商品销售理想的目标市场。

按购物者心理标准进行市场细分，可以从消费者的不同生活方式、不同个人性格及不同的心理倾向等方面入手。例如，有的消费者群在生活方式上趋于保守，反映到购物行为上则具有求稳、不易受别人影响和被引诱的行为特征；有的消费者群在性格上比较懦弱，具有较大的依赖性，购物时则往往需要工商企业反复地刺激，尽可能地帮助其克服犹豫不决的弱点，才能促成交易；还有的消费者群在心理倾向上相信权威，崇拜名人，购物时他们更相信名人做的广告宣传或名人用过的商品。

总之，根据现代社会消费者购物时心理因素所起的作用越来越大的发展趋势，工商企业把细分市场的心理标准作为研究的重要内容，并尽可能联系本企业营销活动的实际，对于提高企业的营销效益具有重要意义。

4. 研究市场营销的心理策略

传统的广告心理学、消费心理学为营销心理学的诞生和发展奠定了重要的基础。然而，现代市场营销活动的实践证明，广告心理学或者消费心理学的研究内容仅侧重于市场营销活动的某一方面，它对营销心理策略的研究是不完整的。为此，营销心理学增加了细分市场、营销渠道及促销活动的综合心理研究等内容。还根据该学科的发展和广大工商企业的实际需要，充实了大量心理策略的研究内容。例如：生产企业如何对本企业的产品设计人员进行心理训练，使本企业产品的质量、外观、品牌、包装、装潢、价格、服务、广告等多方面的设计均能符合消费者的心理需要；工商企业如何运用心理策略去激励中间商、推销员去积极经营本企业的商品；如何根据青年消费者和中老年消费者的心理与行为特征，采取适当的心理策略去争取他们的购买；如何从心理学的角度开展企业的公共关系活动，以争取提高本企业在其他企业、政府机关、新闻媒体、广大消费者心目中的形象和声誉等。

资料 3

外界刺激对手机促销的影响

刚刚走上工作岗位的某大学毕业生，本来上大学时为赶时髦就已更换过两部手机，但在一次星期日逛街时，偶然看到正在促销的一款外观漂亮、功能独特的新型手机，一会儿的工夫就被营销者的一番促销宣传言辞所打动，也正是因为刚刚有了自己可支配的经济收入，于是，他很快就决定把手中的手机换掉：买下这款新型手机。

点评：上述消费者的购买行为是在受到新款手机的外部装潢和新的功能及营销者的促销宣传等几个方面的外界刺激影响后而发生的。营销者也正是研究和利用了消费者的这种心理特点而实施的营销策略，因此取得了营销成效。

二、研究营销心理学的基本原则

营销心理学研究消费者的心理现象和购物行为，目的在于科学地揭示顾客的消费心理和购物行为发生、发展及其变化的规律。因此，为了保证研究方法的合理运用，营销心理学研究必须遵循以下五项基本原则。

1. 客观性原则

客观性原则就是实事求是的原则，就是对任何心理现象都必须按照它的本来面目去加以考察，必须在人的实际生活和活动中进行研究。营销心理学的研究也要遵循客观规律这一基本原则。任何事物的发生、发展和变化都有其自身的客观规律，顾客购物时的心理现象也不例外。因为人的心理现象是由客观存在引起的，在商品营销活动中，消费者的各种心理现象一定会表现在商品买卖的社会实践之中。所以，研究市场营销中顾客和营销人员的任何心理活动，都必须联系市场营销活动中的实际情况，依据客观事实，客观地、全面地分析在市场经济和商品经济条件制约下的心理现象的特点，揭示心理现象发生、发展、变化的规律，而不是把人们的心理活动当作孤立的东西或随意去主观臆测与推断。实践是检验真理的唯一标准，对营销心理学的研究也同样如此。

2. 发展性原则

发展性原则是指要以发展的眼光去观察和研究市场营销活动过程中人的心理现象，掌握人的心理规律。科学心理学告诉人们：人的心理是客观事物、客观实际的反映，并且随着客观事物的不断变化而变化。工商企业市场营销活动的各种要素都处在不断发展和变化的过程中，这是因为社会消费在观念、动机、结构乃至趋向上都随时发生变化，营销活动的双方当事人——顾客和营销人员的个性心理特征也会在内在因素和外在因素的作用下，产生某些变化，市场营销的各要素必须要与之相适应。为此，工商企业不仅要了解营销客体现时的个性心理特征和购物行为，还要预测其发展的趋势，在事物的产生、连续、发展、变化的过程中去研究市场营销活动中的各种心理现象的活动规律，把握市场营销活动的主动权。

3. 联系性原则

辩证唯物主义者认为：世界是由物质组成的，物质是运动的，运动着的各物质之间是相互联系、相互影响和相互制约的。人的心理现象的产生、发展和变化与自然环境、社会环境的各种因素也是相联系的，是受自然和社会各种因素相互作用的影响和制约的，绝不能看作是孤立的。具体地说，在商品营销活动中，人的心理现象的产生，要受到环境气氛、服务手段、主体状况等外部因素和内部因素的影响和制约。因此，研究营销心理学不仅要考虑引起心理现象的原因和条件，还应考虑影响和制约心理现象的各个因素的相互作用。如营销产品、营销价格、商品品名、商品商标、柜台接待、售后服务、营销广告等的心理影响。

4. 实践性原则

营销心理学具有较强的实践性。必须坚持理论联系实际的原则，把商品营销的一系列策略、技巧和方法付诸营销实践，在营销实践中得到检验，并发现新问题，掌握其规律。市场竞争的现实告诉人们，研究和了解顾客心理及其发生、发展和变化规律，对于增加商品的竞争能力，在竞争中获胜，有特别重要的意义。随着商品经济的发展，营销心理学在中国将有更加广阔的发展前景，它的理论、策略、方法将被运用到实践中去，推动营销工作的发展。

营销心理学是一门新兴学科，它既是实践经验的总结，又是正在发展中的一门科学。换句话说，营销心理学理论一方面有待于在实践中得到检验，另一方面又需要人们不断地去进行探索和研究，有待于向营销心理学理论的深度和广度开发。

5. 综合性原则

综合性原则是从三个方面体现出来的：第一，要综合分析和研究市场营销活动中的不同心理特点和个性特征；第二，要综合分析影响和制约市场营销活动心理现象的内部和外部因素；第三，要综合其他相关学科的研究成果，将其借鉴和吸收到本学科的内容体系中来。

三、研究营销心理学的方法

研究方法是人们为实现某种研究活动预期目标所必须采用的手段。营销心理学的理论基础是应用心理学，因此在借鉴应用心理学的基础上，提出营销心理学的以下几种研究方法。

1. 观察法

观察法就是指在市场营销活动的自然条件下，有目的、有计划地通过对营销对象的外部表现（如消费者的动作姿势、面部表情、言语和行为习惯等）的观察，去了解和分析其心理活动规律的一种方法。这种方法的好处在于：调查人员与被调查人员不发生直接接触，被调查者的活动在不受外部因素的影响下被观察到，因而取得的资料能更准确真实地反映实际情况。不足之处是调查者仅能通过被调查者的外部表现判断被调查者的心理活动，由于没有对顾客心理活动的产生有意识地施加任何影响，因而难以深入、全面地了解其心理活动的过程和掌握其心理活动的必然性。因此，须反复观察，才能得出较为准确的结果，因而花费的时间较长，在某些问题的研究上还需要借助其他方法才能得出正确的结论。

2. 实验法

实验法是指有目的地通过严格控制和创造一定的条件，人为地引起或改变被试者某种心理现象的产生，以获得营销活动的第一手心理资料的研究方法。因为实验法能够事先给出实验的状态条件，并能有意识地按照一定规律去变化它们，而且能够提出有关影响相互关系的证明，因此比观察法具有更多优点。实验法的采用，是心理学发展史上的一个转折点，是心理学研究方法的一次革命，它不仅极大地推动了心理学成为一门独立的学科，而且有力地促进了现代心理学的飞速发展。1879年冯特（W. Wundt）在德国莱比锡大学创立的第一个心理实验室是实验法的源头。当然，实验法也有不足之处，其主要表现为：实验之前要求制定出精确的实验计划和方案，因而比较费时间。另外，这类方法还必须由专门受过训练的专业人员去运用，须配备专门的仪器，要求的条件较高。实验法在具体运用时还分为实验室实验法和自然实验法两种形式。

（1）实验室实验法

实验室实验法是指在实验室内借助于各种特设的心理仪器进行研究的方法。它可以利用计算机、录音机、录像机等现代化设备对主动刺激—被试者反应—数据采集—计算和统计处理等一系列过程进行自动控制，能够严密地观察和分析市场营销活动中心理现象的某些表现，所得的结果一般是比较准确的，如广告心理效果的测定等。实验室实验法研究市场营销的心理现象，目前在国外主要有两种方式。

1）速示器方式。这是研究人员利用专门的电子速示器向被实验者显示一个极短的瞬间视觉画面，然后由主试人向他们提问，了解他们在所显示的画面上看到了什么，有哪些印象，并把被实验者的所有表示均用文字或录音机记录下来，然后加以分析，了解被实验者的心理体验。这种方式运用最多的是测定广告促销的心理效果。通过实验，了解到被实验人对广告解说词、广告主题、广告图案等理解、记忆和熟知的程度，从而避免广告使消费者心理产生不利于本企业的心理反应。

2）抓台器方式。研究人员利用电动抓台器向被实验者显示某些具有较强心理刺激的商品信息（几种商品或几个不同包装设计的商品等），然后，在规定的时间内，自动平台会把商品送到能被实验者轻易抓到的地方。当预先确定的显示时间到了，平台又会自动地退到有效距离之外。这种方式在实际运用中常常用于测验那些被实验人事先不熟悉的商品或商品包装，让被实验者去抓他最喜欢的商品或商品包装。这对那些想了解什么样的商品包装让消费者一见就喜欢的工商企业具有极大的参考价值。

实验室实验法只能研究简单的心理现象，对于复杂多样的个性心理特征是无能为力的，所以，结合商品服务的工作实际，这种方法应用范围较小。

（2）自然实验法

自然实验法是指研究人员在市场营销活动即商业服务工作的实际情况下，有目的地创造或变更某些条件，给被实验者的心理以一定的刺激或诱导，从而研究其心理活动变化的一种方法。自然实验法具有主动性，是研究人员按照一定的研究目的故意创设或改变某些营销环境，去了解和研究被实验者在环境变化前后的心理反应，能获取一些有价值且较为准确的研究资料。此种方法应用范围比较广泛，如分别变动商品的功能、价格、颜色、包装等，或者零售商店调整店内商品的陈设和柜台的分布，测试消费者对于刺激发生变动后有什么心理反应（是增加购买，还是无动于衷）。企业举办的产品展示会和展销会，也是自然实验法的一种运用。

3. 调查法

调查法是指在营销活动中，当某些心理现象不能通过直接观察或实验室研究取得可靠信息时，通过调查人员采用多种形式和手段与被调查对象直接接触，从而搜集被试者的各种有关资料，间接了解营销对象心理活动的研究方法。

调查法的方式多种多样，调查研究营销对象的心理活动，必须根据被调查对象的具体情况，采用不同的调查方式。在具体运用时，可根据调查者与被调查者相距的空间远近、联系的难易程度而采用访谈调查、电话调查和问卷调查等不同的方式。

（1）访谈调查法

访谈调查法是指调查者与被调查者直接见面，询问有关问题的方式。询问时，通常是按规定的顺序发问，有时也采用自由交谈的方式。交谈时，可以是单个交谈，也可以集体座谈，这要依据实际需要，根据心理调查的目的和要求而定。

（2）电话调查法

电话调查是指调查者借助于电话工具向被调查者进行询问，以了解被调查者心理反应的一种方式。当今社会，我国城镇人口的电话（包括移动电话）早已普及，农村人口使用移动电话的普及率也越来越高，调查者可借助于电话调查的方式去掌握第一手资料，既可以节省调查时间，也能节省调查的费用。

（3）问卷调查法

问卷调查是指将要调查的所有内容设计成书面答题的形式，通过不同的方式交给被调查对象供其选择回答，然后再将调查结果进行统计、分析和整理，从中找出有规律性的、可靠的数据资料的调查方法。问卷调查法主要分为现场问卷调查、入户问卷调查和邮寄问卷调查等，各种方法都有其优缺点。

资料 4

市场调查使山西汾酒走出低谷

在市场关系日趋复杂的今天，认真细致的市场调查对营销企业正确地确定目标市场，实行正确的产品开发与产品策略，实行正确的产品定价与价格策略，正确选择销售渠道和渠道策略及有效地开展促销活动等都是十分有利的。此外，市场调查对企业制定正确的竞争战略、增长战略、进入市场战略、营销组合战略及为国际营销战略提供决策依据也具有极其重要的作用。

山西省杏花村汾酒厂在市场调查方面既有惨痛的教训，又有成功的经验。前些年，该厂一些人认为，白酒是热门货，汾酒又是老牌精品，市场前景无限广阔。因比，便关起门来造自己的酒而不注意白酒行业的发展方向，致使汾酒的销量曾一度下降。后来，该厂进行了大量的市场调查，认识到广大消费者对汾酒"发高烧"的度数、手榴弹式的酒瓶、牙口盖的封口，已早有微词；而且，白酒的发展方向是低度、高档、多品种。应消费者需求，他们很快制定了新的产品开发策略：在产品质量上，以不变应万变，永葆汾酒的质量；在产品品种和包装上，积极应变，全力进行突破。几年后，他们投入批量生产的各种汾酒已有 9 种度数，并改变原来清一色的玻璃瓶装，有了古色古香的高档陶瓷瓶装。新产品不仅满足了国内消费者的需求，也赢得了外国宾客的称赞，最大限度地满足了不同国籍、不同阶层、不同年龄、不同性别、不同爱好、不同购买能力消费者的饮酒需要，因此产品销量逐年提高。

启示：企业要想搞好市场营销，必须做市场调查，而市场调查，一定要在"细"字和"深"字上下工夫，靠一时的投机取巧是行不通的。事实证明，对市场调查越细，制定出来的产品开发和进入市场的方案就越有针对性、科学性，并能获得良好的效益。

总之，营销心理学是一门集理论与应用于一体的学科，要求其研究方法必须符合这两个方面的特点。只有采取科学的态度，运用科学的方法去进行研究，才能更准确地掌握商品营销活动中当事人的心理现象的一般规律，使营销活动更加切合商品市场的实际，从而获得预期的营销效果。

小　结

通过本章的学习，应初步了解营销心理学的产生、发展和市场观念的演变过程；掌握营销心理学的基本概念、研究对象的界定和营销心理学的重要意义；了解营销心理学的研究内容、基本原则和科学方法等，从而为学习后续章节奠定一定的理论基础。

实 训 练 习

抓台器实训：任课教师事先为全班每位学生分别准备一个小盒子（未经允许不准打开），里边均装有若干种（如 10 种）形状和外包装不同的果糖。听老师发出"开始"口令后，学生们同时打开盒盖，在 2 秒内，每人从盒中取出一块（只能取一块）你最喜欢的果糖，然后，将盒子盖上。将所有同学选择的果糖都收集到一起进行统计、分析，列出表格或画出直观图形。大家选择的哪种（形状和包装）果糖最多，则说明这种形状或包装的果糖最受青年人喜欢。参与训练的学生班容量越大，则越说明问题。当然，考虑到男女同学性别不同，喜好也可能不同，可以将男生和女生分开进行统计和分析。

复习思考题

1. 营销心理学的雏形最早产生于什么年代、哪个国家、哪位学者的著作当中？
2. 简述市场的产生和发展过程。
3. 简述人类社会经历的三次大分工的具体内容。
4. 简述西方国家市场观念的演变过程和我国市场观念的发展变化。
5. 简述营销心理学的概念。
6. 营销心理学的研究对象是什么？
7. 顾客和消费者有何异同？
8. 研究营销心理学的基本原则是什么？
9. 简述研究营销心理学的重要意义。
10. 营销心理学常用的研究方法有哪几种？

第二章　营销心理学理论基础

☞ **本章导读**

　　在市场营销活动中，市场需求的千变万化和消费行为的千差万别，都与人们的心理活动有关。因此，要摸清市场交易中人们的行为，必须先了解与市场营销有关的心理学基本理论，以科学的态度去揭示和掌握商品交换中的心理实质和心理活动的规律。本章着重论述营销心理的基础理论，包括营销活动中的感觉、知觉、注意、记忆、思维、意识、学习、态度、语言和行为及它们与营销策略之间的关系。

☞ **关键词**

　　心理现象（psychological phenomenon）

　　心理活动（psychological activity）

　　认识过程（process of cognition）

　　感觉和知觉（sensation and perception）

　　注意和记忆（attention and memory）

　　思维和意识（thinking and consciousness）

　　学习和态度（learning and attitude）

　　语言和行为（language and behavior）

开篇案例

把木梳卖给和尚

　　有一则故事，说的是有一家著名的跨国公司高薪招聘营销人员，应聘者纷至沓来，其中不乏硕士、博士。但是，当这些人拿到公司考题后，却都面面相觑，不知所措。原来公司要求每一位应聘者要尽可能多地把木梳卖给和尚，为公司赚得利润。

　　和尚要木梳何用？莫非出题者有意和众人开个玩笑？一时间，原先门庭若市的招聘大厅，仅剩下A、B、C三人。这三人知难而进，奔赴各地推销木梳。

期限一到，诸君交差。面对公司主管，A 满腹怨愤：辛苦奔波了 10 天，仅卖掉一把木梳。自己前往寺庙诚心推销，却遭到众僧的责骂，说什么将木梳卖给没有头发的人，心怀恶意，有意取笑、羞辱出家之人，最终被轰出门。回来的路上，偶然遇到一位游方僧人在路旁歇息。因旅途艰辛，和尚头皮又厚又脏，奇痒无比。自己将木梳奉上，并说明原委。游僧动了恻隐之心，试用木梳刮头体验，果然解痒，于是便买下了一把。

B 说卖掉了 10 把。为推销木梳，不辞辛苦，深入深山古刹。此处山高风大，前来进香的人，头发被风吹得散乱不堪。见此情景，B 心中一动，忙找寺院住持，侃侃而谈：庄严宝刹，佛门净土，进香拜佛，理应沐浴更衣。倘若衣冠不整，蓬头垢面，实在亵渎神灵。所以应在每座寺庙香案前，摆放木梳，供前来拜佛的善男信女梳头理发。住持听后，认为言之有理，采纳了建议，总共买下了 10 把木梳。

C 不慌不忙地从怀中掏出一份大额订单，声称不但卖出 1000 把木梳，而且急需公司立即发货。听到这话，A、B 二人啧啧称奇，公司主管也喜出望外，忙问 C 是如何做到的。C 说，为推销木梳，自己打探到一个久负盛名、香火极旺的名刹宝寺。找到寺内方丈，向他进言：凡进香朝拜者无一不怀有虔诚之心，希望佛光普照，恩泽天下，大师是得道高僧，且书法超群，能否题 "积善" 二字并刻于木梳之上，赠与进香者，让这些善男信女，梳却三千烦恼丝，以此向天下显示，我佛慈悲为怀，慈航普度，保佑众生。方丈听后，非常赞同，口称阿弥陀佛，不仅将自己视为知己，而且共同主持了赠送 "积善梳" 首发仪式。此举一出，一传十、十传百，寺院不但盛誉远播，进山朝圣者为求得 "积善梳"，简直挤破了门槛。为此，方丈恳求自己急速返回，请公司多多发货，以成善事。

启示：在 "把木梳卖给和尚" 的尝试中，A 按常规思维解决问题，结果遭到失败；B 运用创造性思维，初步运用非逻辑思维形式进行思考，借住持之手卖掉了 10 把木梳，其思路正确，但不够大胆；C 充分运用创造性思维，以独特的非逻辑性思维形式特别是逆向性思维、侧向性思维、发散与集中思维等形式进行思考，终于找到了解决问题的最佳方案，最大数量地把木梳卖给了和尚，因而获得了成功。

创造性思维广泛存在于公关实践中。思想创造财富的力量难以想象，思想观念的更新带给人类的进步更是超越任何的束缚。如果你要问现实世界的摇钱树在哪里？其实，就在每个人的头脑中。

（资料改编自：田戈. 2004. 改变世界的 100 个营销故事. 北京：朝华出版社）

营销心理学作为一门独立的科学，是现代市场发展的必然产物。在市场营销活动中，尽管市场的需求千变万化，消费行为千差万别，但市场需求和消费行为都是建立在人类心理活动的基础上的。因此，为了摸清市场交易中人们的行为，必须要了解一些与市场营销有关的心理学的基本理论，以科学的态度揭示和掌握在商品交换中消费者的心理实质和心理活动的规律。

第一节　营销活动中的感觉与知觉

在市场营销活动中，经营者总是指望自己所制定的产品、广告、包装等策略能收到良好的效果。为了达到这一目的，经营者必须使自己的营销策略中包含的信息能为消费者所感知。心理学研究结果表明，人脑对客观世界的认识过程是从感觉和知觉开始的，这是人的心理活动的基础，也是营销心理学的基础。所以，对于市场经营者来说，应了解人类感觉和知觉的基本知识，并正确应用这些知识确立营销策略，以便使消费者能够有效地感知既定的目标。

一、感觉

1. 感觉的概念

感觉是指人脑对直接作用于感觉器官的外界事物的个别属性的反映。外界任何一种事物都有着许多个别属性。在商业活动中，感觉是消费者在购买商品和使用商品的过程中，商品外部的个别属性作用于消费者不同感觉器官而产生的主观映象。例如，一瓶酒就有许多个别属性：消费者能看到它的外观、装潢、颜色，能嗅到它的香味、醇度，能尝到它的味道等。酒的这些客观属性，作用于消费者的眼、耳、鼻、舌等感觉器官时，消费者就产生对该商品颜色、状态、香型、醇度等方面的各种感觉。感觉是人类对事物的一种最简单的和较低级的认识水平。通过感觉只能知道事物个别属性，而不是事物整体的和全部的属性。

2. 感觉是人对客观事物的主观反映

感觉从内容来说是客观的，但从形式上说是主观的。因为人对客观事物的反应，必须依赖人的大脑、神经和各种感觉器官的正常机能，并受到人的机体状态的明显影响。客体对主体的刺激只有在一定的适宜刺激强度和范围内时才能使主体感觉到，这里就涉及感觉阈限的问题。凡是能引起感觉的，且能够持续一定时间的刺激量，称为感觉阈限。感觉阈限的大小可以用来度量人的感受能力。感觉阈限与感受能力成反比关系，感觉阈限越小，感受能力就越强。但由于主体的机体状态和知识经验的差异，感觉阈限和感受能力因人而异。例如，老年人随着年岁的增长对高音部分的感受能力会越来越低，因此，对老年人用品所作的音响广告，就应根据这个特点，加强高音部分，以取得更好的广告效果。

3. 感觉是一切复杂心理活动的基础

感觉虽然是认识客观世界的最简单形式，但却是一切复杂心理活动的基础。我们只有通过感觉，才能对事物的整体和事物之间的关系做出更复杂的反映，获得更深入的认识。在商品购买活动中，顾客通过感觉器官可以接受商品的各种不同信息，在大脑中产生对商品个别、表面、特征的反映，形成初步的印象。例如，顾客通过视觉观察到商品的形状、色彩；通过听觉分辨声音的悠扬和嘈杂，语气的和蔼与生硬；通过味觉、嗅觉分辨商品（如食品）的酸、甜、苦、辣、咸、香等，通过获得的初步印象再进行综合分析，确定是否购买。任何促销手段都是设法让顾客产生良好的感觉，从而达到预期的目的。由于感觉是主体认识的最初来源，有了感觉才可能有知觉、思维等一系列复杂的心理过程。因此说感觉是人类认识客观事物本来面目的必由之路。

4. 感觉与营销中的产品策略

在市场中，无论是商品的制造者还是经销商，都非常关心自己的产品设计，都希望通过一定的 4P〔在市场营销组合观念中，4P 分别是指产品（product），价格（price），地点（place），促销（promotion）〕中的产品策略来使顾客对自己的产品满意。例如，在商品的包装上，希望能凸显商品的个性色彩，希望本企业的商品在众多的同类商品竞争中能脱颖而出，同时自己原有的商标在消费者心目中的感觉还要保持不变，保证自己品牌宣传的连续性和一致性。

资 料 1

金六福酒营销广告策略

在电视广告中有这样一段既熟悉而又非常经典的中国民歌："什么不怕火来炼？——金；什么当头事事顺？——六；什么过年贴门面？——福！什么有喜更吉祥？——金六福酒！金六福酒更吉祥——我有喜事，金六福酒！"这个广告巧妙地把"金六福"的品牌个性——幸福、喜庆、吉祥，通过中国传统民族音乐经典——刘三姐的旋律表现出来，使平时的完全通过单纯的视觉表现力，全新演变为动听的听觉表现力，是传播手段的创新，更是营销表现力的创新。

二、知觉

1. 知觉的概念

知觉是人脑对直接作用于感觉器官的客观事物的各个部分和属性的整体反映，也是顾客在感觉基础上对商品总体特性的反映。人们依靠感觉和知觉了解周围的世界，从感觉到知觉是两个不同性质的阶段。处于市场中的购买者都会受到来自外界环境的各种刺激，例如，一台洗衣机是由它的商标、规格、颜色、外形、体积、款式、包装、价格、功能、功率、寿命等诸多要素组成的。这些要素的刺激，以光、声等形式作用于人的眼、耳等感官，便使购买者产生了视、听等感觉。但是，这些原始的个别感觉属性的信息必须经过大脑的加工之后，才能形成知觉。知觉过程的最终产物是产生某种反应。例如，看完某种商品的广告之后记住了某种信息或改变了对商品的态度，由此可能会引起对这种商品的购买动机或发生购买行为。

2. 知觉是一种能动的反映过程

作用于人们感官的客观事物是丰富多彩、千变万化的。但人们不可能对所有的客观事物都能清楚地感知到并做出反映，而总是积极能动地、有选择地以少数事物作为知觉的对象。例如，一位顾客带着一定的购买目的到商店去选择某种商品，这种商品就是他要知觉的对象，只有这种商品才被他知觉得最清楚，而其他商品则被知觉得比较模糊，成为知觉对象的背景。人们对对象和背景的知觉是不同的，对象似乎在背景的前面，轮廓分明、结构完整；背景只是在对象的后面起衬托作用。当然，对象和背景的关系不是一成不变的，如果顾客的知觉目的发生变化，知觉对象与背景也是会相互转换的。例如，当推销员为顾客讲解某种商品时，这种商品就是顾客知觉的对象，而周围的其他商品则成为背景。如果此时顾客的同伴看中了旁边的一种别的商品而把他的注意力引到那种商品上去，那么，顾客知觉的对象就转移到了另一种商品上，而原来推销员为你讲解的那种商品就变成了背景。

通常具有以下特征的对象，容易引起人们的知觉。

1）对象和背景的差别程度。一般来讲，对象和背景的差别越大，对象就越容易从背景中突出出来。在颜色、形状、亮度等强烈对比的情况下，对象更为醒目。例如，白纸上的黑字、绿叶中的红花，由于对比强烈而使对象容易分化出来；反之，如果差别较小，就难以区分。如白纸上写黄字，黑布上绣紫花等，就不太好区分开来。

2）具有较强特性的对象。例如，能够发出声音或会翻筋斗的儿童玩具，由于其特性对人有较强的刺激，因而容易引起儿童的知觉。

3）反复出现的对象。同样的对象如果反复出现，容易被知觉并留下较深的印象。促销广告、商品宣传材料被人们多次看到，或者经常听到人们谈论某地商品的情况，由于信息反复出现，多次作用，会使人们产生较深刻的知觉印象。

4）运动变化的对象。例如，夜晚饭店门口忽亮忽灭的霓虹灯，推销人员的现场表演，比其他暗淡无光的招牌或静止摆在柜台上的商品更容易引起顾客的知觉。

5）对象的组合。对象各部分的组合也影响着对对象各部分的辨认。组合包括两种：接近组合和相似组合。接近组合是指两个或两个以上对象如果彼此间比较接近，容易被看成一个整体。无论是空间的接近还是时间的接近，都倾向于组成一个对象。如图 2.1 所示，虽然 8 条直线空间距离不同，但不会把它们看成是截然分离的 8 个单位，而是把距离上接近的两条看作一组。因此，8 条线分别被看作 *ab*、*cd*、*ef*、*gh* 4 个单位。另外，性质相同或相似的事物也容易被人组合在一起，成为知觉对象，如冰箱、彩电、洗衣机都是家用电器，往往被放在商店的同一展厅；球鞋、球拍、运动服都是运动器材，一般会摆在体育用品专柜，这样也便于顾客购物时选择。

6）新奇独特的事物。如吹糖人的艺人现场操作会引起儿童的极大兴趣；特色小吃部的现场烹调，购买者能够亲眼看到食品的用料和做工，同时还直接监督操作过程的卫生状况，因而也会引起分外的注目。

$$|\quad|\quad\quad|\quad|\quad\quad\quad|\quad|\quad\quad\quad|\quad|$$
$$a\quad b\qquad c\quad d\qquad\quad e\quad f\qquad\quad g\quad h$$

图 2.1　接近组合

总之，在消费活动中，人们总是抱有一定的目的和按照某种需要，主动地、有意识地选择部分商品作为知觉对象，或是无意识地被某种商品所吸引。

3. 知觉是各种心理活动的基础

在商品购买活动中，顾客只有对某种商品形成了某些知觉，并掌握一定量的知觉材料，才可能通过思维更进一步地去认识这种商品，并随着对这种商品知觉程度的不断提高，形成对该商品产生好感的主观态度，进而引发购买动机并确定相应的购买决策。之所以说知觉是各种心理活动的基础，是因为它能够刺激人们对客观世界某种事物的需要，从而为满足这种需要去进行有目的的实践活动。

4. 知觉以感觉为基础

知觉是在感觉的基础上形成的，没有对某种商品的商标、规格、颜色、外形、体积、包装、价格等个别属性的感觉，就不可能形成对这种商品的整体知觉。然而知觉并不是各种感觉简单的相加，它还与过去的经验有关。人们凭借过去的经验，才能根据当前对象的知觉确定事物，才能把感觉到的许多个别因素结合成为整体的形象。例如，当我们感觉一台洗衣机时，根据感觉到的个别属性或主要特征，再凭借过去购买和使用洗衣机的经验即可推断出眼前这台洗衣机的其他属性和特征，把感觉到的许多个别因素综合为一个整体的形象，由此整体地知觉它。

对事物知觉的整体性依赖于客体的特点。当客体在空间、时间上接近时，客体的颜色、强度、大小和形状等物理属性相似时，客体具有连续、闭合和共同运动方向等特点或有较大组合的趋势时，就容易被人们知觉为一个整体。例如，顾客到某个商店购物，如果这个商店环境整洁、优美，商品摆放独特有序，营业人员彬彬有礼，尽管这位顾客对这个商店的其他方面了解甚少，也会形成对这个商店良好的印象。

5. 知觉具有恒常性

知觉的恒常性是指当人们知觉的条件在一定范围内发生改变时，知觉的映象仍然保持相对稳定，这是人对知觉对象认识的习惯化而带来的一种恒常反映。在视知觉中，知觉的恒常性表现得特别明显。对象的大小、形状、亮度、颜色等映象与客观刺激的关系并不完全服从物理学的规律。例如，无论是在强光下还是在黑暗处，人们总是把煤看成黑色，把雪看成白色，把国旗看成红色。实际上，强光下煤的反射亮度远远大于暗光下雪的反射亮度。

6. 知觉在市场营销中的应用

（1）利用知觉的整体性和理解性开展营销与广告制作

由知觉的整体性和理解性原理可知，当某种商品的个别属性作用于人的感官时，人们能够凭借以往的知识经验而把它知觉为一个整体。商品的生产或销售应充分认识和体现整体性和理解性的基本要求，首先给顾客一个良好的感知印象。

> **资料 2**
>
> ### 知觉在酒具营销中的巧妙运用
>
> 一家百货商店新进了一批高脚刻花玻璃酒具，造型与质量俱佳，但不知何故，摆在柜台上一直销路不好。后来，一位营业员灵机一动，在一套酒具的每一个酒杯中斟满了红色的液体，摆在玻璃柜内，宛如名贵的葡萄酒，使人感到芬芳四溢、满口生津，购买欲望油然而生，结果销量大增。而实际上，那位营业员只是在清水中加了几滴红墨水，顾客却能把酒具与酒以及美好的口感联想为一体，进而增强了对酒具的购买欲望。

（2）利用知觉的选择性引导顾客选择自己所需要的商品

知觉的选择性特征可以运用到商业设计中，如在柜台布置上，为了突出名贵商品（如首饰）的价值，可以将商品背景衬以特殊的包装，强化顾客对商品的注意。

（3）利用知觉的恒常性使顾客形成对商品的特殊喜爱

利用知觉的恒常性，使商品的品牌在顾客心目中留下良好的、持久的印象，对品牌非常忠诚，转化为他们持久的购买行为，成为品牌的忠诚顾客。

综上可知，知觉与感觉有着明显的区别，二者的区别在于感觉是对外界事物个别属性的反映，而知觉则是对事物的所有属性及其相互关系的综合的、整体的反映。例如，品酒师通过对酒的观、摇、品的体验，可以分辨出酒的类别和质量。一个对色彩比较敏感的顾客，可以通过某商品包装的色彩，形成对这一包装或"鲜艳华丽"或"素雅恬淡"的整体印象。顾客通过观察营销人员的语言、行为，能够构成对这一营业员（推销员）"服务态度"好与坏的印象，这些印象都属于知觉。

三、阈限与产品的营销策略

1. 绝对阈限

人类所有的感觉器官，对外界事物刺激的反应总是存在着一定的局限。太弱或者太小的刺激，人的感官可能无法觉察，而太强或者太大的刺激则又可能会对人的感官造成伤害而迫使人们回避接受，就像身体回避太烫或太冷的刺激那样。这里存在着一个上阈和下阈（即绝对阈）的问题，可被感官觉察到的最小刺激值称为绝对阈的下阈值；可被感官感觉到的最大刺激值则称为绝对阈限的上阈值。例如，人们对声音高低觉察的绝对阈限下阈值平均约为每秒 20 周，上阈值平均约为每秒 20000 周。音响设计师就是依据这些有关的绝对阈值的物理参考数据来设计音响装置的音量大小的。

食品行业可以利用有关味觉感受性的知识来制作和调试适合不同年龄和不同味觉人群的各类食品。例如，婴儿对味觉不敏感，因而婴儿味觉的绝对阈限的下阈值就高。随着他们的成长，味觉感受性也逐渐提高。这一理论将提示食品制造商在加工婴儿食品时切勿按成人的口味行事。另外，成人的味觉感受，在某些物质上差异可能很大，而在另外一些物质上差异则很小，这一事实对食品生产的设计者们也具有重要的参考价值。

资料 3

绝对阈限理论的运用

有一家啤酒生产商依据绝对阈限理论将啤酒的消费者进行市场细分，他们把啤酒消费者分成三类：第一类是主要关心啤酒味道的消费者；第二类是易受价格和其他因素影响的消费者；第三类是不加区分的啤酒消费者。针对上述细分，啤酒生产商推出不同特性的啤酒产品，取得了可喜的营销效果。

2. 差别阈限

对于阈限内的刺激，人们通常能够觉察到它的存在。然而，对于阈限内刺激的一些变化或差别却不一定都能觉察出来。例如，过去农民到居民小区卖鸡蛋有时论个卖（如一元钱 3 个），这样省事，不用上秤。一开始，消费者总是试图从中挑大个的，往往是先捡者能如愿以偿，到后来可能就很难看出哪个大哪个小了。这是因为，最初可供挑选的鸡蛋多，相互之间的差异较明显，到后来，彼此间几乎就看不出差异了。这就揭示了差别阈限的存在。所谓差别阈限指的是那种最小可觉察的刺激差异量，简称为最小可觉差。

个体对刺激变化的感受性与刺激量的变化存在一定的关系。许多实验研究表明，最小可觉差与原有强度的刺激量之比是一个常数。这种关系可表达为

$$\frac{\Delta S}{S} = K$$

式中，S——原有刺激值（也称刺激强度）；

ΔS——对 S 的最小可觉差值；

K——比例常数（也称韦伯常数）。

人们把上式简称为韦伯定律。这一定律揭示了一种可能性，也就是说，如果我们事先知道 K 与 S 的值，便可预测出在原有刺激值上需要作多大的变化才可能被人们所觉察（$\Delta S=K\times S$）。例如，通过实验已经查明，重量的韦伯常数是 0.05。

现在我们就可以根据 $\Delta S=K\times S$ 在某些场合下（不在上阈或下阈附近）作适当的推论。

【例 2.1】 对于 10 000 千克重的东西，至少要加减多少才能被人觉察到原有的重量发生了变化？

解：$\Delta S=0.05\times 10\,000=500$（千克）

【例 2.2】 对于 100 克重的东西，最小可觉察的差异量是多少？

解：$\Delta S=0.05\times 100=5$（克）

以上两例很清楚地表明，原有的刺激强度越强，要求最小可觉察的差异就越大。韦伯定律中的比例常数 K 根据不同种类的刺激而不同。例如，音高在 2000 周/秒时，$K=0.003$；视觉强度在 1000 光量子时，$K=0.016$；咸味在每升 3 摩尔量时，$K=0.200$。

差别阈限的原理在市场营销中具有很重要的应用价值。无论是制造商还是中间商都十分关心自己的商品销路，都渴望通过一定的策略来使消费者对自己的商品感到满意。于是，一方面他们希望自己的商品在质量上的任何一个微小进步均能被广大消费者所察觉，而同时又尽量不使成本有明显提高。如饭菜味道和量的变化、奶粉营养和重量的变化、手机功能和话费率的变化等。例如十几万元的小轿车，若提价一二百元，并不被购买者所注意。而日常生活所需用的油、盐、柴、米，即便是提价几分钱，购买者也非常敏感。制造者或营销者的最佳决策就是确立消费者对这些商品质与量方面的差别阈限，也就是确定质量提高多少才能被人们所察觉，又不致由于提高质量而造成成本提高，使价格增加太多，最终不被消费者所接受。另一方面，由于原材料的变化，商品的价格或数量的多少都可能要作适当的调整，但又希望不使消费者发现，这就需要使这些变化最好保持在低于差别阈的范围之内。例如，在原材料价格上涨的情况下，要想保证产品价格稳定，制造者们往往设法寻求价廉的替代品，以致产品的质量可能有所变化。这里，重要的是使这一质量变化不要高出差别阈限。保持原材料价格上涨时产品价格稳定的另一途径是适当缩减产品的重量和数量。同样，这里的变化也应在差别阈限的范围内。

资 料 4

巧用差别阈限调整产品重量

美国的一家食品公司生产的牛奶巧克力，在 23 年内其重量和价格均作过多次调整，实际其价格仅调整了 3 次，但它的重量却变动了 14 次。值得思考的是，产品重量的多次变化均未引起多数消费者的察觉。其原因是重量的每次变动量都在人们可察觉的差别阈限范围以内。

资料 5

无视差别阈限导致消费者不满

一家奶制品生产厂原来对订购酸奶的销售价是零售每瓶 2 元，按月订购（相当于批发）每瓶 1.5 元。很多用户都是按月订购，每天一瓶或两瓶。有不少消费者已经连续订购两三年了。近日，经销商突然说因为原材料涨价了，按月订购每瓶酸奶价格要调到 2.3 元，零售每瓶调到 2.5 元。很多消费者对大幅度涨价难以接受，劝说经销商不要一次涨价这么多，但经销商总是强调因原材料涨价，酸奶售价不得不涨这么多，否则厂家就会赔钱。由于经销商一意孤行，最后涨价的结果是下一个月一下子失去了 2/3 的消费者。

点评：购买者对价格变动的感觉也有差别阈限的存在。一般消费者对价格的差别阈限值为 15%。以上这家奶制品生产厂失去多数消费者的原因就在于：他们不懂得差别阈限理论，其产品价格一次上涨的幅度远远超过了消费者对价格可以认可的差别阈限值。

现代商品很讲究包装，理想的包装设计应是把产品外表的现代化与人们对该商标产品的好印象不受任何损失地结合起来。换句话说，包装向现代化改进的每一变化都要求不使购买者知觉到商标产品的明显变化。

差别阈限在识别真假名牌商标中也有应用价值。一方面，名牌商品生产者竭力寻求与其对手的区别，并设法使购买者知觉到其差别；另一方面，其对手企图鱼目混珠，混淆视听，借名牌产品在消费者心中的良好地位销售自己的非名牌产品。

资料 6

差别阈限在商标设计中的运用

河北承德露露股份有限公司生产的"露露"牌杏仁露畅销国内外，后来有几家杏仁露厂生产的杏仁露为了借助于"露露"牌杏仁露在消费者心目中的良好声誉，其产品外包装罐设计得与"露露"牌杏仁露的包装罐非常相像，其目的是想让消费者对他的杏仁露产品也建立好印象，这也可以算是差别阈限理论在产品包装设计上的应用。当然，《中华人民共和国商标法》中已有规定：一种产品的商标与先前已经注册的另一商家的产品商标不能太相像，当差别小到某种程度时，即属侵犯他人商标权。

由此可见，企业间商标战的竞争正是购买者对商标识别的差别阈。要识别真假名牌就得使两者之间的差别大于差别阈，其方法就是将两者呈现给购买者去感知和辨认。商家有时为了提高产品销售效益而适当调整产品的价格（降价要让消费者注意到，而涨价又不要被消费者明显察觉），就是差别阈限在价格策略中的一个应用。

四、有关知觉理论在营销活动中的应用

1. 自我意象、产品意象与产品定位

"意象"一词用以表示相对持久的知觉。每一个人都会有对自我的一个意象。通常，人的自我可分为"实际自我"和"理想自我"两类。前者是具体存在的实体自我；后者是自己希望达到的理想中的自我。一般而言，理想的自我比实际的自我更有可能与购买行为有关。因为，购买者可能会把购买商品和消费商品的过程看成是实现理想自我的过程。因此，在购物过程中，购买者会选择与理想的自我意象相一致的产品，而回避那些不一致的产品。通过购买和消费某种商品而最终达到实现理想自我的目的。由此我们可以推论，服装购买者对打扮自己的原则是，努力使衣服这种产品的意象符合购买者的自我意象。所以，产品的意象要强烈地反映购买者的期望。例如，矮胖人穿竖条纹衣服显得苗条；脖子长的人系围巾或穿带领的上衣显得脖子匀称；脖子短的人穿无领上衣，故意露出脖子下边一部分，有时会被人们误认为露出的部分也是脖子，这样会显得脖子较长。

意象的概念对于市场营销策略的研究有积极的指导意义。这表现在产品细分和产品定位上，前者要求按购买者理想的意象把市场分为若干小市场，后者是选定其中的目标市场，使产品定位，成为该目标市场消费者的产品意象，从而成功地占有该目标市场。

2. 降低购物者对风险的知觉

在日常生活中，购物者经常会遇到自己不熟悉的产品，可是又不得不对它作出购买的抉择，这种购买的抉择实际上就包含着一定的风险。所谓的风险就是对后果无法作出确定预测的任何行为。顾客在购物时所面临的风险大约有六个主要类型。

1）资金的风险，是指花这么多钱购买这种产品是否值得？

2）功能的风险，是指产品的功能是不是能达到期望的效果？

3）社会的风险，是指会不会因为你购买和使用这种商品而被人笑话？

4）心理的风险，是指会不会因为购买和使用了这种商品而挫伤了消费者的心理自尊？例如，消费者面临着"我的购买决定合适吗？""使用该产品能满足需要吗？"等不确定性问题。

5）身体的风险，是指使用该产品会不会给自己的身体带来损害？

6）商业的风险，是指中间商购进这种商品会不会卖不出去。

当然，为了避免由于冒险而造成的损失，购物者在作出购物决策时，总是试图采取某些方法。例如，大量地搜寻产品的相关信息，购买前深思熟虑或多听取同事及亲友的参考意见，建立起对某一商标的信赖，货比三家或利用其他一些线索，包括名人的推荐、

售货员的客观介绍等，这些都可作为提高可信度和减少风险的依据。

知觉到的风险对于购买者接受新产品有直接关系，只有购买者感觉到购买这种产品风险不大时，他才愿意购买它。所以，经营者的策略应当降低购物者知觉到的风险程度，以减少消费者购物时的各种担心。

资料 7

奔驰轿车知觉广告

奔驰轿车的广告词是："在一个漆黑的暴风雨的夜晚，当您的妻子带着孩子驱车回家的时候，如果她驾驶的是'奔驰'牌轿车，那就请您放心吧！"

点评：这则广告的创意从几个方面道出了驾车的难度和风险：①漆黑的夜晚；②遇上暴风雨；③女士驾车；④带着孩子。然而，广告就是特别突出了"奔驰"牌轿车能够降低消费者身体安全方面的风险这一主题。

3. 产品外在因素对质量辨认的影响

购物者对产品内部特性的知觉有助于对产品质量的评价。但是，在许多情况下，通过对内部特性的知觉并不容易识别质量的好坏，况且，绝大多数顾客都不是购物行家，很难准确判定商品的真正质量。人们往往是通过某些外在的因素来辨认产品的质量。许多关于饮料，包括酒、咖啡和可口可乐的味觉试验得到的资料也证实了这一点。下面，让我们看一个小试验资料来证实这一理论。

资料 8

白酒味觉试验

桌上放着两个同样的小碗，里面倒满了白酒，碗的旁边分别放着标价不同的两个标签：一个标着 36 元一斤，另一个标着 96 元一斤。请几位不常喝酒的人来品尝，问哪种酒好喝。大家这边喝一口，那边品一口，最后都说："还是 96 元一斤的酒好喝。"说完后，主持人告诉大家："两个碗里放的是同一种酒。"

点评：由于请来品尝的几位都不是品酒专家，他们都不具备真正判别酒质量的能力，因此，商品的标价就成了人们判别质量的标准。

由此可见，对事物质量好坏的评定并不是完全凭借人们对事物本身特性的知觉，而是在很大程度上受其外在因素的影响。

不少知觉线索是来自产品本身之外的，如产品的外形、价格、包装，出售该产品商店的信誉或对生产厂家的印象等，都可能成为人们判别产品质量好坏的标准。在日常生活中，购物者的确常常这样认为，标有不同价格的产品是不同质量的反映。俗话说："好货不便宜，便宜没好货"就是从此而来。当然，价格作为产品质量的指标是有条件的。这就是在产品本身之间的差异甚小，购买者在判断它们质量时不易把握或者购买所面临的风险比较大的情况下，价格线索可能有效。这种情形在购买彼此差别不大的类似产品或者是新问世的、不熟悉的产品时可能会遇到。

人们对商店的印象也可能作为产品质量的参照线索。这种印象是多方面的，包括商店的大小、装潢是否豪华、环境是否幽雅、货物是否齐全、价格是否合适、服务是否周到等。一般说来，到百货大楼购物比在个体小店里要买着放心。与此相类似，一件产品若标上名牌生产厂家的标牌将可能被认为质量属上乘。

资料 9

标价及购物环境影响顾客对质量的判别

露天市场的服装摊位上摆放着一套西装，就颜色、款式和质地而言，表面看还可以，标价88 元。前来问价的顾客不少，但只问不买，过了两三个星期也没卖出去。顾客都认为，这几十元钱一套的西装能穿吗？肯定是处理品。后来，露天市场服装摊主的一位在百货大楼经销服装的朋友帮他把这套西装摆到了大楼的摊位上，灯光一照，还挺漂亮！标价388 元。结果，没过几天便有人买走了。

点评：绝大多数消费者都不是行家，真正能辨认西装质量的实属少数，因此，商品标价和购物环境就成了人们的判别标准。但应注意的是，不能过分抬高价格。

第二节　营销活动中的注意

注意在市场营销活动中非常重要。许多新产品刚刚上市，首先必须引起中间商和消费者的注意，才有可能引起他们的兴趣，有了兴趣才能进一步产生需求和购买欲望。

一、注意

1. 注意的概念

注意是人的心理活动对外界一定事物的指向与集中，是心理活动的一种积极状态，这种心理现象是普遍存在的。例如，上课时学生要聚精会神地听老师讲解；司机要全神贯注地驾车并集中精力注视着前后左右。人只要是处于清醒状态，每时每刻都在产生着注意的心理活动。生活中看到的东西、尝到的食物、闻到的气味等也是注意活动。注意有指向性和集中性两个基本特征。注意的指向性特征是指人们对客观事物的认识活动是有选择性的，即人们每一个瞬间的心理活动都是有选择地指向某一特定的对象，同时离开其他对象。例如，消费者在逛商店时，他们的心理活动并不是指向商店里所有的商品，而是指向他所关注的某些商品；注意的集中性特征是指人们把心理活动贯注于某一事物，而离开一切与注意对象无关的其他事物，并且抑制局部干扰，集中其全部精力去得到注意对象的鲜明、清晰的反映的特性。

2. 注意的功能

（1）选择功能

选择功能是指人们选择那些对自己的行为有意义的、符合活动需要的外界刺激，而避开和抑制那些与当前活动不一致、与注意对象无关的各种刺激。

（2）保持功能

保持功能是指注意对象的映象或内容会在人的主体意识中保持、延续直至达到目的为止。例如，顾客到商店要购买一台冰箱，他就会集中精力把注意力保持在观察和选购冰箱的活动中。

（3）监督和调节功能

监督和调节功能是指在某一时间内人们的注意力对活动有监督和调节作用，在认真从事某些工作的过程中，如果发现其注意力分配到其他事物上时你会及时地进行调节。有人做事马虎、大意，或者总是走神和出错，实际上就是心理监督和调节机能不够完善的表现。

3. 注意的分类

根据人们产生和保持注意有无目的和意志努力的程度，可将注意分为无意注意和有意注意。

（1）无意注意

无意注意并不是没有注意，而是指人们事先没有预定的目的，也不需要作意志努力，不由自主地指向某一对象所引起的注意。例如，顾客到书店买书，他在寻找原来要买的一本书时，无意中被封面设计独特新奇的另一本书所吸引，从而引起对这本书的注意，这种注意就属于无意注意。

引起人们无意注意的原因，一方面是新奇的刺激物本身的特点所造成的，如设计独特新奇的画面，与众不同的声音或优美动听的音乐，色彩鲜明、有动感的广告等，都容易引起无意注意。另一方面是与人们的生活、学习、工作直接相关的，能引起人们兴趣的事物容易成为无意注意的对象。

（2）有意注意

有意注意是指人们知觉的、有预定目的的，必要时还需要作一定的意志努力的注意。例如，消费者在嘈杂的商店里专心选择预购买的商品，学生在吵闹的环境中看书等都是有意注意。由于这种注意作了一定的意志努力，所以，即使你要寻找的目标很小，哪怕是一根很细小的缝衣针，只要是有意注意，这一目标也能被你的视觉所捕捉。

二、有关注意理论在营销活动中的应用

1. 用多元化经营调节购物者的注意转换

购物者"逛"商店有时会感到很疲劳，因为购物需要走路、爬楼，有时手里还拎着大包小包，人的神经状态还要长时间处于有意注意之中。传统的零售商店的主要功能是向消费者出售商品，满足消费者吃、穿、用的消费需求。而现代化零售商店的功能则应大为拓展，它应该是集购物、娱乐、休息于一体，使购物者的购物活动，时而有意注意，时而无意注意，时而忙于采购，时而消遣娱乐。这种多元化的经营有利于延长购物者在商店的逗留时间，创造更多的销售机会，同时也使购物者自然而然地进行心理调节，感到逛商店是一件乐事。

2. 发挥注意心理功能，引发购物需求

正确地运用和发挥注意的心理功能，使购物者实现由无意注意到有意注意的转换，从而引发需求。客观刺激物鲜明、新奇、强烈的特点可引起购物者对它的注意由无意注意转为有意注意。

资料 10

贵州茅台一摔成名

贵州茅台在巴拿马世界博览会上获金奖，"注意"在这里立了头功。博览会初始，各国评酒专家对其貌不扬、包装简陋的中国茅台酒不屑一顾，我国参展人员急中生智，故意将一瓶茅台酒摔碎在地上，顿时香气四溢，举座皆惊，从此茅台酒名声大振。

点评：我国参展人员巧妙地运用了注意理论的功能，用摔酒瓶子的办法将现场专家和观众的注意力由"无意注意"一下转移到"有意注意"，使茅台酒一举成名。

如食品的经营，就应当注重色、香、味、形等方面的合理设计，努力使顾客的感觉器官接受较强的刺激（如老远就嗅到香味儿或很快就映入眼帘），加深对商品的印象，诱起顾客的食欲和审美欲，促其尽快发生购买行动。

3. 排除顾客对无关刺激物的注意

经营者要采取适当的营销策略，设法吸引购物者注意其设立的刺激目标，并努力排除购物者对与经营目标无关的刺激物的注意，使购物者的注意力长时间保持在经营者设立的刺激目标上。

4. 在广告中发挥吸引购物者注意的功能

广告宣传要被购物者接受，必然要与他们的心理状态发生联系。一个经过苦思冥想设计出来的广告，如果根本没有引起消费者的注意，或被消费者轻轻略过，则为这个广告所付出的一切努力（包括广告主的投资），将全部付诸东流。因此，制作一个成功的广告的第一步，是引起消费者对广告的注意。在商品广告制作中，可以运用客观刺激目标的内容、措辞，以及色彩、强度、大小、位置、活动、对比及时间间隔等特点来广泛引起消费者的注意，充分发挥吸引购物者注意的功能。

资料 11

注意力在服装广告中的应用

曾见过这样一则电视广告，广告主为 Lee 牌牛仔裤。秋日原野，阳光撒向大地，树木、草地、铁路和美女构成了画面的主要元素。"呜——"的一声，火车拖着长烟从远处闯进这个恬静的画面，火车越来越近，美女缓缓转身，开始脱去身上的 Lee 牌牛仔长裤（镜头特写 Lee 商标），车上的乘客目光一起转向美女仅穿着内裤的修长大腿，目光中有惊奇有期待。镜头切换，火车掠过，美女拾起其放在铁轨上被火车轧断而成短裤的 Lee 牌牛仔裤，穿在身上，扭着腰肢，婀娜而去。服装广告竟也可以做成这样，引人入胜，让我至今回味无穷。

第三节　营销活动中的记忆、思维和意识

记忆、思维和意识是在感觉和知觉的基础上，形成的人的心理活动的高级阶段。记忆是心理活动高级阶段的基本条件。

一、记忆

1. 记忆的概念

所谓记忆，是指人脑对过去经历过的事物及其经验的反映。它是人的一切心理活动的基本条件。

从营销心理学的角度来研究，记忆是顾客对过去经历过、感知过、思维过、体验过的事物的反映。消费者在每一次购买活动中，不仅需要新信息、新知识，同时还需要参考以往的情感体验对商品进行评价和判断，以帮助消费者做出正确的购物选择。例如，顾客曾在某一商店被一位热情的营业员接待过，并留下深刻的印象，进而对这个商店也产生好印象，以后还乐意到该商店去购物。对过去用过的感觉印象较好的某种商品，一

旦再购买这种商品时，过去的印象便会重现出来，用这种印象去指导人们的重新购买，成为选择商品和品牌的依据。这就是记忆在消费活动中的重要作用。

资料 12

"泻痢停"广告

"泻痢停，泻痢停，痢疾拉肚一吃就停！"著名笑星赵本山为"泻痢停"药做代言人，给人们留下了深刻的记忆，使得人们得了痢疾马上就会想起"泻痢停"。

2. 记忆的分类

按照不同的方法可把记忆分为不同的类型。

（1）根据记忆的内容划分

根据记忆的内容可把记忆分为形象记忆、逻辑记忆、情感记忆和运动记忆。

1）形象记忆就是把感知过的事物的形象作为内容的记忆。例如，对商品形状、大小、颜色的记忆等。

2）逻辑记忆就是对事物各部分之间的相互联系及规律等逻辑思维过程作为内容的记忆。例如，对某种商品的制作工艺、工作原理或者广告宣传等方面的记忆。

3）情感记忆就是把体验过的情绪和情感作为内容的记忆。例如，消费者对以前购物时受到营业员热情接待的喜悦心情的记忆。

4）运动记忆就是把过去购物时做过的运动或者活动过程作为内容的记忆。

（2）根据记忆保持的时间划分

根据记忆保持的时间可把记忆分为瞬时记忆、短时记忆和长时记忆。

1）瞬时记忆也叫感觉记忆。在感觉后立刻产生，其特点是持续时间很短（0.25～2秒），容量小，瞬息即逝（记忆的映象会很快弱化、衰减和遗忘）。

2）短时记忆是指一分钟以内的记忆。例如，从电话簿上查到或从朋友那里听来一个电话号码，马上根据记忆来拨号，挂断电话之后就遗忘了。这就是短时记忆。短时记忆的容量很小，容量大的信息就不容易记住。科学家们研究表明，运用"组块"的方法，可以帮助记忆。

3）长时记忆是指从一分钟以上直到许多年甚至终身保持的记忆。与短时记忆相比，长时记忆的能量非常大。其实，对短时记忆进行多次重复，短时记忆就会成为长时记忆。例如，对于亲戚、朋友或关系较为密切的同学、同事，电话通讯可能较为频繁，通话次数多了，电话号码也就记住了，这种通过多次重述而使要记忆的信息牢固地保存在大脑里的现象，就是长时记忆。

营销心理学研究表明，如果记忆的材料以某种方式和购买者的目的相联系或能够唤起其联系与想象，那么，遗忘就会缓慢，甚至长时间不会遗忘。因此，营销策略应有助于购物者发现材料中对记忆有意义的模式，以便让消费者记住或容易回忆起营销者在广告中宣传的或者所推销的商品。

资料 13

无意记忆研究实验

德国心理学家曾做过这样一个实验：在德国哥廷根举行的一次国际心理学会议正在进行。突然一个人仓皇地冲进会场，后面有一个黑人手持短枪紧追进来。一声枪响，两人又先后逃出会场，从进入会场到跑出会场总共 20 秒钟。这一场面是会议主持人事先有意识安排的，整个过程都录了像，但与会的心理学家们事先并不知道。会议主席当即请与会的 60 位心理学家写出自己所见该事情的经过，但报告中必须回答指定的几个问题（如先闯进会场的那个人是什么样子？后面那位黑人是否戴着帽子，如果戴了，请问帽子是什么样式、什么颜色？如果没戴帽子，他留的是什么发型？那黑人穿的是什么颜色的上衣？有无花纹？等等）。将上交的 60 份报告与录像核对，发现没有一份报告是完全正确的。其中，有 20 份报告错误在 50%以上；有 18 份错误在 40%～50%之间；有 21 份错误在 20%～40%之间；只有 1 份报告错误少于 20%。黑人明明穿的是黑衬衫，但有人却说穿的是咖啡色的，有人说穿的是红色的，有人说穿的是条纹的等。

启示： 由上例可知，没有预定目的的无意识的观察，很难说大家对所有的刺激要素都记忆深刻。在电视上播放的商品广告一般也就几秒或十几秒，观众看完广告后能够记住什么，这是商家在制作广告时值得特别研究的问题。

3. 记忆的作用

记忆在人的心理活动中起着非常重要的作用。有了记忆，人的感觉、知觉、思维、意识等各种心理活动才成为一个统一、发展的过程。人们有了对事物个别属性的记忆，才产生感觉的印象；有了对事物整体的记忆，才产生对事物的知觉；有了对事物之间相互联系及其规律的记忆，才可能进行思维；有了对以往知识经验的记忆，人的情感过程和意志才可能实现。记忆是人类生存发展的必需，人类之所以能够摆脱野蛮和愚昧，踏进文明社会，记忆是一个极重要的环节，也是人类学习知识的必需和关键所在。英国著名哲学家培根说过："一切知识，不过是记忆。"正是依靠了人的大脑的记忆功能，人类社会的经验才能够一代一代地传递下去，人类的智慧才能不断发展，人类社会才能不断进步，以至发展到现代文明的今天。在商品营销活动中，营销者要设法增加消费者对所经营商品的记忆，才可能促进商品的销售，广告宣传就是增加消费者对商品记忆的有效手段。

二、遗忘

遗忘可以定义为由于不及时重复或者由于其他学习任务的干扰而导致记忆中保持材料的丧失。或者说记忆的内容不能保持和再认或者提取时有困难，就是遗忘。由艾宾浩斯绘制的遗忘的经典曲线如图2.2所示，由图可知，保持和遗忘是时间的函数。

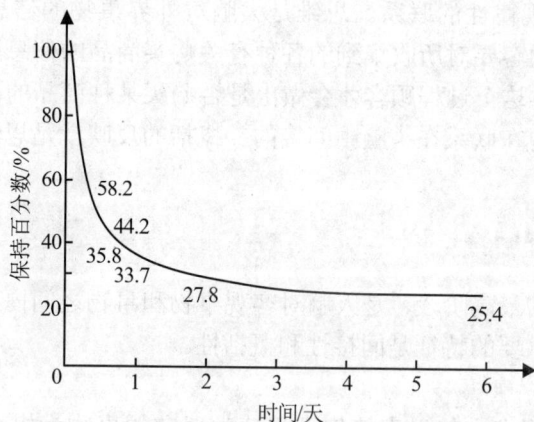

图 2.2 艾宾浩斯遗忘曲线

艾宾浩斯的遗忘曲线显示了典型的遗忘特点，遗忘在学习之后就立即开始了，遗忘的速度呈先快后慢的趋势，最快的遗忘率是在学习后的最初时间里。随着时间的推移，遗忘速率会逐渐减慢，通过试验发现，在特定的电视广告最初一次播放之后，如果不继续重复播放，只相隔几天，观看者记住它的百分数就下降一半以上。这说明抵制遗忘发展是多么重要。这条曲线很清楚地说明，已学会的信息绝不意味着都能牢固地保持下去。

> **资料 14**
>
> **遗忘研究对比实验**
>
> 有人做过一个实验，两组学生学习一段课文，甲组在学习后不久进行一次复习，乙组不予复习，一天后甲组保持98%，乙组保持56%；一周后甲组保持83%，乙组保持33%。乙组的遗忘平均值比甲组要高。如果甲组在学习后再多复习几次，可能二者对记忆材料保持的比例差别更大。

在市场营销活动中，消费者虽然会看到许许多多的商品，听到形形色色的商品信息，但实际上，多数信息很快就会被遗忘掉，只有那些能够引起消费者特别注意的少数商品信息，才能保持在消费者的记忆中。强化消费者对商品信息记忆保持效果的最好办法，就是经营者通过反复的广告宣传去多次重复产品信息。

三、思维

1. 思维的概念

思维是人脑对客观现实的间接的、概括的反映，是认识的高级形式。它反映的是客观事物的本质属性和规律性的联系。思维是大脑对外界事物的信息进行复杂加工的过程。在购买活动中，顾客要对所收集到的各种有关购买商品的信息进行分析、比较、综合、归纳和提炼，经过这个过程顾客才会做出是否购买某种商品的决策。顾客的这种对事物的一般属性及其内在联系在头脑中间接的、概括的反映就是思维，其反映的过程，就是思维过程。

2. 思维的特性

思维是心理发展的最高阶段，是人脑对客观事物和事物之间内在联系的认识，作为一种反映形式，它最主要的特征是间接性和概括性。

（1）间接性

思维的间接性表现在它能以直接作用于感觉器官的事物为媒介，对没有直接作用于感觉器官的客观事物加以认识。人脑对事物间接的反映，不是简单地重复所感知的材料，而是对感知材料的加工，它从感知的对象和现象的表面属性中，通过抽象概括找出其有内在联系的本质，从而间接地理解和把握那些没有感知过的或根本不可能直接感知的事物。

（2）概括性

思维的概括性表现在它可以把一类事物的共同属性抽取出来，形成概括性的认识。例如，顾客可以通过感觉和知觉，感知各种茶叶的不同特色，而通过思维就可以概括出各种茶叶一般都有吸附性这一共同特点。

3. 思维在顾客购买过程中的作用

思维在顾客购买过程中具有重要的作用。顾客通过意识、感觉、知觉、记忆等为思维提供大量的素材，使心理活动上升到思维这样一个高级阶段。例如，顾客在逛商店的过程中，看到某商品外形美观大方、典雅高洁，某商品质量上乘、价格便宜，某商品色彩柔和富丽、素雅恬淡等，这些反映可能是通过感知、记忆、联想而获得的，思维便是在这些零乱而繁杂的信息素材基础上，通过分析、综合、比较、抽象、概括、具体化等基本过程，为最终的购买行为提供可行性方案。虽然顾客思维活动的规律基本相同，但每个顾客的思维过程都是不一样的。他们在思维的广阔性、深刻性、独立性、灵活性、逻辑性和敏捷性等方面，都会表现出一定的差异。例如，有的顾客思维独立性较强，他们往往就不易受到来自别人提示或广告宣传的诱导，而善于独立思考，从自己的实际需求出发去权衡商品的各种利弊因素，独立地做出购买决策。与此相反，有的顾客则缺乏独立的思维能力，优柔寡断，容易受外界诱因的影响，喜欢根据他人的主意确定是否购买。人对客观事物、客观现实的认识，都是依照由低到高的认识规律，由简单到复杂，由低级到高级地发展的。顾客对商品的认识活动，一般也是遵循这样的规律。

4. 思维对企业营销的影响

（1）灵活的思维能使产品营销从穷途末路走向柳暗花明

灵活的思维就是指不拘泥于原来的思维模式、方案、假设，而是概括客观情况的变化，运用已有的知识、经验，灵活地思考问题和解决问题，表现在能力上就是有变通性。

资料 15

雀巢咖啡的百变口味

瑞士雀巢公司设有多个专门机构，他们定期从物理学、化学、营养学、细菌学方面进行研究，检查雀巢咖啡的配料、口味、色泽、包装等各个要素以适应各国不同消费者的消费心理。例如，销往英国的"雀巢"咖啡要色淡味纯；销往意大利的要色黑味浓；销往法国的则要不浓不淡，浓淡适中，等等。可见，雀巢咖啡公司生产各批咖啡的口味、色泽、包装不是千篇一律的，而是根据不同国度消费者的不同特点、心理需求而灵活经营。他们思维的灵活性和变通性，使得今天的雀巢饮料盛销世界 140 多个国家和地区。

（2）敏捷的思维能随时创造新的商机

敏捷的思维是指思考问题既快又灵活，能在较短的时间内发现问题和解决问题。在当前激烈竞争的市场经济条件下，谁具有敏捷的思维、善于分析和研究市场变化、并根据市场变化而随机应变，谁就能随时抓住难得的商机而快速发展，并创造巨大的财富。

资料 16

敏捷的思维能创造财富

有一个日用百货店的小老板，他抓住了当地庙会演大戏的机会，发了一笔小财。庙会，又称"庙市"或"节场"，是指在寺庙附近聚会，进行祭神、娱乐和购物活动，是中华文化传统的节日风俗，至今这种民俗在我国很多农村仍广为流传。某日，一个小镇上的庙会正在进行中，周围十里八村的乡亲们都赶到镇上看大戏。正当节目演到高潮的时候，忽然下起了小雨，由于戏台子上面有帆布大棚，演出仍在正常进行，而观众却在露天被雨浇着，又因为这地处偏僻山村的农民们平时很难看到这样精彩的演出，多数人又没有看天气预报的习惯而未带雨具，此时观众们正在为"看也为难，走也为难"而犹豫不决时，突然从身后传来了响亮的叫卖声："买雨伞，看大戏了！十块钱一把，很便宜的！"顿时，戏台下面便出现了成千上万的人抢购雨伞的场面，不一会儿工夫，一大批简易雨伞被抢购一空。

点评：日用百货的小老板掌握庙会期间的活动安排，他又事先认真看了这几天的天气预报，已经预先知道当天有雨。而当地农民基本上都没有看天气预报的习惯，所以，小老板灵机一动便以每把 6 元的批发价先购进了一批简易雨伞，于是就出现了上述热闹场面。

（3）创造性的思维是企业在激烈竞争中取胜的法宝

创造性思维是指超越平常的思考和活动能力，能创造出新的观念、新的事物、新的产品等的能力。独特性和新颖性是创造性思维的两个突出的特征。

资 料 17

西铁城手表一"摔"成名

长期以来，瑞士手表一统天下。日本西铁城手表公司为了开拓澳大利亚市场，挖空心思地想出了一种极具创意的推销方法：他们采用直升飞机从高空向地面指定的广场投掷手表，引发成千上万的人前来观看，当观众从地上捡起"摔"下来的手表时，发现这"西铁城"牌手表竟然完好无损，还在"滴答、滴答"地走着，于是，西铁城手表在澳大利亚名声大振，求购者络绎不绝。

四、意识

1. 意识的概念

意识是指人对环境及自我的认知能力及认知的清晰程度，它是客观存在于人脑中的反映。意识是借助于整个认识过程特别是抽象思维，在人脑中形成了外部客观世界事物的较完整的图景、经验与认识的总结。意识包含知、情、意三者的统一。"知"指人类对世界的知识性与理性的追求，它与认识的内涵是统一的；"情"指情感，即人类对客观事物的感受和评价；"意"指意志，即人类追求某种目的和理想时表现出来的自我克制、毅力、信心和顽强不屈的精神状态。

2. 意识的功能

意识的心理功能主要是以下三个方面。

（1）理智功能

意识是以情感、态度的方式体现个人与社会之间关系的一种倾向性的内心状态。人在现实生活、社会生活中会产生许多需要、愿望，由于各种内在和外在因素的干扰，他们时而得到满足，时而又无法实现，时而受到群体或别人的肯定和赞同，时而又遭到周围人的否定和反对。这是人与社会之间相互作用而发生的关系，反映到人脑中可表现为理智认识的形式，但同时也是一种内心体验，如爱和恨、喜和愁等。

（2）审察功能

意识具有一种能对自身及其心理活动进行审察的功能，人在与周围环境交往的过程中，不仅认识着自然界、社会及其客观世界与自己的关系，而且还会通过这些关系逐渐认识到自身的存在和自身的力量。换句话说，意识能使人实行自我调节，可以使人有自知之明。

（3）控制功能

在实际生活中，当人脑中储存了大量的外界信息之后，意识能使人将要采取的行动具有目的性，它是促使人的行动实现内部调节与控制的力量。意志是意识的能动表现，人具有自觉确定目的、制订计划、调节行动以及支配环境的意志力。

3. 实践是意识产生和发展的基础

人的意识是在认识世界和改造世界的实践活动中产生和发展的。人的意识的发生和发展既依赖于实践活动，又服务于和指导着实践活动，对客观现实具有巨大的反作用。人通过实践活动，认识了客观现实、客观存在，掌握了客观事物的发展规律，预见未来，按照自己的需要去改造客观现实，使之不断满足人们的物质需要和精神需要，这就是人的意识的主观能动性。而人的意识水平的高低，对实践活动调节影响作用的大小，只有实践才能作出正确的判断。例如，在商品营销活动中，营销人员与顾客的兴趣、爱好、性格等，都是通过实践活动表现出来的，顾客的观察水平、识别商品质量的能力和审美习惯等，只有通过顾客购买商品才能体现出来。因此，注意提高人的意识水平，就能使人对实践活动作出正确的反映，并产生积极的影响。

第四节　营销活动中的学习

在市场交易活动中，有很多因素（如商品质量、价格及广告宣传等）都在不断地发生着变化。为了适应变化着的环境，中间商或消费者只有加强自身学习并不断地获取新的信息，才能作出有效的反应。

购物者需要学会的东西很多，如关于产品、价格、商标等的信息和评价。通过学习能够形成对产品、商标的态度及其购买某种产品的倾向性和光顾某些商店的习惯等。总之，消费者对某种商品的购买或使用行为，不是与生俱来的本能，而是通过学习才掌握的。了解消费者是如何学习的以及如何应用所学习到的信息，对工商企业运用有效的市场策略，扩大其经营具有十分积极的意义。

一、学习

1. 学习的定义及其要素

学习可以看作是由人们的某种体验所产生的一种相对持久的行为变化过程。体验包括人们直接的实践活动和间接的观察、阅读及倾听。

学习活动包括若干基本的成分或因素，即动机、体验、强化和重复。下面简要地解释这几个因素。

（1）动机

动机是人们从事一切活动（包括学习在内）的动力，购物者在学习购买和使用产品的过程中，动力是重要的因素。但是，当购物者成功地获得预期的目标之后，学习动力就会减弱。成功是对学习活动的一种激励和奖赏，由此会激励购物者在类似的情景中作出同样有效的反应。

在营销活动中，经营者们都期望自己的产品能为广大中间商和消费者所喜爱。这种期望实际上就是要让中间商或消费者学会认识本企业的产品，并习得强烈的倾向性（动机）去购买它。

（2）体验

由学习的定义可知，引起人们行为持久变化的正是知觉的体验，而且这种体验必须达到足够的强度。在现实生活中，中间商或消费者之所以对一些老字号商标的产品会有较好的学习效果，正是因为该商标产品使他们体验深刻。相反，有些一次性的广播广告却不容易引起学习效果，部分原因可能是给中间商或消费者的体验不够强烈。

（3）强化

在学习过程中，强化是非常重要的因素，可分为正强化与负强化两种。正强化是通过奖励起激励作用。例如，一位消费者按照电视广告中介绍的商品特征到商店购买了此商品，通过使用发现该产品的特点与广告中介绍的完全相同，因而消费者感到很满意，这就是正强化。由此学习过程而获得的知识在后来的购物中仍然得到应用（即重复购买）。负强化是通过惩罚学会回避某些东西或终止某些行为。例如，出现上述例子相反的情况而使消费者感到不满意即为负强化，这一教训会使他学会了谨慎小心（即不再去购买那种商品），预防类似事件的再次发生。

（4）重复

学习后人们行为发生的变化说明在记忆中存在着效果保持现象。这种效果尽管可能因为某次重大事件或强烈的感情体验会长期地保留并影响着人们的行为，但是，一般而言，如果缺乏重复或重复不够是无法获得学习效果的。情景不同时，要求重复的次数也不同。一般动机和体验越强烈，学习所需的重复数就越少。然而，重复的效果是有一定限度的,超过这个限度的重复反而会让消费者感到疲倦和厌烦。因此,商家在做商品广告时一定要注意广告重复播放的频率和次数。

2. 学习的特点

谈到学习往往会涉及泛化、分化、学习率、记忆和遗忘等几个特点。

(1)泛化

如果学习者对某个刺激会作出特定的反应,那么,当遇到同样的刺激时还会做出同样的反应,而遇到类似的刺激时会引起类似的反应,这种现象称为泛化(从原有刺激泛延到类似刺激)。

由于学习活动中会有泛化现象,一方面购物者不必对每一刺激都去学习作独特的反应;另一方面,也使某些经营者往往采用不正当的手段,在包装、商标、品牌等方面使自己的产品类似于老字号的名牌产品,并指望消费者能将对名牌产品的好感泛延到自己的产品上去。

(2)分化

对刺激的泛化指的是学习者对不同的相似刺激作出相同的反应,而对刺激的分化则是学习者对不同的刺激作出不同的反应。

在市场交易中,同类产品可能只有某些特征不同,购物者必须对此加以辨别。生产者或经营者常常需要考虑如何让购物者将自己的产品从众多与其竞争的产品中突出出来,既提高知名度,又防止其他产品与自己的优质品、名牌品鱼目混珠。

(3)学习率

学习者在学习过程中,除了完成最简单的学习任务外,大都遵循着一个共同的规律。这个规律可以由一条学习曲线(如图2.3所示)来表述,由图2.3学习曲线的形状可知,学习的初始阶段效率高,而后随着学会量的积累,每次学会的增量便会降低。同时,它还提示我们,尽管最初的学习率很高,但仍然需要多次学习才能保证更多的学会量。

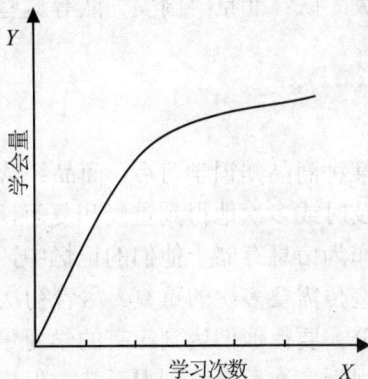

图 2.3　学习曲线

人们看营销广告后对产品信息的学习率也符合上述学习曲线。所以，一则广告要想在消费者心中建立起对商品的牢固印象，必须使广告播放达到一定的频率和次数。

（4）记忆

中间商或消费者可以通过在营销活动中的学习，即对一个个对象的注视，就会不断地获取一些新的信息，并使之存储在大脑之中，当你闭上眼睛后，还会"看到"被注视对象映象的存在，这就是学习当中的"记忆"。

（5）遗忘

若记忆的信息不及时重复，或者由于其他信息的干扰，就会导致记忆中保持材料的丧失，这就是学习当中的"遗忘"。

二、有关学习理论在营销活动中的应用

1. 泛化与市场营销

由于购买者在学习中泛化现象的存在，商品生产厂家可利用"家族商标"策略来使购买者对自己生产的某一商标的商品产生认同感，进而来接纳自己企业的所有同商标的商品。如"海尔"系列电器产品，"李宁"系列运动产品等。特别值得注意的是，如果家族中某一产品质量低劣，可能会导致整个家族商标身败名裂。

2. 分化与市场营销

由于分化现象的存在，针对购买者在这方面的心理特点，商品经营者应采取的策略目标是强化购物者去注意其产品的特色，并使产品的命名、形状和颜色的选择、包装设计及广告宣传等都指向并围绕上述目标进行。可利用强大的广告宣传攻势和一切可能影响购买者的手段去提高产品的知名度，使自己的产品从同类产品中脱颖而出。例如，以某种产品名称来命名某一个社会上较有影响的大型活动、体育竞赛或命名运动队等。如上海"申花"队；广州"恒大"队；北京"国安"队等这些足球队的命名就是运用了这一理论。

3. 重复与市场营销

在中间商或消费者进行某种商品知识学习后，商品经营者应该创造并提供各种条件使他们对所学到的知识能够及时或多次地得到重复和复习，增加刺激的次数可延时保持和减少遗忘，使学到的知识作为信息存储于他们的记忆中，并转为长时记忆。

对于市场营销中的广告宣传需要多次的重复。尽管初次广告也能给中间商或消费者提供许多信息，但毕竟不充分。要使他们达到应有的学习量，必须有足够的重复次数。虽然消费者对同一广告反复视听多次后会感到很乏味，但广告的重复仍然是很必要的。否则，消费者对已学会的内容将很快遗忘掉。科学实验表明，重复实际上可以增加中间商或消费者对产品的喜好和购买的意向。最好的方法是既重复广告的基本内容，又周期性地变化广告的形式，以保持中间商或消费者的兴趣。例如，可以变化广告的画面、音响以及广告的用语，甚至变化整个广告的创意等。

4. 引导并鼓励中间商或消费者学习后形成重复性购买

重复性购买也称为习惯性购买，是购买者在某种信念支配下，对某一商品或商店产生特殊信任和偏好的基础上形成的经常性购买行为。对营销者而言，消费者的重复性购买行为是非常值得重视的，特别是日常生活用品，重复性购买比例更大。这对于树立商品的信誉，增加商业企业的销售额，提高企业竞争力都具有十分重要的意义。重复性购买者不仅是商店的老客户，而且是生产者和营销商的忠实支持者与宣传者，他们不仅自己经常惠顾商店，而且还能在社会上起到一定的示范和宣传作用，从而带动更多的消费者前来购买。

资 料 18

雕牌洗衣粉，经济实惠效果好

"雕牌"洗衣粉可谓是家喻户晓的品牌。为什么能在消费者心目中建立起如此牢固的印象？正是因为长期在中央电视台播放的广告，以及感人的广告创意："从小到大都是妈妈为我洗衣服，今天我为妈妈洗衣服。"引导消费者多次重复地学习，起到了至关重要的作用。当然，除了广告，消费者在使用中也能感受得到"'雕牌'洗衣粉，量足价低去污快，经济实惠效果好"。所以，"雕牌"洗衣粉走进了千家万户。

第五节 营销活动中的态度

中间商或消费者每天都在熟悉、了解各种各样的产品和劳务的市场信息，同时也会形成一定的态度。他们的态度直接地影响着是否发生或者发生什么样的购买行为。如果能够了解他们对商品的态度，商品经营者就有可能通过各种努力去强化购买者原有的积极态度，或者去改变他们原有的消极的、甚至是反对的态度，从而促进购买行为的发生。

一、态度

1. 态度的概念

态度是指人们以特定的方式对待人、事物或思想观念长期持有的好与坏的认识上的评价、情感上的感受和行动上的倾向性。人们几乎对所有事物都持有态度。态度来自于过去的经验，又影响着未来的行为（倾向性）。一般来说，购买者对于一个商品越喜好，则发生购买的可能性就越大。然而，这种倾向性并不是决定未来行为发生的唯一因素，当时的情景也是影响行为发生的重要因素之一。例如，中间商或消费者可能对甲产品持有积极态度，可是，由于同类乙产品在质量不低于甲的前提下价格明显低于甲，他们也可能转向购买乙产品。另外，营销人员的态度对业务活动的影响也是很大的。彬彬有礼地与消费者打招呼，耐心细致地介绍商品，诚恳地交换意见都会使消费者产生好感，亲切、友好的态度会形成融洽的气氛。而恶劣的服务态度，会使消费者产生反感，破坏营销人员和企业的形象，从而有可能使企业丧失了市场机会。

资 料 19

态度在营销中的应用

前几年北京电视台曾做了一次有趣的调查：调查者分别有意识地将两种在国内销量最大的进口品牌电视机和两种销量最大的国产电视机的保险管烧坏，然后在同一时间打电话给各自的办事处，希望能得到上门帮助。结果，两家进口品牌的办事处中一家回答说，必须送到某街的修理店修理；另一家则答复说没法修；而国产品牌的办事处的营销人员都做到了上门服务，一家是在接到电话的第二天上门，更换完保险管后收取了50元服务费；另一家办事处的营销人员接到电话后当天就上门，在结束维修之后对用户说："由于只更换了一个1元钱的保险管，所以就不收费了。"由此可见，只有当企业和企业的营销人员时刻想着消费者时，才能永远分享上帝的微笑；企业对消费者的善待，是通过营销人员平时良好的服务态度和点滴的努力而实现的。

2. 态度的性质

态度的性质可以归纳为以下几点。

1）态度不是与生俱来，而是后天形成的。生理的需要对态度可能产生一定的影响。

2）态度必有对象。这种对象可能是具体的一个人、一个物体或者一个商标、一则广告等，也可能扩大到一个团体、一类产品、一个商店或整个社会。此外，态度的对象还可能是一个抽象的思想观念。

3）态度有其方向、强度和信任度。一个人对某个对象可能表现出喜欢、不喜欢或反对，这就是态度的方向。喜欢或不喜欢的程度则表明态度的强度；而表达对某对象的确信水平，便是态度的信任度。

4）态度一旦形成，将会持续相当长的时间。态度也可以因某种原因而发生变化，但是，一般在短期内不会有大的波动。

5）态度有一定的结构。这个结构由认知、情感和行为倾向性三个因素组成。

3. 态度的结构

（1）态度的认知因素

认知因素表现为观察者对态度对象进行观察、探究，知觉它的各方面特性。例如，观察或询问某种品牌的羽绒服，不同的观察者所关心的方面可能不同：有的顾客最关心它是否保暖，有的顾客则关心它的颜色，还有的顾客关心它的款式等。对羽绒服关心的方面不同，评价羽绒服的标准也就不同。在购买大件物品或贵重物品时，态度的认知因素显得更重要。

（2）态度的情感因素

情感因素实质上是对态度对象的评价，表达了购买者对具体对象的好恶。情感的强度实质上决定了态度的强度，它还可通过言语来表达感情。例如，在对一个对象进行评价时，可以在最差、差、一般、较好、最好等若干评价等级中指定一个来表明强度。

（3）态度的行为倾向性

行为倾向性因素实质上是购买的意向。购买意向是实际购买的前提，二者关系很密切。有了购买的倾向性才有可能转化为实际购买行为，所以，常常通过对顾客外现行动和言语表达的观察来推断其购买的倾向性。

应当指出，态度结构中的认知、情感和行为倾向性三个因素是彼此依赖和相互联系的。具体地说，相信某种产品价廉物美（认知因素）— 就会对它产生好感（情感因素）— 有好感就愿意去购买（行为的倾向因素）。反之，对产品没有好感就不愿去购买它。

二、态度的形成与改变

因为态度先于行为，又会导致行为，所以商品经营者们才会想方设法采用各种市场策略，诸如广告、商标、包装等去影响购物者对产品的态度。影响顾客的态度有两种情况：一种情况是人们过去对该产品不熟悉，所以也就没有相关的知识和态度，商品经营者的任务是帮助顾客形成对该产品的良好的态度，这就是态度的形成；另一种情况是人们对该产品已有某种不好的态度而不想购买，这样就需要经营者促使顾客去改变原来不好的态度而形成良好的新态度，促使其购买，这就是态度的改变。

1. 态度的形成

态度的形成有以下几种方式。

（1）简单重复

很多研究表明，即便呈现给购买者的对象没有任何特殊的价值，但是只要重复便可能使他们形成积极的态度。在现实生活中人们也发现，熟悉的事物容易令人接受，而且往往比生疏的事物评价要高，即熟悉强化态度。所以，为了发展购买者对特定商标的产品或劳务的积极态度，许多商品经营者不惜重金，每天在黄金时间段多次重复其广告。

（2）在观察中学习

购买者可以通过观察其他人的行为习得一种新的态度。具体地说，通过观察父母、朋友、街坊或者通过看广告中的人物来形成和发展态度。这种态度的习得方式实质上是建立在模仿、暗示和顺从的基础上的。广告策略制定者的目的就是要在广告上创造一种情境，让购买者的态度能够受到广告中人物的影响，从而不自觉地去模仿以至于达到"自我卷入"。

🍃 **资 料 20**

威力洗衣机，献给母亲的爱

有一则关于洗衣机的广告，即通过走出家乡（农村）并已在城市工作的青年人给母亲送去洗衣机的情境（广告词是：威力洗衣机，献给母亲的爱）来感染消费者，暗示消费者也应像广告中的人物那样，送洗衣机给远在家乡操劳的老母亲，一则弘扬中华民族孝敬父母的传统美德，同时也建立起对该品牌洗衣机的喜爱态度。

（3）信息加工方式

信息加工方式是把态度的形成看作是认知学习的结果。购买者在众多的商品面前需要做比较和选择，即通过对有关商品信息掌握量的多少及可信度的判断，进而对它们产生不同的态度。一般来说，购买者对特定产品或劳务信息掌握得越多、可信度越大，就越可能对它产生强烈而积极的态度。

2. 态度的改变

人们对某一事物总是会有一定态度的，如肯定或否定、积极或消极、或好或坏等。但是人们对某一事物的态度又是可以改变的。所谓态度的改变，既包括由肯定向否定或由否定向肯定的转变（性质上的改变），同时，也包括两者之间程度上的转变（量的变化）。实际生活中，人们对事物的态度在一定条件下是可以发生改变的。

🍃 **资 料 21**

勇于尝试，品味自此不同

一位北方学生到四川去读大学，因学校餐厅的饭菜多数都是川味（麻辣味），刚入学时饮食方面总不适应，天天为吃饭发愁。可看到大家谈到川味饭菜时津津乐道，吃起来又津津有味，加上老师和同学也经常劝他："川味饭菜挺好吃的。"这位同学只好也逼着自己硬着头皮经常去尝试尝试，渐渐地就适应了川味，不到一个学期，这位同学对川味饭菜的态度发生了彻底改变：从很不适应到非常喜欢。可见，态度是可以发生质的转变的。

在市场营销活动中，经营者的目的之一就是通过有效的营销策略，引导和促使购买者对自己的产品或劳务产生积极的态度，或是使他们的态度由消极变成积极，由一般积极变为特别积极。要达到这一目标需要掌握以下几种相关的理论。

（1）协调理论

人们对现实中的人或物常常会持有不同的态度。但如果把这两种持有不同态度的对象（如人和物）结合在一起，那么，协调理论认为，对这二者的态度就都会发生变化，即对原来积极的对象一方其积极的态度将会下降，而对原来消极的对象一方其态度则会向积极方向转变，即会出现一种综合的效果。假如一位你喜欢的明星穿着一件你讨厌的服装出场，这种情境会引起一种综合效果：你对原来这位明星的喜欢程度将会下降，而对你原来讨厌的那套服装将会变得不那么讨厌。从协调理论出发，一些经营人员常常利用名人的声誉去推销商品或劳务，即通过大家对名人的积极态度进而转变成对某种商品或劳务的积极态度，起到"爱屋及乌"的效果。

（2）平衡理论

平衡理论认为，人们在感知自身或外界环境时是处于三角关系之中的。这种三角关系由三个元素构成，即自我、他人和某产品。它们彼此之间可能是肯定关系，也可能是否定关系。当这三者处于肯定的三角关系之中时，意味着平衡；而处于否定的三角关系时，则意味着不平衡。即平衡理论认为：只有三角关系保持平衡状态，购买者才能有一个比较稳定的态度。如图 2.4 和图 2.5 所示，如果把三角形的每一边连接的两个元素的肯定关系用"＋"表示，否定关系用"－"表示，那么，三角形的三边符号相乘为"＋"即为平衡，相乘为"－"即为不平衡。图 2.4 中的三角形处于平衡状态，图 2.5 中的三角形处于不平衡状态。

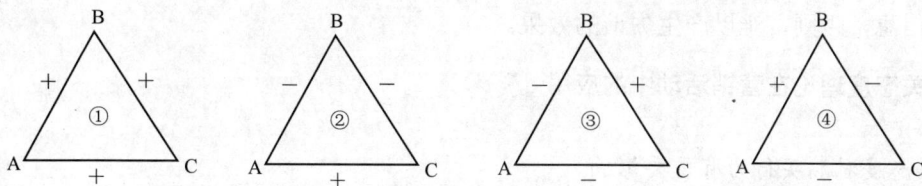

图 2.4　平衡三角形关系

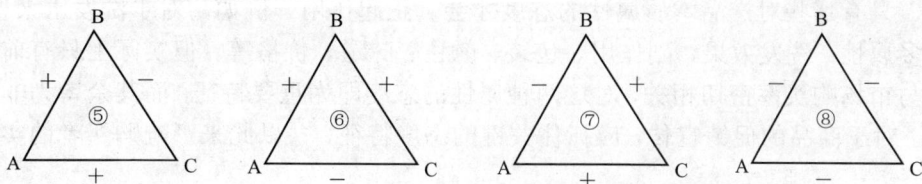

图 2.5　不平衡三角形关系

总之，平衡理论认为，只有三角关系保持平衡状态，购买者才能有一个比较稳定的态度。在市场营销活动中，根据平衡理论的观点，经营者如果希望消费者或某些中间商对某产品保持稳定不变的积极态度，此时就应尽力促使他们所处的三角形处于平衡状态；若希望他们改变对某一产品的消极态度，则应尽力促使其所在的三角关系处于不平衡状态，即促使消费者对该产品的态度由消极转变为积极，进而发生购买行为。

（3）认知失谐理论

现在感知到的信息与原来所了解的知识不一致叫作认知失谐。人们对于一个对象形成新的态度时总是想使其与原有的态度和价值观相一致。如果购买者感知到某种产品的新信息与对它原有的了解、信念或态度不一致，那么就会体验认知失谐，因而引起态度的变化。例如，过去不少消费者认为粗粮不好吃，不利于消化，对胃有坏作用，不利于人体健康。但近些年来许多研究表明，因粗粮中含有粗纤维和许多对人体有益的微量元素，因此食用粗粮对人体是有益的。许多消费者在接受了与原来掌握的信息完全不同的知识后，改变了对粗粮的消极态度，转而变得也经常食用一些粗粮。

在这里，凡是新掌握的与原来掌握的相符合或相一致的认知因子（即信息），被称为和谐因子；凡是二者不符合或不一致的认知因子（即信息）被称为失谐因子。一般说来，失谐因子越多，失谐程度就越大，强大的压力即迫使购物者不得不改变态度。通常失谐程度的大小是由以下三个因素决定的：第一是失谐因子与和谐因子的比例；第二是认知因子的重要程度；第三是认知因子的重叠性。

由认知失谐理论可知，要想使中间商或消费者能够按照经营者的预期改变态度，使之转向于新的产品，在促销时就应该提示人们新产品的性能与原有产品有明显的不同，使消费者产生更大的失谐而改变原有的态度。要使这一策略获得成功，就需要有特别说服力的信息，否则，难以产生失谐的效果。

三、有关态度理论在营销活动中的应用

1. 态度对购买行为有重要影响

购买者对产品的态度与对产品的购买是两个不同的概念，但二者又有联系。购买者对产品的态度会对购买行为产生影响，但并不是对产品的所有态度都会对购买行为起作用，只有那些对产品本质属性的态度才会真正起作用。例如，对于洗发水来说，它有许多属性：洗发效果、副作用、包装、颜色、味道、价格等。但实际上只有前两种属性与市场购买率密切相关，对这两种属性的态度即为重要特征，而其余皆为非重要特征。对于商品的促销宣传，应抓住关键的态度特征，并以此来影响购买者的实际购买。

2. 建立新的商品评价标准

采取一定的措施，使得本公司产品的某些特征正好符合购买者对产品的评价标准，最后促使购买者对该产品形成积极的态度。例如，中国人有常年喝热茶的传统，而近些年来，世界上广为饮用的矿泉水出现在消费者面前。因此，经营人员通过着力宣传矿泉水内所含微量元素对人体的益处，改变了许多中国人喝茶的饮水价值观，从而使许多消费者很快就对矿泉水产生了积极的态度。

3. 改变产品特征重要性的知觉

有时购买者对某些产品评价不高，其实并不意味着该产品的各种特性都不好。实际上，这种产品在个别属性上可能优于对手产品的特性，只是购买者没有意识到这些特性的重要性。此时经营者的策略就是设法去改变这些特征在购买者心中的地位。例如，市场上一度热销的减肥食品，多数都围绕减肥效果大做文章，所以便造成了减肥效果越明显的产品销量很大。而有的减肥食品其减肥效果虽属一般，但该产品长期使用对人体无害，而且价格合理。然而它的这一重要特征，过去因一直没有受到消费者应有的重视而受到冷落。为了改变这种产品的形象，经营者应采取相应的措施便是突出被消费者忽视的这一特性的地位，从而去影响消费者改变对它的态度。

当某种产品处于成熟阶段时，最有效的策略则是不断增加产品新的特性，保持购买者对该产品的积极态度。按照市场营销学中关于产品生命周期的理论，产品将经过导入期、成长期、成熟期、衰退期和死亡期等多个阶段，如图 2.6（a）所示。当产品进入成熟期后，就意味着即将进入衰退期。因此，为了能使购买者保持对产品的积极态度，经营人员应不断增加产品新特征，使产品生命周期曲线再次出现峰值，如图 2.6（b）。

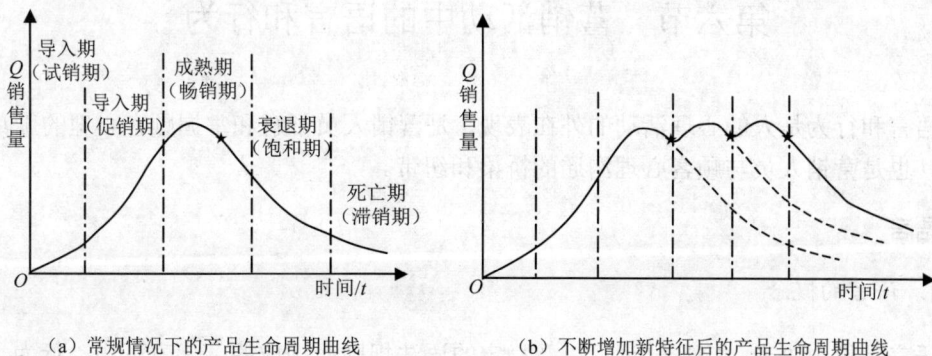

（a）常规情况下的产品生命周期曲线　　　　　（b）不断增加新特征后的产品生命周期曲线

图 2.6　产品市场生命周期销售曲线

资 料 22

功能不断翻新的手机

手机在我国的发展经过十几年的时间，已进入成熟期。在此情况下，为了保持消费者对它的积极态度，各生产厂商纷纷在增加产品新特征上下工夫，后来就有了彩屏和带摄像头的手机，又过了几年，又有了具有 MP3 音乐功能、摄像功能、GPS 卫星导航功能和 WiFi 无线上网功能等更新型的智能手机面世。这样，就因手机的特征不断更新，而使消费者长期保持着对手机的积极态度。

4. 改变购买者对竞争产品（商标）的知觉

为了确立某种产品在市场上的地位，经营人员所采取的策略之一就是设法改变购买者对与其竞争的产品的知觉，从而使消费者进一步加深对本产品的认识。

资 料 23

表面夸"他"，实为赞"我"

有这样一个例子：若干年前，在美国市场上，德国一种名叫 Lowenbrau 的啤酒为大多数美国人饮用。而另外一家德国的啤酒公司也要进占美国市场，为此，它的广告公司为其设计了如下广告："当您品尝了在美国最有名气的德国啤酒之后，请您再尝尝在德国最有名气的德国啤酒。"可见，这一广告策略的目的是要改变美国人对 Lowenbrau 啤酒的知觉，从而占领美国市场。

第六节　营销活动中的语言和行为

语言和行为是人的心理活动的外在表现，是营销人员了解和掌握顾客心理的工具和钥匙，也是营销人员与顾客心理沟通的桥梁和纽带。

一、语言

1. 语言的概念

语言是指由语音、字形、词汇以及稳定的语法规则而构成的，代表事物、行为、形态、思想观念和社会上约定俗成的符号系统。

语言是符号系统，更是人类最重要的交际工具和思维工具。人类所有的交际活动几乎都离不开语言，营销活动更离不开语言，提高语言的交流水平可以促成商品交易。

2. 语言符号包含形式和意义两个方面

符号和它所代表的事物是两回事，相互之间没有必然的联系，形式是人们感官可以感知的，如红绿灯、文字等都是视觉可以感知的，语言是听觉可以感知的，但这些形式总是和意义结合在一起。语言符号中形式和意义的结合完全由社会人为的"约定俗成"，而没有必然的、本质的联系。汉语中为什么把煤球的颜色说成是"黑的"，没有什么道理可说，完全是人为的规定，一开始规定煤球是"白的"也是可以的。恩格斯也曾说过，这一切只是人为的规定，即"约定俗成"。

3. 词是声音和意义的结合体

声音是语言符号的物质形式。人类语言一开始就是有声语言。选择用声音做表达材料的语言作为交际工具，是因为语言符号使用起来最简便，容量最大，效果也最好。声音是每个正常人都能发出来的，它本身没有任何重量，便于随身携带且容量最大，况且，它的效果也最好，说话只是动"嘴"，既可以大声疾呼，也可以轻声细语，上下古今，喜怒哀乐，不论多么深奥的道理，还是细腻、动人的感情，都可以通过语言表达出来。由于声音具有做语言材料的种种优越性，因而在人类社会的长期发展过程中，人类选用它作为交际工具的物质形式。

4. 语言在商品营销活动中的重要作用

在商品营销活动中，与顾客建立良好的关系，除了要树立"顾客就是上帝"的营销理念之外，营销人员的服务技巧也非常重要，而服务技巧的一个重要方面就是语言的表达能力和技巧。营业员主要是通过口头语言，并辅之以一定的态势语，通过二者的巧妙结合来与顾客沟通思想，联络感情，为顾客服务的。俗话说："良言一句三冬暖，恶语伤人六月寒。"营业员和蔼可亲的语言和热情周到的服务态度会留住很多顾客。相反，如果服务态度较差，语言运用不当，就会气跑顾客，而直接影响营销的效果。

因此，具备较好的语言素养和表达能力，运用好语言技巧，对营销人员尤为重要。口头语言表达效果的好坏，决定着服务质量的好坏，影响着商店和企业的形象与生存。

二、行为

1. 行为的概念

行为是指人在环境影响下所引起的内在心理变化的外在反应。顾客在商品购买活动中，所有的体现于外在的一切活动都是行为。行为是实现人们预定目标的必须过程，如果没有行为，人的所有的一切心理活动就都成了"空中楼阁"。

从心理学角度来说，大脑皮层的运动感觉细胞和运动细胞，可以调节人的运动器官作出相应的行为。并且，在整个运动系统中还有一种自我调节的反馈作用，这种作用会不断地调整自己的行为，使行为更准确、灵活，以适应现实的要求。人的消费行为也符合这样的规律。

2. 语言对行为的调节支配作用

语言对人的行为起着特别重要的调节支配作用。人的行为基本都是在语言的参与下进行的，因为语言能够概括人的活动和行为。人一般在行动之前就应确定行为目的和行为计划，从而使行为具有明确的目的性和计划性。另外，人的语言能引起行为或者抑制行为。例如，当顾客对某商品或劳务提出异议时，营业员会立刻产生一系列的行为动作：尽量说明商品各方面的优点，设法留住顾客。在从事各种实践活动时，人通常总是根据对客观规律的认识，先在头脑中确定行为目的，再根据目的选择方法，组织行动，以达到预定的目的。

3. 行为的特性

人的行为通常具有主动性、因果性、目的性、持久性和可变性等方面的特点。

（1）主动性

主动性是指一个人对自己的行为目的的正确性和重要性有充分的认识，尤其是清楚地意识到行为效果的社会意义。根据对客观现实发展规律的认识，自觉地、主动地确定行为目的，有步骤地组织自己的行动，以实现预期目的，正确地发挥人的主观能动性。例如，柴、米、油、盐、酱、醋、茶等日常用品是人类维持生命的基本物质和不可或缺的商品，人已形成一种主动的习惯性购买，所以，人们购买这些商品具有明显的主动性。

（2）因果性

因果性是指一个人的行为的真实动机和效果之间总会存在一种本质的联系。一般来说，有什么样的行为动机，就有什么样的结果。例如，许多优秀营业员在营销过程中，耐心细致的商品介绍和热情周到的服务，会有效地感染顾客，促进顾客强烈的内心体验，引发积极的购买情绪。但行为动机和效果之间的关系有时是一致的，有时也可能不一致。正是因为人的行为的真实动机与效果之间存在着本质的联系，所以，只要注意观察和分析，透过现象看本质，就有可能了解人的行为的真实动机所在。

（3）目的性

一般来说，人的意志行为总是在一定动机的激发下指向一定的目的。动机是激励人的行为以达到一定目的的内在原因，而目的则是动机所指向的对象。在商品营销活动中，营销人员和顾客总是根据商业经济活动、人的心理活动和社会环境等各种因素的影响而产生的对客观现实的认识，去确定行为的目的，选择实现目的的方法，组织行动，最终达到预定的目的。

目的的确定应该符合客观现实的规律才有可能实现。当人还未掌握客观规律时，人的行为有时会带有一定的盲目性，只有认识了自然和社会的规律，才能摆脱其盲目性，从而真正自由地发挥主观能动作用，自觉地改造客观现实。

（4）持久性

人们为了实现既定目的而保持行动的充沛精力和坚韧毅力就是行为的持久性。毅力需要有坚持的决心和顽强的品质，在人们意识到行为的正确性和重要性之后，还必须做到持之以恒，坚持不懈，努力克服各种干扰，才能真正达到预定的目的。

（5）可变性

一般人们的行为是以随意动作为基础的。不随意动作主要是指那些不由自主的动作，人的这种动作的出现并不是事先有准备或有意识地去那样做的，而是在某些实物的刺激下突然激发出来的行为。

资料 24

无意刺激促成购买

有一位姑娘在逛商店时无意中见到了一条她非常喜欢的裙子，顿时，这位姑娘便产生了强烈的心理需要，随之出现心理紧张，露出喜形于色、聚眉凝望等外部表情，很快转化为购买这条裙子的愿望（购买动机），继而产生了购买行为——真正买走了这款裙子。

点评：姑娘最终的购买行为，并不是一开始就意识到的，而是在那条裙子的刺激下，一下子激发出的心理需求而产生的行为。

随意行为是指由意识指引的动作和行为。有了随意动作，人就可以按照一定的目的去组织、支配和控制、调节一系列的行为，从而实现预定目的。但人的行为的实现，既受客观规律制约，又受来自社会各种因素的干扰。随着人们对客观世界规律认识的加深以及情况的变化，人的行为也不得不随时进行纠正或调整。另外，由于自身内部和外界的干扰或者缺乏某种必要的设施和条件，也会使人的行为发生变化。因此说人的行为具有可变性的特点。

在商品营销活动中，顾客的购买活动一般都经过搜集和获得信息阶段，选择商品阶段，比较、评价和思索阶段，购买阶段。每一个阶段都有可能因为某些内在因素和外在因素的影响，使顾客改变其购买行为。因此，营业员应有较好的忍耐性，以宁静的态度和稳重的行为举止接待或说服顾客，以获取顾客的好感，促使他们购买行为的发生。

营销人员研究和运用营销心理学基础理论的目的，就是要千方百计地去满足消费者的各种需要，想方设法去刺激和诱导他们的需要。消费者的物质和精神需要是不断增长的，不会因为一时满足而停滞和消失，当旧的需要满足了，新的需要又会产生，如此周而复始，延绵不断。由于新陈代谢，人对食物的需求会一直维持到生命终结；原来的衣服由于自然损耗或者颜色款式不再流行，会变得不喜欢而不想再穿，此时对新衣服的需求便会滋生。需要是无止境的，如果需要消失了，那么，人类也就无法再延续下去。

小　　结

通过本章的学习，应了解与市场营销有关的心理学基本理论和基本现象（包括营销活动中的感觉、知觉、注意、记忆、遗忘、思维、意识、学习、态度、语言和行为），掌握这些心理现象发生、发展的基本规律及它们与营销策略之间的关系，从而为指导市场营销提供必要的理论基础。

实训练习

上课后，在老师讲课前先给学生播放一则商品广告（广告时间大约 10 秒钟），然后正常讲课。40～60 分钟后（可以安排在第一节课下课前或第二节课上课后），发给大家一份事先设计好的问卷调查表，请大家回答问题（即填写问卷调查表）。测试大家：广告中的商品代言人是谁？他（她）穿的什么样（款式、颜色等）的衣服？广告中要推销的商品是什么？广告词是什么？假如自己也是这种商品的经常消费者，看完广告后有什么想法？心中是否萌发了购买动机？等等（这一实训练习主要测试学生对感觉、知觉、注意、记忆、意识、学习、遗忘、态度等心理学基本理论的理解和掌握情况）。

复习思考题

1．简述知觉的形成过程。
2．简述阈限的概念。
3．如何在市场营销活动中正确应用阈限理论？
4．顾客在购物时所面临的风险有哪几类？
5．注意的概念和功能是什么？
6．注意理论在市场营销中有什么作用？
7．学习理论在市场营销中如何应用？
8．怎样认识态度的形成和改变？
9．态度理论在市场营销中如何应用？
10．语言和行为在市场营销活动中有什么作用？

第三章　顾客的购买决策与心理

☞ **本章导读**

　　顾客购买商品的目的是为了满足需要，而需求的产生可能来自于兴趣和动机，有了购买动机之后，才能转化为购买决策和行为。同时，顾客在购买商品过程中，也会产生逆反心理。对于这些在购买过程中的心理活动，销售人员都应该加以研究和学习，只有深刻掌握了这些规律性的心理活动，才能更好地做好营销工作。

☞ **关键词**

需要（demand）

兴趣（interest）

动机（motivation）

决策（policy decision）

行为（behavior）

逆反心理（reverse psychology）

开篇案例

王子婚礼上的"望远镜"

　　1981年7月29日，英国查尔斯王子和黛安娜准备耗资数亿英镑，在伦敦举行轰动全世界的婚礼。消息传开后，伦敦和全国各地的许多厂商都绞尽脑汁，想趁此机会发一笔大财。举行盛典时，从白金汉宫到圣保罗教堂，沿途挤满了近百万群众，他们从四面八方乃至世界各地赶来，准备亲眼目睹王子和王妃的风采。参加这次商业竞争的几家糖果厂，将王子和王妃的照片印在糖果盒上；工艺品厂为此设计了纪念章；食品厂在现场出售了大蛋糕、冰淇淋……他们都使出浑身解数要趁机赚钱。

　　最令人叫绝的是一家经营望远镜的商家。在这近百万观众中，固然有人需要购买一枚漂亮的纪念章，需要吃上一块蛋糕或一盒冰淇淋。可是整个街道已经挤满了数层观众，站在后排的人们根本看不清楚，在这关键的一刹那，如果看不清王子和王妃的面容，岂不是最大的憾事。

此时，突然从人们背后传来了一阵叫卖声："请用望远镜观看盛典。一英镑一个！""有了望远镜，王子和王妃就像站在你的面前。一英镑一个！"长长的街道两旁，在同一时刻，由卖望远镜老板雇佣的数十名像报童一样的小贩在人群中穿梭，顿时，人们蜂拥而上，一大批用硬纸板做的简易望远镜很快被抢购一空。

那位精明的老板就此发了一笔大财。

启示：望远镜老板的成功之处，就在于他们从诸多需求之中，抓住了主要需求，即抓住了人们都渴望目睹本世纪最豪华婚礼的盛大场面的根本心理，把握机遇，一举成功。

顾客的购买决策与心理包括顾客的需要、购买兴趣、动机、决策与行为，这些购买过程中的心理活动和行为，直接关系着企业的产品是否能够畅销，关系着企业的生存和发展。企业只有对这些心理活动和行为进行认真的分析和研究，才能开发出适销对路的产品，满足顾客的需要，企业和顾客才能共同实现价值的最大化。

第一节　顾客的需要

为什么有的人愿意购买昂贵的名牌服装，有的人即使一个字不写也要在家里摆上一个大大的书桌（写字台），因为这些商品能够满足他们的某种需要，比如，名牌服装能够体现买主的身份和地位，大写字桌能够表明主人爱学习、有文化等特点。顾客的一切购买行为都是由一定的需要引起的，或者说，顾客购买商品是为了满足自己的某种特定需要。因此，营销人员的任务就是刺激顾客的需要，再进一步满足顾客的需要。

一、需要概述

需要是指人们在一定条件下，为延续和发展生命而产生的对客观事物的渴求或欲望。即感到缺少什么，从而想获得它们的状态。个体在其生存和发展过程中会有各种各样的需要，如饿的时候有吃饭的需要，渴的时候有喝水的需要，冷的时候有穿衣的需要，在与他人交往中有获得友爱、被人尊重的需要等。

顾客的需要反映了顾客对某种商品和服务获取的要求和欲望。当原有的需要满足之后，又会产生新的需要，新的需要推动着顾客新的消费行为的出现，

资料 1

别出心裁的"土豆"洗衣机

四川的农民喜欢用洗衣机洗土豆、地瓜、甘薯等物，导致他们的洗衣机常常出现故障。当海尔公司得知这一消息后，马上组织人员进行公关，解决了洗衣机不能洗土豆、地瓜等物的缺陷。

没过多久，四川各地出售的海尔洗衣机都贴有"主要供洗衣服、土豆、地瓜、甘薯等物"的标签。洗衣机问世以来，其功能一直被定格为洗衣服，而从来没人想到过将其功能延伸到洗土豆、地瓜、甘薯等物。其实，洗衣机洗土豆、地瓜并不是什么不可攻克的科技难题。据报道，海尔公司攻克这一问题只用了几个月的时间，投入也不多。对于海尔公司来说，这并不需要多大投入，却可以给顾客带来很大的方便，同时也给自己带来了无限的商机。由此可见，平淡无奇的生活中蕴藏着很多商机。厂家和商家应该一切从实际出发，一切从顾客的需要出发，就一定能够获得更多的商机和利润。

二、需要层次理论

人类的需要一直是心理学家们研究的对象，并产生了有关需要的不同理论。其中马斯洛的需要层次理论被认为是目前最具权威的理论。

美国人本主义心理学家马斯洛（A. Maslow）在 1943 年出版的《调动人的积极性的理论》著作中提出了"需要层次论"。这一理论几十年来流传甚广，是国内外心理学家试图解释需要规律的主要心理学理论。

马斯洛把人类的需要进行了系统的整理，将人类的需要分为五大类，并按照它们发生的先后顺序分为五个等级，如图 3.1 所示。

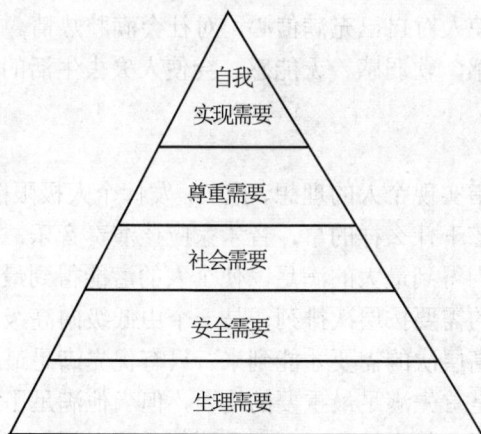

图 3.1　马斯洛的需要层次理论

1. 生理需要

马斯洛认为人的生理需要是最重要的，是个体为了维持生命和延续后代而产生的需要，它包括衣、食、住、行等生理机能的需要，是人类最原始、最基本的需要，它是人和动物所共有的，是推动人们行动的最强大的原动力，只要这一需要还没得到满足，他就会无视其他需要或把其他的需要搁置一边。

2. 安全需要

当人的生理需要得到一定程度的满足后，人类就会出现对安全的需要，即生理及心理方面免受伤害，获得保护、照顾和安全感的需要，体现在生命和财产的安全、稳定的职业、有序的环境、避免职业病的侵袭、避免意外事故的发生、有保障的生活、身体和心理受到保护、免除恐惧等。例如，人们买电器时，首先要看它的安全性能是否可靠，外出旅游希望有人身保险等。

3. 社会需要

马斯洛所讲的社会需要含有两方面的内容。一方面是爱的需要，即人都希望伙伴之间、同事之间的关系融洽或保持友谊和忠诚，希望得到爱情，人人都希望爱别人，也渴望接受别人的爱。另一方面是归属感的需要，即人都有一种归属感，都有一种要求归属于一个集团或群体的感情，希望成为其中的一员，并得到相互关心和照顾。

4. 尊重需要

当社交需要得到满足之后，人还希望自我尊重和得到别人的尊重，即自己有稳定的社会地位，有对名对利的欲望，要求个人能力、成就得到社会的承认等。马斯洛认为，尊重需要得到满足，能使人对自己充满信心，对社会满腔热情。但尊重需要一旦受到挫折，就会使人产生自卑感、软弱感、无能感，会使人失去生活的基本信心。

5. 自我实现的需要

自我实现的需要是指实现个人的理想、抱负，发挥个人极限能力的需要。也就是说，人是什么样的角色就应该干什么样的事，音乐家应该演奏音乐，画家应该绘画，诗人应该写诗，这样才会使他们得到最大的满足，使个人的潜能得到最大限度的发挥。

马斯洛认为，人类的需要按层次排列，是一个由低级向高级发展的过程，只有当低层次的需要满足之后，高层次的需要才能到来。只有优先满足最迫切的需要，然后再满足其他需要。一个人总是首先满足最重要的需要，但当他满足了最重要的需要之后，这个需要就不再是激励因素，就会转向下一个重要的需要。例如，一名饥饿者一般不会对艺术界的新鲜事情感兴趣，只有当他得到了足够的食品和水之后，下一个需要才会随之而来。但任何一种需要并不因为下一个层次需要的出现而消失，只是高层次需要产生后，低层次需要对行为的影响会变小而已。各个层次的需要会呈现相互依赖与重叠关系。

有时人们会在同一时间存在若干种需要，其行为也会受到多种需要的支配，然而，其中必定会存在占优势地位的需要，并且对行为起着主导作用。如果一个人的需要已经发展到较高层次，低层次需要却长时间得不到满足，也会导致他的需要层次降低。一般而言，需要层次越高，与生活的联系就会越少，越能够反映人类的特征。

資料 2

速溶咖啡何以受冷落

在社会生活节奏越来越快的今天，人们已经习惯使用省时省力的速溶咖啡，但是，在 1950 年的美国，速溶咖啡刚面市时却受到了冷落。为了真正了解顾客不愿意购买速溶咖啡的原因，心理学家海伊尔拟定了两张购物单，单子上所列的商品内容除一张是速溶咖啡，一张是豆制咖啡外，其余商品全都一样。调查结果表明：在美国，人们认为担负繁重的家务劳动如煮咖啡之类是家庭主妇的天职，任何试图逃避、减轻这种劳动的行为都应该受到谴责。由此，厂家恍然大悟。原因找到之后，厂家对速溶咖啡的广告做了调整，不再强调简便的特点，而是着重宣传速溶咖啡的醇香、美味，消除了女性顾客购买时的心理障碍。很快，速溶咖啡销路大增。

三、消费需要对顾客购买行为的影响

人们的行为活动往往是由不同的需要引起的。消费需要对顾客购买行为的影响主要表现在以下几个方面。

1. 消费需要决定顾客的购买行为

顾客由于受内在或外在因素的影响，产生某种需要时，就会形成一种紧张状态，成为其内在的驱动力，这就是购买动机。它导致顾客的购买行为。当购买行为完成，需要得到满足，动机自然消失，但新的需要又会随之产生，再形成新的购买动机，导致新的购买行为。由此可见，顾客的购买行为是在其需要的驱使下进行的。从这个意义上说，消费需要决定着购买行为。

2. 消费需要的强度决定顾客购买行为实现的程度

一般情况下，需要越迫切越强烈，顾客购买行为实现的可能性就越大。反之，需要不迫切不强烈，顾客的购买行为就可能推迟，甚至不发生。

資料 3

需求迫切，实现迅速

例如，对一个没有鞋穿的人来说，第一双鞋对他的使用价值最大，也就是说，他对第一双鞋的需要性最强，也许走进一家商店，只要看到他能穿的鞋就买下来，而对鞋的式样、颜色、价格、质量等要求并不高。但当他买了鞋之后，对鞋的需要就不那么迫切了，鞋的使用价值对他来说就不那么重要了。也许他还会产生买鞋的需要，但需要的迫切性会大大降低。这时，他要考虑价格、质量、式样等各方面的因素，因而对购买行为的阻力就很大，购买行为就不易实现。

3. 需要水平的不同使得顾客的购买行为呈现不同的恩格尔系数

恩格尔系数（Engel's Coefficient）是指食品支出总额占个人消费支出总额的比重。这个理论是 19 世纪德国统计学家恩格尔提出的。恩格尔根据统计资料发现：一个家庭收入越少，家庭收入中（或总支出中）用来购买食物的支出所占的比例就越大，随着家庭收入的增加，家庭收入中（或总支出中）用来购买食物的支出比例则会下降。推而广之，一个国家越穷，每个国民的平均收入中（或平均支出中）用于购买食物的支出所占比例就越大，随着国家的富裕，这个比例呈下降趋势，而用于文化、娱乐、卫生、劳务等方面的费用支出所占比例就会增多，这就是著名的恩格尔定律。

资 料 4

从"三转一响"到奢华大牌

改革开放以来，伴随着中国国民经济的迅猛发展和市场需求的大量增加，中国消费品升级换代的速度明显加快，其主要标志是以满足新的消费热点的新四大类（即彩电、冰箱、空调、洗衣机）产业迅速取代了原来生产老四大类（即手表、自行车、缝纫机、收音机）的传统产业，并且现在汽车、房产又成为消费的热点，越是昂贵的消费品，购买的人越多，体现了中国消费品的升级换代，中国顾客的需要已经发生了巨大变化。

四、顾客需要的新趋势

当今时代，经济全球一体化深刻地影响着每一个人的商务活动和个人生活。制造业逐渐向劳动力成本较低的地区转移，科技不断地改进着我们的生活，推动着经济和社会向前发展。受社会市场环境变化的影响，顾客的需求也呈现新的趋势。

1. 顾客的消费方式与生活方式趋于统一

心理学家研究表明：在现代社会，消费与人的幸福并不等同，顾客的快乐不仅依靠物质享受，而是越来越倾向于把消费方式与生活方式相统一。

（1）消费方式与劳动方式相统一

劳动生活方式是整体生活方式的基础，对其他生活方式起着决定性的作用。例如，我们会从某人的穿衣打扮来判断其从事的职业；又如，电脑和网络技术的发展使在家办公趋势迅速发展，从而引发人们对家庭办公用具的大量需求。消费与劳动生活方式的统一，表现为人们在消费观念和态度上体现出自身劳动生活方式的特点。

资料 5

SOHO

1989年，美国人费思·波普科恩提出"家庭办公室"（Small Office Home Office）的概念。一般家庭办公家具包括：工作台、工作椅、资料柜、书架等。家庭办公设备有：电脑、电话、打印机、传真机等。这些设施组织搭配合理，可达到提高工作效率、让工作者感觉舒适的目的。

（2）消费方式与闲暇生活方式相统一

闲暇时间是指可以自由支配的时间。在现代社会中，尤其近几年又新增了不少法定假日，因而人们拥有的闲暇时间日益增多，闲暇生活方式在社会生活方式中占有越来越重要的地位。与此相适应，人们在消费活动中增加了旅游、娱乐、教育等非商品消费的支出，同时人们也在不断寻求新的消费方式，以求创造和占有更多的闲暇时间。

资料 6

方兴未艾的中国旅游

中国是世界上旅游业发展速度最快的国家之一。1978年中国国际旅游接待人数（180万人）仅为世界的0.7%，居世界第41位；2002年接待海外旅游者达到9791万人次，跃居世界第五大旅游吸引国、亚洲首位旅游大国。之后中国旅游入境总人数又逐年攀升：2008年是13002.7万人次，2012年达到10.35亿人次，首次突破10亿大关。旅游业日益成为中国经济新的增长点，成为中国第三产业的主要支柱之一。全国已有24个省、自治区和直辖市将旅游业定位为支柱产业，其余省区（市）则分别将旅游业定位为重要产业或优势产业。

（3）消费方式与家庭生活方式相统一

家庭是社会日常生活方式的基本单位，人们的大部分消费活动是以家庭为单位进行的。目前单身家庭、单亲家庭、无子女家庭（也称"丁克家庭"）等非传统化家庭形式的比重逐步上升，家庭管理方式趋于民主化。基于此变化，顾客的消费需求在观念、方式和内容上也发生了明显的变化。例如，独生子女家庭中儿童对消费决策的影响作用越来越大。

资料 7

"银发潮"催生"朝阳产业"

面临老人数量的日益增多和老人需求的不断增长，专门为老人提供物质和精神产品以及其他服务的老龄产业应运而生。有关方面提供的资料表明，2005年老年人的离退休金、再就业收入、亲朋好友的资助可达3000亿至4000亿元，这将使老年市场成为未来国民经济各行业中有较大影响的消费市场之一。面对诱人的老龄产业发展前景，有识之士开始涉足这个"朝阳产业"。以老年公寓为例。专家预测，随着养老观念的变化、老人社会福利保障制度的完善，养老机构将不再只是经营老人的托养和照料业务，更可能是一个融老人托养、照料、医疗、娱乐、休闲、旅游为一体的综合型的较高档次的老年公寓。据称，浙江、福建等地的房地产业已开始进军养老业，兴建银色住宅。还有老年旅游，近年来旅游界发现了一个惊人的现实，老年旅游市场日渐火爆。老年旅游市场热的原因，主要是老年人离开工作岗位后闲暇时间充裕，他们对异地风土人情和历史文化有着浓厚的兴趣。同时他们中的很多人有一种怀旧情结，大多希望重游过去工作和生活过的地方。其他还包括老年服装、老年娱乐、老人玩具、老年保健、老年食品等，市场空间十分广阔。一位从事老龄产业的商人说："现在的问题是老人有很多消费需求，市场却没有办法满足。城里有规模的老人用品专售商店很少。"另外，针对老年人生活需要的商品开发目前还存在不少空白点，在这方面还潜藏着很大的商机。

2. 顾客需求结构向高级化发展

近年来，随着我国经济的稳健发展，国民人均收入和消费支出有了较大提高，顾客的消费需求结构趋于高级化，具体表现在以下几个方面。

1）食物消费比重在整个消费支出中呈下降趋势。以恩格尔系数的变化为例，1990年我国城镇居民的恩格尔系数为54.2%，农村居民的恩格尔系数为58.8%；2000年我国城镇居民的恩格尔系数为39.1%，农村居民的恩格尔系数为49.1%；2009年我国城镇居民的恩格尔系数为36.6%，农村居民的恩格尔系数为41%；预计到2020年，我国城镇居民的恩格尔系数降为36.3%，农村居民的恩格尔系数降为40.4%，将全面建成小康社会（根据联合国粮农组织的标准划分：恩格尔系数在60%以上为贫困，在50%～59%为温饱，在40%～49%为小康，在30%～39%为富裕，30%以下为很富裕）。

2）在城镇居民消费中，住宅消费支出占家庭消费总支出的比例逐年上升，1990年的住宅消费支出为4.8%，2010年上升到10.37%，"十二五"期间有望上升至15%，住宅消费支出已经成为居民除食物消费外的第二大开支项目，因此，室内耐用消费品将成为新的消费热点。

3）城镇居民家庭电气化将向高技术、多功能、新款式、低能耗、无污染的方向发展。例如，平板电脑、智能手机、智能电视等高端电子消费产品越来越受到城镇居民的青睐，高端产品的出现，明显改变了人们的工作与生活方式，相信未来电器制造商还会研发更多类型的高端电子产品，引领消费趋势。

3. 消费方式与环境保护趋于统一

随着世界环保运动的兴起，现代顾客的环保意识日益增强，顾客把保护自然资源和生态环境视为己任，把消费与全球环境及社会经济发展联系起来，自觉把个人消费需求和消费行为纳入环境保护的规范之中。例如，顾客为了保护自身健康并获得一个安全、洁净的生存环境，要求购买无公害、无污染、不含添加剂的绿色食品。

第二节　顾客的购买兴趣

抓住顾客的兴趣是销售产品的基础和前提，只有了解到顾客的喜怒哀乐，才能组织有效的推销，才能和顾客进行顺畅沟通。激发顾客的兴趣是推销成功的第一步。没有人愿意做自己不感兴趣的事。只有顾客在对你所说的话感兴趣时，才会给你时间让你讲，才会静下心来认真地听。

一、兴趣的概念

兴趣是人们对某种事物关注、喜好、力求接触从而认识的一种心理倾向，是激励人们认识事物和探索真理的一种动机，也是一种肯定的情绪体验。兴趣是一种特殊的需要形式，也是产生动机最活跃的因素。它不仅反映了人的认识倾向，而且还从一个侧面反映了人的个性。兴趣的产生和存在受客观因素的制约，是人们在实践活动中必不可少的潜在心理动力，在一定程度上它可演化为行为的积极性和创造性。

资料 8

以"乱"取胜

1988 年夏，美国纽约闹市区的一家妇女用品商店进了一批妇女用品，很长时间卖得不好，老板见状，便叫店员将货物散乱地堆放在门口，路过的女士们见状，马上围成一圈，像寻宝似的翻来翻去，找出自己需要的物品。有人对老板说，为什么不把货物整齐地摆在货架上？老板说："如果我把这些商品都整整齐齐地摆在货架上，这些妇女们还会这么仔细地挑选吗？要知道她们主要是对胡乱堆放的商品感兴趣。女士们购物爱挑剔，恨不得将商店的货物翻个底朝天，才会对自己手上的商品放心。"商店老板采用了这种方法后，商品很快就销售一空。这批货物之所以迅速售出，就在于这位老板非常熟悉顾客的心理，他针对妇女们好奇心强的兴趣特点，一改过去的销售方法，巧妙地采用了"以乱取胜"的策略。

二、兴趣的分类

1. 按照兴趣的作用不同，将兴趣分为积极兴趣和消极兴趣

积极兴趣会对人们起到积极的推动作用，如对科学、艺术、文化、技能、体育运

动产生兴趣，会使人获得智慧和真理，使人强身健体、多才多艺，对人的发展和完善起着非常重要的作用。消极的兴趣有可能导致不良的爱好，甚至成瘾成癖，如赌博等消极兴趣会导致人的消极甚至堕落，贻害终身。商家和厂家的营销应当有助于激发顾客正面的、良好的兴趣，拒绝不良的兴趣，只有这样才能获得社会的认可，企业才能获得较好的发展。

2. **按照兴趣的具体对象不同，将兴趣分为物质兴趣和精神兴趣**

物质兴趣是因物质需要而引起的兴趣。如顾客在衣、食、住、行等方面有物质需要，会对他们所需要的产品产生兴趣。精神兴趣是由人的精神需要所引发的兴趣，如对科学、文学、艺术等的兴趣，精神兴趣体现人的较高境界的兴趣。

3. **按照兴趣的表现形式不同，将兴趣分为直接兴趣和间接兴趣**

直接兴趣是对事物本身有热切的需要从而产生的兴趣。如顾客出于对音乐的热爱而购买钢琴。间接兴趣是指人对事物本身没有兴趣，但是对其带来的预想结果感兴趣。如有的顾客对音乐艺术并不感兴趣，但是为了培养孩子，提高孩子的艺术修养而购买钢琴。

4. **按照兴趣持续的时间长短不同，将兴趣分为暂时性兴趣和持久性兴趣**

暂时性兴趣是指兴趣维持的时间短暂，如几天、几个月，一般是为了某种事物或活动所吸引而产生的，但随着事物或活动的结束而消失，或者某种需要得到满足之后即失去了兴趣。一般意志薄弱、缺乏主见和恒心的人只有短暂的兴趣。持久性兴趣是指人们在对某项事物或活动中长久坚持、不断追求的心理状态下所产生的兴趣，一般维持的时间比较长，如数年、数十年，甚至终生。比如有的人喜欢跑步，不管春夏秋冬，不管天气好坏，都常年坚持，这种兴趣就属于持久性兴趣。持久性兴趣使人具有高度的自觉性和积极性，它常常会逐渐发展为一个人的主导兴趣，对人的气质和性格也有积极性的影响。

5. **按照兴趣产生的来源不同，将兴趣分为生理性兴趣和心理性兴趣**

生理性兴趣源自生理需要，如人们的衣、食、住、行、用等日用商品的需要；心理性兴趣来自于人们的心理需要，如人际交往、感情交流等。

资料 9

"丑小狗"广告

美国有一位叫汤姆的人，他的一只爱犬一次生了 11 只小狗，他无力饲养它们，准备把这些小狗送人。汤姆在当地的报纸上登了一条广告："愿意送给善良的家庭——11 只可爱的小狗。"然而一个月过去了，才送出去两只。于是汤姆改变了策略，又登了一则广告："愿意送给善良的家庭——1 只非常丑陋的、8 只非常漂亮的小狗。"广告一登出来，电话铃就纷纷响起——都是来向汤姆要那只"丑陋"的小狗。就这样，汤姆在两天之内就送完了 9 只"丑陋"的小狗。送你一只漂亮的小狗的广告之所以失败，是因为人们对"漂亮"这类夸饰之词，很容易产生一种"逆反心理"；"送你一只丑陋的小狗"的广告之所以成功，是人们容易受到一种好奇心的驱使，对丑小狗产生一种奇特的兴趣。

三、兴趣的特征

兴趣的特征主要包括倾向性、广泛性、稳定性和成果性。

1. 倾向性

兴趣的倾向性是指人们的兴趣总是指向某种客观事物及其具体内容。例如，在口味上有南甜北咸、东辣西酸之说。在体育运动方面，有的人喜欢速度快的运动项目，如短跑等；有的人喜欢有耐性的运动项目，如长跑等。有的顾客喜欢昂贵的名牌产品，有的顾客喜欢物美价廉的商品。同是逛商店，有的顾客对服装感兴趣，有的顾客对电器感兴趣，有的顾客对珠宝感兴趣。兴趣这种倾向性可激发顾客的购买欲望。

2. 广泛性

兴趣的广泛性是指兴趣涉及的领域及范围。一般来讲，兴趣广泛的人见多识广，知识和经验相对丰富，心理会比较宽容，心情愉快，通过学习会获得和发展各种能力，在消费活动中也能够轻松自如；兴趣狭窄的人，往往坐井观天，心理和行为受到限制，心理不平和，难以全面发展，甚至可能出现障碍，在消费活动中犹豫不决，不利于消费活动的开展。

3. 稳定性

兴趣的稳定性是指兴趣在个体上保持时间的长短。有的人对某些事物的兴趣长久不变，甚至一辈子都保持这种兴趣，既专注又长久，可以使兴趣精益求精。有的人兴趣变化很快，三分钟热度，缺乏耐性，很容易见异思迁，导致样样通、样样松的结果。

4. 成果性

兴趣的成果性是指人在兴趣活动中形成的收效与成果，是兴趣对主体活动影响程度的体现。兴趣对不同的人起到的效果是不一样的。有的人因为兴趣去从事某方面的活动，成果显著，从而强化了兴趣，越做越感兴趣，乐此不疲。有的人对某种事物或活动有兴趣，但不真正去做，只说不练，兴趣的作用就不大了，兴趣就会慢慢减弱，久而久之，最终就会失去兴趣。在营销活动中，顾客对某种商品产生兴趣后能推动其积极的心理活动，迅速把兴趣转化为购买行为，这说明兴趣对营销活动作用明显、成果显著，同时也能极大地满足顾客的心理需要，使其获得成就感。

四、兴趣对顾客购买行为的影响

兴趣是人们在社会活动中非常重要的心理活动形式，反映着人的心理特点、精神面貌，也影响着人们的购买心理和行为。兴趣广泛的人往往有多样的需求，这是商家的福祉。兴趣较少的人会更多地沉湎于自己的内心世界，不去关注客观世界的缤纷色彩，需求简单，购买的欲望不强，这类顾客是营销工作的难点。因此，营销人员应充分意识到兴趣对顾客购买行为的影响。

1. 兴趣有助于激发顾客的购买动机

顾客对某种商品有购买的欲望，常常会主动收集和积累这类产品的有关信息，加深对它的认识，积累一定的消费知识，从而为将来的购买活动打下基础。顾客情趣越浓厚，对产品了解的心情越迫切，其购买动机的形成就越迅速。例如，顾客喜欢电器，就会对市场上电器的品牌、价格、质量、新的功能和特点认真留意，当遇到合适的电器产品就会尽力购买。营销人员应广开信息渠道，通过多种形式，注意搜集信息和人群，予以跟踪，提供服务。尤其要关注青年学生群体，他们通常是最富有兴趣的人群，往往是潜在的顾客。

2. 兴趣有助于促使顾客做出购买决策

顾客在购买自己感兴趣的商品时，由于对该商品有一定的认识，同时情绪高涨，精神愉快，态度积极，能够缩短决策和挑选过程，促使购买行为的完成，营销人员应适时地调动顾客的兴趣，使他们迅速地作出购买决定。

3. 兴趣有助于促进顾客形成购买偏好

顾客的兴趣一旦稳定、持久，就会长期使用和重复购买某种产品，长时间的兴趣会使顾客逐渐形成一种偏好，导致顾客重复地购买某种品牌的商品。例如，使用化妆品的女士，由于化妆效果、品牌和知名度、价格等因素的影响，总是购买某种品牌的化妆品，轻易不换品牌，成为该品牌的忠诚顾客。

4. 兴趣有助于促进顾客消费的多元化

顾客对商品的兴趣是不同的，即便对于同一种商品，其兴趣也有大小之别，兴趣的角度也不一样。营销人员要善于运用调动兴趣的各种方法，诱导顾客从某种、某几种兴趣向多种兴趣转变，从表面向深层兴趣发展，从短时的兴趣向长时的兴趣发展，源源不断地调动起顾客浓厚的兴趣，从而使其能持久地保持购买商品的兴趣。

五、顾客兴趣在购买中的表现类型

顾客兴趣体现为顾客在消费过程中对消费对象产生的情感和认识倾向。每个人在消费过程中，兴趣表现的内容、形式各有不同，同时受到多种因素的影响，致使表现类型多种多样。

1. 产品型

产品型是指顾客的兴趣指向产品的有关属性上，如品牌、质量、外观、色彩、价格、包装等。顾客的兴趣侧重点由其消费需求决定，如购买服装，年轻人注重款式、品牌，老年人注重实用、舒适、保暖、价格等。

2. 服务型

顾客的兴趣表现在各种服务消费上。随着生活水平的提高和生活节奏的加快，顾客不仅关心各种有形产品的售前、售中、售后服务，而且对诸如银行、中介、信息服务、搬家公司、清洁公司、快递公司、送餐等提供上门服务的推销方式也表现出浓厚的兴趣，并积极地进行服务型消费。

3. 时尚型

顾客的兴趣集中在紧跟流行前沿的产品上。这种兴趣若要转化为购买行为，不仅受到社会时尚和消费潮流的影响，还受到顾客经济能力的制约，如自驾车远游、手机的更新换代。

4. 娱乐型

顾客的消费倾向于各种休闲娱乐，如健身、卡拉 OK、按摩、洗浴、蹦迪等。

5. 情调型

顾客的兴趣集中在顾客与消费有关的环境与装饰布局上，特别在意消费环境烘托出的某种气氛，如音乐厅、咖啡馆、酒吧、茶馆等。

6. 节日型

顾客的兴趣集中表现在各种节日期间的消费或特殊的消费上，如元旦、春节、中秋节、情人节、圣诞节、结婚纪念日等，在这些节日、纪念日期间，顾客的消费兴趣欲望很强。许多商家和厂家利用人们的心理，在节日期间搞各种各样的促销活动。比如春节期间是烟酒、食品类商品销售的旺季，销量和销售额会达到平时的很多倍。

六、激发顾客的购买兴趣

1. 引起注意

这是销售开始的铺垫阶段，有好的开始才会有好的结果，所以这个铺垫阶段是非常重要的第一步。引起顾客注意一般由两方面构成，一是店面的陈设，包括店面的装修、灯光的设计、商品的陈列等。二是人员的拉动、彩页的发放。包括海报POP的重点摆放，有特色的软文的张贴或悬挂。以多种方式来增加宣传的力度，最大限度地吸引顾客的眼球，以达到吸引他们走进店里，增加成交的概率。

资 料 10

7-ELEVEN 便利店：便利不只是传说

有一家 7-ELEVEN（一家便利店，原属美国南方公司，后由日本零售业经营者伊藤洋华堂于1974年引入日本。发展至今，店铺遍布美国、日本、中国、新加坡、马来西亚、菲律宾等国家和地区）的冷藏柜原本是隔成七层，摆放杯型甜点及手工点心等食品。当店方将货架从七层改为六层，业绩立即呈现成长。减少一个陈列层，陈列空间虽然变少，但是业绩反而上升。这是因为顾客可以把商品看得很清楚，选购时不会有压抑感。

前往便利商店的顾客多半都是有目的的。他们一开始便已经决定要买什么，然后立刻走向供应那项商品的卖场。以 7-ELEVEN 来说，在店内停留五分钟以内的顾客，高达90%之多。由此可见，这些顾客其实都是有目的地购物。

---

2. 注意观察顾客的表情

销售人员在与顾客打交道时，一定要注意观察顾客的表情、神态和动作，一旦有顾客盯住某种商品，很可能是因为他对此商品感兴趣，这种兴趣可能是颜色、价格、外观设计、包装和使用方法等。

具有良好观察能力的导购，不仅能从顾客的言谈举止、面部表情和视线上准确地判断顾客的意图，由此了解到顾客的气质特点和兴趣指向，并采取相应的接待方法，而且能透过事物本身的外部反映，迅速掌握顾客的心理变化，灵活运用各种心理策略，对顾客进行诱导或者满足其心理欲求。

3. 激发兴趣

在成功地引起顾客的注意之后，就要进一步了解顾客的需求。然后适时地推荐适合的产品来激发他的兴趣，尽快地帮助他们锁定产品。为了激发顾客的兴趣，营销人员应该投其所好地讨论顾客感兴趣的话题，要学会观察，找出顾客的所好。如果洞察力不好，不了解顾客的兴趣，就会适得其反。这就要求营销人员应懂得多方面的知识，知识面越宽，可谈的话题就越广，大俗大雅的话题都可以谈。所以，营销人员掌握商品的专业知识很重要，了解和熟悉社会知识更重要，应该根据顾客的性格、水平、品位等机动灵活地选取话题与顾客沟通，以期收到良好的"激发购买兴趣"之效果。

> **资料 11**
>
> ### 独特成就卖点
>
> 　　刘军和郑丽夫妇，因为工作调动方面的原因，想把他们自己亲手建造的一栋房子卖掉。有个顾客 A 来看房子，但在粗粗看了一遍后，摇头说："这房子对于我来说偏大了一点，而且价格也偏高，不太合适。"丈夫刘军笑容可掬地回答："您先别急着下定论，听我详细跟您介绍，这房子绝对是独一无二的！"于是他亲自带着这个顾客详细看了房子的每一个地方，包括房内电线、网线的布置，上下水管道的构造及安装时的设想等细节问题，并根据顾客的要求，一一通过现场介绍给予满足。因为这房子是根据他们自己的设计思路建造的，所以他们对房子的构造和独特之处了如指掌，该说什么，不该说什么，处理得非常到位。最后，顾客终于相信这栋房子的确是独一无二的，尽管房子确有不尽如人意之处，但最后还是买下了它。
>
> 　　**点评：**营销人员要让顾客认可自己的商品，必须先了解自己的商品，对商品独特的卖点进行提炼，同时通过对顾客真正需求的挖掘，进行有效的商品展示，激发顾客的购买兴趣。

第三节　顾客的购买动机

　　顾客为什么购买某种产品？为什么对企业的营销刺激有着这样或者那样的反应？这些在很大程度上是和顾客的购买动机密切联系在一起的。购买动机研究就是探究购买行为的原因，即寻求对购买行为的解释，以使企业营销人员更深刻地把握顾客的行为，在此基础上作出有效的营销决策。

一、购买动机的概念

　　在营销心理学中，购买动机是指直接驱使顾客实现某种购买活动的内在推动力，它反映了顾客在生理、心理、精神和感情上的需要，是顾客购买行为心理活动的重要阶段。营销人员应认真研究并掌握顾客购买动机的调查方法，明确顾客购买行为的真正动因，有的放矢地做好营销工作。

二、购买动机的特点

购买动机有以下几个方面的特点。

1. 迫切性

购买动机的迫切性是由顾客的高强度需求引起的。例如，有人对骑摩托车本身不感兴趣，但工作单位搬到郊区以后，上班远了，乘车又不方便，看到同事骑摩托车上下班很方便，就会产生迫切需要一辆摩托车的想法。

2. 原发性

个体缺乏某种东西而产生对某种东西的需要，这种需要推动个体去寻找满足需要的对象，动机就是在这种情况下产生的。就是说，需要使个体产生动机，动机推动个体采取行动。从个体动机的产生来看，动机具有原发性特征。对于顾客而言，其内在的需要，促使其产生各种消费动机。

3. 可变性

动机的形成决定于内在的需要和外部环境两大方面的因素，当这两种因素发生变化时，个体的动机自然会相应发生变化，所以说动机具有可变性。由于动机的这个特点，我们就可以通过一些营销手段来影响顾客的消费动机，继而影响顾客的消费行为。

在顾客的各种消费需要中，往往只有一种需要占主导地位，同时，还具有许多辅助的需要。当外部条件满足时，占主导地位的消费需要将会产生主导动机，进而引起优先购买行为。一旦顾客主导需要得到满足，或者顾客在购买过程中出现新的刺激，原来辅助性的购买动机就可能转化为主导性的购买动机。

> **资 料 12**
>
> ### 销售的秘诀：引发而不是挫伤顾客的购买动机
>
> 某顾客来到商店，本来是要买电视机的，但看到商店刚来了一批紧俏商品——名牌全自动洗衣机，于是便放弃了买电视机的打算，而去购买洗衣机。这说明，顾客除想买电视机外，买洗衣机也是动机之一，只不过因为所需要的洗衣机牌子不好买而暂时把它排在计划后面。但当自己所喜欢牌子的洗衣机出现时，购买洗衣机的动机就上升为主导动机，从而放弃了原来购买电视机的打算。再如，当顾客来到商店，柜台里虽有所需商品，但因售货员傲慢无礼，使顾客自尊心受到损害。这时，维护个人自尊便上升为主导动机，结果，顾客愤然而去，使原购买动机暂时消失。

4. 内隐性

内隐性是指顾客出于某种原因而不愿意让别人知道自己真正购买动机的心理特点。个体的行为可能是外显的，而支配其行为的动机有可能不易被营销人员直接观察到，只能通过顾客的消费行为而推断。例如，某顾客购买礼品送人的真正动机是出于被迫无奈，但当别人问起其购买昂贵商品的目的时，却回答说自己要用。作为营销人员，应该识别这种购买动机的内隐性，根据顾客的真正购买动机，用委婉的言辞引导顾客，并进行相关的销售服务。

5. 矛盾性

当个体同时存在两种以上的消费需要，且两种需要互相抵触、"鱼和熊掌不可兼得"时，所产生的内心矛盾现象叫冲突，也叫动机斗争。人们常常采用"两利相权取其重，两害相权取其轻"的原则来解决矛盾。当顾客面临两个同时具有吸引力或排斥力的需要目标而又必须选择其一时，才会产生遗憾的感觉。

6. 模糊性

由于购买动机是复杂的、多层次的，有关研究表明，引起顾客购买活动的动机有几百种，也就是说在多种动机同时存在的情况下，很难辨认哪种是主导动机。有些动机是顾客意识到的动机，有些动机连顾客本人也说不清楚（有时顾客自己也不清楚购买某种商品到底是为了什么）。因为有些顾客的购买行为是在潜意识支配下进行的，所以很难判断他是出自哪类动机，其中最普遍的是多种动机的组合作用，几种动机兼而有之。这主要是由于人们动机的复杂性、多层次性和多变性造成的。

三、购买动机的作用

1. 激发作用

动机是人们行为的根本动力，具有引发个体活动的作用。动机能够引起行为，驱使顾客产生某种消费活动。顾客的购买行为就是受其购买动机的驱使而进行的。具有明确动机的顾客比动机模糊的顾客具有更强的购买意愿。

2. 方向作用

动机具有使行为指向一定方向的作用。在消费活动中，动机的指向作用表现为：一方面它使人们的购买行为具有一定的目标和方向，另一方面它可以促使顾客在购买动机的冲突中进行选择，最强烈的动机是顾客的购买行为沿着预定的目标进行。

3. 强化作用

购买动机对购买行为还具有重要的强化作用，即由某种动机强化的行为结果对该行为的再生具有加强或减弱的作用。购买动机的实现往往需要一定的时间过程，在此过程中顾客的购买动机将贯穿行为的始终，不断激励顾客排除各种因素的干扰，直至实现购买目标，完成购买过程。使人满意的动机的结果能够保持和巩固行为，称为正强化；反之为负强化。例如，顾客经常光顾某一商店的行为就是强化作用的反映。

四、动机与需要的关系

动机是在需要的基础之上产生的，一种需要转化为哪种动机受到环境因素的影响。无论是物质的需要还是精神的需要，只要他以意向、愿望或理想的方式指向一定的对象，并激起人的希望时就可构成行为的动机。动机虽以需要为基础，但只有需要，并不一定产生动机。动机的产生至少应该具备两个条件，一是需要，二是具有满足需要的对象。当需要处于萌芽状态，客观上缺乏满足需要的对象时，需要只表现为一种意愿或意向。只有当需要被强化到一定的程度，在客观上又有满足的对象时，需要才转化为动机。如图 3.2 所示。

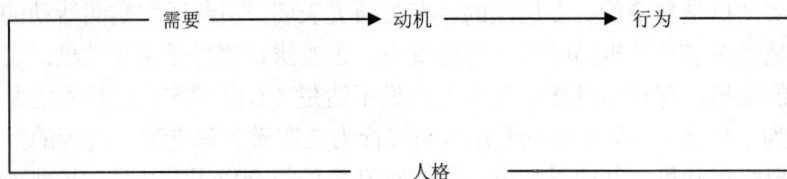

图 3.2　需要、动机、行为的关系

五、顾客动机的类型

顾客的需要和欲望是多方面的，其消费动机也是复杂和多层次的。因此，营销人员应该深入了解顾客的购买动机，把握购买行为的内在规律，用以指导具体的营销活动。

1. 生理性购买动机和心理性购买动机

（1）生理性购买动机

生理性购买动机主要是由生理性需要引起的，是顾客为了满足、维持、保护、延续、发展自身生命的需要而产生的各种购买动机。这些需要引发的动机来源于人体内部某些生理状况的先天驱动力，并非后天学习和强加的。人们为了保证其身体健康、精力充沛、维持生命的延续以便从事正常的社会活动，都要本能地产生衣、食、住、行等生理需要，如饥则食、渴则饮、乏则歇、病则医等。这些建立在生理需要基础上的动机多数具有普遍、明显、稳定、简单、重复的特点，顾客购买行为的个体差异性也较小。

（2）心理性购买动机

心理性购买动机是指顾客由于心理需要而产生的购买动机。由于顾客心理活动的复杂性，心理性购买动机较之生理性购买动机更为复杂多变，难以掌握。它是人所特有的，具有深刻、隐匿、多样化、个体之间差异大等特点。与生理性购买动机相比，心理性购买动机所起的作用日益增强并逐渐占据主导地位。心理性消费动机又分为感情动机（如求新、求美、求胜、求名等）、理智动机（如求实、求廉、求安全等）和惠顾动机（如求便、求速、求服务好、求品种全、求环境美等）。

资料 13

吃小亏赚来大便宜

张力推着采购车在一家超市选购商品，不小心将货架上的一瓶酒碰掉了，他当时想，这下麻烦了，肯定要挨批并且赔款了，于是主动找到售货小姐道歉，并表示愿意照价赔偿损失。那位小姐一边安慰他，一般打电话向经理通报事故，出乎他意料的是，经理来了之后，不仅没有责怪之意，反而向他赔不是，还拿手帕为他擦去酒污。当他再次提出赔款时，经理谦恭地说："是我们的职员没有把货架放稳，让您受惊了，责任应该在我们。"并再度致歉，然后一直陪他将货物采购完，并亲自送他走出商场。后来，张力以后每周一次的购物都必到该超市去。粗略估算了一下，他花在该超市的钱较之他打翻的那瓶酒的价格多出几百倍。

2. 顾客具体的购买动机

在实际购买活动中，顾客购买商品或服务的心理是非常复杂的，因而形成了形形色色的具体购买动机。

（1）求实购买动机

求实购买动机即是以追求商品或服务的使用价值为主要目的的购买动机。它的核心是"实惠"、"实用"。具有求实心理动机的顾客购买商品时，较为注意商品的效用和质量，讲求朴实大方，且经久耐用，而不过分强调商品造型的新颖性、设计的美观性和色调的象征性。

（2）求新购买动机

求新购买动机是指以追求商品的新颖、奇特、时尚为主要目的的购买动机。具有这种购买动机的顾客重视商品的款式、颜色、造型是否符合时尚或与众不同，而不太注意商品的实用程度和价格高低。因求新购买动机而造成的冲动性购买时有发生。

（3）求便购买动机

生活中追求方便的形式是很多的，归纳起来可以分为三种：一是商品或劳务可以减少或减轻顾客的劳动程度，许多与家庭服务有关的劳务消费均出现这种动机，如家庭装修、家政服务等；二是商品具有一些方便顾客使用的功能，减少操作使用中的麻烦，如方便面、电饭锅、各种电器上的遥控装置等；三是可以方便顾客的购买，减少购买过程的麻烦，如超市中的自选形式，商场的送货上门服务，电话、网上购物等，都可以满足顾客求便的动机。人们的生活节奏变得越来越快，求方便的动机也越来越强烈。

（4）求美购买动机

求美购买动机是指以追求艺术价值和欣赏价值为主要目的的购买动机。具有这种购买动机的顾客特别重视商品本身的色彩美、造型美、艺术美，以及对人体的美化作用，对环境的装饰作用，对人的精神生活的陶冶作用，而对商品本身的实用价值不太重视。

（5）健康购买动机

健康的身体状态是保证人们幸福生活的基本前提条件，人人都有追求健康的动机，并因此而消费大量与保证人们的健康有关的商品，这些商品包括医药品、保健品及健身用品等。

（6）安全购买动机

为了安全而消费商品，或因为商品的安全性能而购买商品的现象越来越普遍。顾客求得安全的动机主要有两种表现形式：一是在使用商品的过程中，希望商品的性能安全可靠，如电器商品的绝缘性能好，电热水器的水电分离技术等。二是为了人身与家庭财产的安全，顾客需要购买一些商品来换取平安，防止具有危害性的事故发生，比如，购买防卫保安用品，购买保险服务等，即属于这种类型。

（7）求名购买动机

求名购买动机是以追求名牌商品、高档商品或仰慕某种传统商品的名望，以显示自己的地位和声望为主要目的的购买动机。具有这种购买动机的顾客重视商品的商标、品牌、档次及象征意义，对价格低廉的商品不屑一顾，对名牌商品情有独钟，相信"一分钱一分货"，专门光顾出售名牌商品的商店，成为某种名牌的重要顾客。

（8）从众购买动机

所谓从众购买动机是指受众多顾客影响而盲目跟随的购买动机。这种类型的顾客经常以相关群体中大多数成员的行为为准则，以同众人一致作为追求的目标。他们往往缺乏市场信息和选购经验，认为从众可以避免个人决策失误，有安全感。利用"托儿"等不良手段屡屡得手的一些不法商家，就是巧妙利用了人们的从众心理。

（9）求廉购买动机

求廉购买动机即顾客追求商品的低价格的一种消费心理。同样的商品牌子、同一类型商品、或在商品功能外观质量相似的情况下，顾客会尽量选择价格最低的那一种商品。求廉的消费动机是较为普遍的一种动机类型，如果不是其他强大的动机类型影响顾客行为的话（如纯粹的求名动机、习惯性动机等），顾客多多少少都有一种求廉的心理，少花钱多买一些商品或买到好商品。正是因为这种动机较为普遍，在市场营销中低价定位的策略一直是一种十分有效的策略。

资　料 14

搭售也可"明修栈道，暗度陈仓"

一批鞋油急需套现，众人皆无良方。老板灵机一动，计上心来。他先购进了一批廉价的雨伞，然后推出"高级鞋油试用价五元，买两盒送一把雨伞"的促销活动。结果，热销一空且获利颇丰。（雨伞在当地零售价长期稳定在 10 元，其批发价仅为 4 元，一盒鞋油成本为 5 角钱）。商店老板正是抓住了人们求廉的购买动机。买两盒高级鞋油只花 10 元就可获得一把价值 10 元的雨伞，等于不花钱买了两盒高级鞋油，这是多么划算的事，其热销效果就不难理解了。

（10）好奇购买动机

好奇是每个人都会产生的一种心理，这种心理在一定的场合下会使人以购买商品来满足自己的好奇心。当对于面前的事物不容易理解，觉得新鲜、有趣、奇怪的时候，人们想要了解它、尝试它的好奇心就产生了。促使顾客产生好奇心并且激发购买愿望的商品都是外观新颖、功能奇特，或给顾客一些意想不到的商品。一些新奇的娱乐性商品、新奇的玩具商品，一般都可以激发顾客的好奇购买动机。这种类型的消费动机虽然普遍，但对于某一种商品的消费来说却是不稳定的，人们的好奇心容易转移到别的更有新意的商品上。

（11）习惯购买动机

顾客出于长期形成的消费习惯等方面的原因而购买商品，是一种较为重要的购物动机。有的顾客对于某一种牌子的商品有稳定的消费习惯，有的顾客对于某一种口味或某一外形、某一色彩的商品有特定的购买习惯。顾客的习惯是消费行为中较为重要的一种行为特点，带有很强的个性。顾客的习惯也反映了这一个性。

（12）储备购买动机

顾客产生这一类动机主要是出于储备商品的价值或储备商品使用价值的目的。第一种表现形式，如一些顾客购买金银首饰、名贵工艺品、收藏品等。由于这类商品的价值比较稳定，不仅能保持原来的价值，而且很可能在收藏期间增值，顾客正是基于商品的这些特点才产生购买动机的。第二种表现形式是投资于有价证券，虽然有价证券有一定的风险性，但顾客还是认为这些有价证券会给他带来较高的收益和回报。第三种表现形式是市场上出现不正常的现象，供不应求的矛盾激化、社会出现动乱的时候，顾客需要进行相应的储备，来应付这些非常情况。

（13）留念购买动机

留念购买动机是指顾客消费的目的是为了记下当时的气氛、记住当时的情景、留下消费过程的回忆等。这种行为对于人们的生活意义重大，它延长了人们精神生活的空间，那些美好的纪念增添了人们乐观生活的情趣。旅游市场上许多商品的消费是与这种消费动机密切相关的，如旅游场所中各种纪念照的拍摄服务、纪念品的销售等。日常生活中的结婚纪念照、家庭生活录像等服务，以及生日、节假日纪念品的销售等也都是满足于顾客的留念购买动机。

（14）馈赠购买动机

馈赠购买动机是指购买的商品不是为了自己消费而是为了馈赠他人，这种现象在人情观念浓厚的我国十分普遍，在其他国家和民族，这种消费现象也是十分常见的。馈赠的目的往往是为了表达一种情感、增进双方的友谊，或为了纪念一件事情，或出于一种风俗习惯，或为了某种利益的交换等。因此，馈赠商品时人们挑选和购买的标准是各不相同的。为了表达情感增进友谊，馈赠商品的使用价值、质量和外观的要求一样重要。而为了纪念一件事情或出于一种风俗习惯，馈赠商品的外观及象征意义显得更为重要一些。

上述十几种具体购买心理动机，是一些常见的、共同的心理现象。研究顾客的各种购买心理动机，要注意从整体上把握这样三个问题：第一，顾客购买心理动机非常具体、复杂和多样，同一个顾客，往往同时存在几种购买心理动机，构成购买动机系统。因此，在研究顾客具体购买心理动机时，要注意他们的系统性和相互关联性。第二，同一个顾客购买商品时，虽然可能有几种心理动机同时存在，但其中必有一个主要的，起主导作用的心理动机，因此，研究中要注意把握动机系统的主导性动机。第三，顾客具体购买心理动机受多种因素影响，有时真实动机处在内隐状态，或被假象所掩盖，因此，在研究顾客具体购买动机时，要善于揣摩顾客的真正购买动机，把握心理动机的真实性。

第四节　顾客的购买决策

市场营销人员不仅要了解影响顾客购买行为的各种因素，而且要确认购买决策是由谁做出的，同时还要了解顾客实际购买的整个决策过程。

一、购买决策的概念

所谓决策，是指人们为了达到某一预定目标，在两种以上备选方案中进行评价、选择、决定最优方案的过程。顾客的购买决策是指为了完成某一特定的购买目标，在可供选择的多种购买方案中进行评价、选择、判断、决定最优购买方案的过程。

购买决策在顾客的购买行为中占有非常重要的地位。对于顾客来说，决策的内容不仅规定着购买行为的发生方式，而且决策的质量决定着购买行为的效用大小。正确的决策可以使顾客以较少的费用和时间买到物美价廉的商品，最大限度地满足顾客的需要。

二、购买决策过程中的角色

在商品购买过程中，人们可能扮演不同的角色。如有的人提建议，有的人去购买，而有的人只管使用等。随着社会的发展，越来越多的产品所涉及的决策成员往往不止一人。比如某工厂准备采购一批原材料，可能涉及如下角色：生产部门人员提出要求，采购部门人员开始询价，主管领导负责决定购买哪家的原材料，财务部门人员负责付款。顾客在购买活动过程中，可能扮演下列五种角色中的一种或几种。

1）发起者。第一个提议或想到去购买某种商品的人。

2）影响者。有观点或建议对购买决策产生影响的人。

3）决策者。最后决定整个购买意向的人。例如，买不买，怎么买，何时与何地买等。

4）购买者。实际执行购买决策的人。例如，带上现金或购物卡去商店选购。

5）使用者。实际使用或消费商品的人。

顾客以个人为购买单位时，五种角色可能同时由一人担任；以家庭为购买单位时，五种角色往往由家庭不同成员分别担任。

资料 15

"开心"洗发精销路何以不畅

某公司推出"开心"洗发精时，将目标顾客锁定为15～18岁的女孩，电视广告女主角看起来一副高中生模样，十分俏丽可爱，广告主题曲"开心女孩"也广受欢迎，然而令公司不解的是，"开心洗发精"的销路始终不理想。后来经过调查分析，发现"开心洗发精"不畅销的主要原因是广告商把购买者与使用者没有区别开来。一般来说，15～18岁的女孩正是中学生阶段，他们通常都没有离家在外过独立的生活，而家中洗发精的购买者通常是她们的妈妈。在此案例中，"开心洗发精"的广告只是打动了"使用者"而非"购买者"，所以对销路造成了障碍。

三、购买决策的内容

顾客购买的内容因人和环境的不同而存在着明显的差异，使得消费者市场多姿多彩，但不同的顾客购买决策具有一些共性的特点，商家可以根据这些共性的特点，为市场提供顾客需要的产品。不同的顾客在购买决策过程中都离不开以下几个方面的内容。

1. 为什么买

为什么买（why）即购买目的和购买动机，顾客因为需要而产生购买动机。购买动机是多种多样的，对同一种产品，不同的人会有不同的购买动机，即使同一个人也可能由于环境变化而产生不同的购买动机。例如，同样购买一辆家用轿车，有的人购买是将其作为一种代步工具，有的人购买是因为个人兴趣，有的人购买是为了表现其生活情趣，也有的人购买纯粹是随大流等。

2. 买什么

买什么（what）即确定购买对象。满足顾客同一需求的产品是多种多样的，如人饿了，可以选择吃米饭、面条、包子、汉堡包等，这是购买决策的核心内容。确定购买对象不只是确定要购买的产品类别，还包括要决定购买产品的名称、品牌、商标、款式、型号、规格、价格等。例如，选择了吃汉堡包充饥以后，还要接着决定吃哪家公司提供的汉堡包。

3. 在哪儿买

在哪儿买（where）即确定购买地点。顾客购买地点的选择受很多因素的影响，如路途远近、价格、服务态度、购物环境、购买经验、购买习惯、惠顾动机、个人偏好，以及求便、求廉、求速等动机影响。顾客会因为购买商品的不同类别而选择不同的购买地点，如购买价值高的产品，顾客一般会选择信誉好的商家或厂家，而不会在乎地点的远近。

4. 什么时候买

什么时候买（when）即确定购买时间。顾客购买时间的确定同样受很多因素的影响，如顾客的闲暇时间、顾客购买力、促销活动等，其中最主要的影响因素可能是满足需要的迫切性大小了。如果顾客急需某种产品，当然其很快就会进行购买，以解决自己的不安和紧张。这种购买的迫切感可能是由于顾客自身确实需要引起的，但更多的是，企业可以通过有针对性地营销活动，让顾客产生这种迫切感，使其尽快实现购买行为。

5. 由谁买

由谁买（who）即由谁去购买商品。顾客使用的商品并非都是自己亲自购买，同样，顾客购买的商品并非都是自己使用。因此，做出了购买某商品的决定以后，很自然要考虑由谁购买的问题。一项已经确定了的具体购买目标、时间、地点等购买决策可能由于购买人的不同而使决策在执行过程中发生某些变化，这是顾客和企业都比较关注的问题。

6. 怎样买

怎样买（how）即以什么方式购买。购买方式的选择也会受到若干因素的影响，如顾客的个性、受教育的程度、职业、年龄、性别等。例如，同样购买一件商品，有人选择上网购买，有人选择直接邮购，有人一定要亲自到商品销售现场购买。付款方式也有付现金、划卡、开支票、分期付款等多种形式。

四、购买决策的原则

1. 最大满意原则

一般来讲，顾客总是力求通过决策方案的选择、实施，取得最大效用，使某方面需要得到最大限度的满足。按照这一指导思想进行决策，即为最大满意原则。遵循最大满意原则，顾客将不惜代价追求决策方案和效果的尽善尽美，直至达到目标。最大满意原则，只是一种理想化的原则，现实中，人们往往以其他原则补充或代替。

2. 相对满意

现代社会，顾客面对多种多样的商品和瞬息万变的市场信息，不可能花费大量时间、金钱和精力去搜集最佳决策所需的全部信息，即使有可能，与所付出的代价相比也绝无必要。为此，在制定购买决策时，顾客只需做出相对合理的选择，达到相对满意即可。例如，在购买皮鞋时，顾客只要经过有限次数的比较选择，买到质量、外观、价格比较满意的皮鞋，而无须花费大量的时间跑遍所有的商店，对每一双皮鞋都进行挑选。贯彻相对满意原则的关键是以较小的代价取得较大的效用。

3. 遗憾最小原则

若以最大或相对满意作为正向决策原则，遗憾最小则立足于逆向决策。由于任何决策方案的后果都不可能达到绝对满意，都存在不同程度的遗憾，因此，有人主张以可能产生的遗憾最小作为决策的基本原则。运用此项原则进行决策时，顾客通常要估计各种方案可能产生的不良后果，比较其严重程度，从中选择情形最轻的作为最终方案。例如，当顾客因各类皮鞋的价格高低不一而举棋不定时，有人便宁可选择价格最低的一种，以便使遗憾减到最低程度。遗憾最小原则的作用在于减小风险损失，缓解顾客因不满意而造成的心理失衡。

4. 预期满意原则

有些顾客在做出购买决策之前，已经预先形成对商品价格、质量、款式等方面的心理预期。顾客在对备选方案进行比较选择时，与个人的心理预期进行比较，从中选择与预期标准吻合度最高的作为最终决策方案，这时顾客运用的就是预期满意原则。这一原则可大大缩小顾客的抉择范围，迅速、准确地发现拟选方案，加快决策的进程。

资 料 16

畅达松花葆，保肝护胃解酒效果好

张先生是一位享誉当地商界的老总，经常和高端客户出入一些高档会所，一次偶然的机会在某会所见到了畅达松花葆产品，在得知松花葆产品具有"保肝护胃、减少酒精对身体损伤"等功效后，到门店购买了几盒松花葆试用：在每次有应酬时，总是事先服上几粒，几次试用后明显感觉酒后身体不适感减轻了，酒量也见长了。现在松花葆已成为张先生的常备"饮酒伴侣"。

五、购买决策的过程

顾客购买决策过程是顾客购买动机转化为购买产品或服务的过程。一般认为，当顾客购买产品或服务时，顾客通常经历如图 3.3 所示的过程：确认需要、信息收集、方案评价、购买决策、购后行为。这五个步骤代表了顾客从认识商品和服务需求到评估的购买的总体过程。

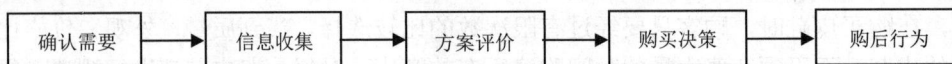

确认需要 → 信息收集 → 方案评价 → 购买决策 → 购后行为

图 3.3 顾客购买决策过程

1. 确认需要

确认需要是指顾客确认自己的需要是什么。需要是购买活动的起点，驱使人们采取行动去满足。需要可由内在刺激或外在刺激唤起。内在刺激是人体内的驱动力，如饥、渴、冷等。人们由从前的经验学会如何应付这种驱动力，并受到激励去寻找能满足这种驱动力的物品，如食物、饮料和服装等。外在刺激是外界的"触发诱因"，如食物的香味、衣服的款式、新款的手机、旅游广告等都可以成为触发诱因，形成刺激，导致消费者产生某种需求。具体因素如下。

（1）缺货

当顾客使用一种储存的产品时必须补充存货，这时确认需要就出现了。此时的购买决策通常是一种简单和惯例的行为，并且经常靠选择一个熟悉的品牌或该顾客忠于的某个品牌来解决"缺货"的需求。

（2）不满意

需要确认产生于顾客对正在使用的产品或服务不太满意。例如，顾客也许认为他的电脑已经过时。广告可以用来帮助顾客确认这种不满意什么时间去解决和需要作出何种购买决定。

（3）新需要

顾客生活中的变化经常导致新需要。比较常见的是，一个人生活方式或工作状态的变化就可以创造出新的需要。比如，当你搬新家时，就可能重新购置一些新的家具；当你职务提升时，就可能买一些更高档的服装以使自己显得更体面些。有时经济收入的增加也会提高个人的期望，他会考虑以前没有达到过并从未期望过的购买。比如，一个买彩票中了大奖的人可能会决定购买家庭小轿车或到国外去旅游。

（4）相关产品的购买

需要的确认也可以由一种产品的购买激发起来。例如，购买家庭小轿车后导致对其附属产品如坐垫、贴膜等车内装饰品的需要。同时顾客还会想到穿着、打扮、公文包等都应该再上一个档次，从多个方面显示自己是小康一族。

（5）新产品

市场上出现了引起顾客注意的新产品时，也能成为需要确认的诱因。营销商经常介绍新产品和服务，并且告诉顾客他们解决问题的类型。例如，手机营销商告诉顾客新款手机具有方便、时尚、省时及安全等新功能。

营销人员在这个阶段的任务主要有两个，一是了解与本企业产品有关的现实的和潜在的需要。在价格和质量等因素既定的条件下，一种产品如果能够满足顾客多种需要或多层次需要就能吸引更多的购买者。二是了解顾客需要随时间推移以及外界刺激强弱而波动的规律性，设计诱因，增强刺激，唤起需要，最终激发人们采取购买行动。

2. 信息收集

研究表明，顾客在作出购买决策之前主要收集以下一些信息：产品或服务的内容、产品或服务价格以及服务市场状况，购买时机，购买方式，购买地点，等等。一般来说，顾客通常有四个方面的信息来源：

1）经验或阅历来源，即从产品或服务的操作、使用或体验中得到经验、教训或阅历，这类信息来源比较直接，真实可靠，是顾客作出购买决策的直接支撑点。

2）个人来源，即从家庭成员、亲朋好友、熟人等途径得到信息，这类信息源影响较大，由于来自于第三方，因此具有评价作用。

3）商业信息来源，即从公司广告、宣传中间商、销售人员、展示会、商品陈列等途径得到信息，这类信息比较广泛，信息量充足，一般起到通知、提醒、强化品牌印象等作用。

4）大众来源，即从大众传播媒介如电视、电台、报纸、杂志等途径得到的信息，这类信息源大多具有导向以及树立品牌形象等作用。

在顾客的信息收集过程中，市场营销人员必须尽力将信息传递给顾客。同时也要求市场营销人员在向顾客传递这些信息时，要尽可能地生动和具有感染力并多次重复，以加深顾客的印象。

资料 17

农夫山泉，有点"甜"

1999年，"农夫山泉"的广告开始出现在各类电视台，而且来势汹涌，随之市场也出现了越来越激烈的反应，再通过跟进的一系列营销大手笔，"农夫山泉"一举成为中国饮用水行业的后起之秀，到2000年便顺理成章地进入了三甲之列，实现了强势崛起。历来中国的饮用水市场上就是竞争激烈、强手如云，"农夫山泉"能有如此卓越表现，堪称中国商业史上的经典。而这个经典的成就首先启动于"农夫山泉有点甜"这个经典中的经典。这句蕴含深意、韵味优美的广告语，一经出现就打动了每一位媒体的受众，令人们牢牢记住了农夫山泉。"农夫山泉有点甜"为何会有如此非同凡响的效果？原因在于它极好地创造了一个记忆点。真正的记忆点只是一个"甜"字，这个字富有十分的感性，具有极大的强化记忆的功效，而记住了"有点甜"就很难忘记"农夫山泉"。

3. 方案评价

当顾客从不同的渠道获取到有关信息后，便对可供选择的品牌进行分析和比较，并对各种品牌的产品作出评价，最后决定购买。

顾客对收集到的信息中的各种产品的评价主要从以下几个方面进行。

（1）分析产品属性

产品属性即产品能够满足顾客需要的特性。顾客一般将某一种产品看成是一系列属性的集合，对一些熟知的产品，他们关心的属性一般如下。

1）照相机：照片清晰度（像素）、速度、体积大小、价格。

2）电脑：信息存储量、图像显示能力、软件适用性。

3）牙膏：洁齿、防治牙病、香型。

4）轮胎：安全性、胎面弹性、行驶质量。

5）手表：准确性、式样、耐用性。

6）药品：迅速解除病痛、安全可靠、无副作用、价格低。

7）宾馆：洁净舒适、用品齐全、服务周到、交通方便、收费合理。

上述这些都是顾客感兴趣的产品属性，但顾客不一定对产品的所有属性都视为同等重要。市场营销人员应分析本企业产品应具备哪些属性，以及不同类型的顾客分别对哪些属性感兴趣，以便进行市场细分，对不同需求的顾客提供具有不同属性的产品，既能满足顾客的需求，又最大限度地减少因生产不必要的产品属性所造成的资金、劳动力和时间的耗费。

（2）确定品牌信念

顾客会根据各品牌的属性及各属性的参数，建立起对各个品牌的不同信念，比如确认哪种品牌在哪一属性上占优势，哪一属性相对较差。

（3）形成理想产品

顾客的需求只有通过购买才能得到满足，而他们所期望的从产品中得到满足，是随产品每一种属性的不同而变化的。

（4）作出最后评价

顾客从众多可供选择的品牌中，通过一定的方法对各种品牌进行评价，从而形成对它们的态度和对某种品牌的偏好。在评价过程中，多数顾客总是将实际产品与理想产品进行比较。也就是说，偏好和购买意图并不总是导致实际购买（尽管二者对购买行为有直接影响）的最终购买行为。

企业的营销人员要根据具体情况进行具体分析，在实际购买中，往往同时有多种因素影响顾客对产品的评价，评价后，顾客可能决定购买产品，也可能决定放弃购买。若是决定购买，顾客将进入下一阶段的行动过程。

4. 购买决策

顾客经过产品评价后会形成一种购买意图，但是不一定导致实际购买，从购买意向到实际购买还受到一些因素的影响。

（1）他人的态度

顾客的购买意图会因他人的态度而增强或减弱。他人态度对消费意图影响力的强度，取决于他人态度的强弱及他与顾客的关系。一般说来，他人的态度越强、他与顾客的关系越密切，其影响就越大。例如，丈夫想买一台大屏幕的彩色电视机，而妻子坚决反对，丈夫就极有可能改变或放弃购买意图。

（2）意外的情况

顾客购买意向的形成总是与预期收入、预期价格和期望从产品中得到的好处等因素密切相关。但是当他欲采取购买行动时，发生了一些意外的情况，诸如因失业而减少收入，因产品涨价而无力购买，或者有其他更需要购买的东西等，这一切都将会使他改变或放弃原有的购买意图。

资料18

大件购买决策分析——以购车为例

顾客从决定购车到最终购车成功到底需要多长时间？调查表明：购买决策的时间与家庭的年收入状况有关，家庭年收入在 10 万元以下的顾客在时间分段上分布较平均；而家庭年收入 20 万元以上的顾客中大约有 40% 的顾客从决定购车到最终购车成功只需一两个月的时间。汽车对绝大多数家庭来说是大宗购买，家庭年收入相对不高的家庭往往需要仔细斟酌，多方比较打听，希望能够购得物美价廉的产品；而家庭年收入相对较高的家庭考虑的因素则较少些。从调查中可以看出，绝大多数顾客获取车市信息的渠道是互联网、报纸、杂志、亲朋好友，汽车销售人员也是顾客获取车市信息的重要渠道；电视和广播作为顾客获取车市信息渠道正变得越来越窄。总的来说，顾客购车决策是一个很复杂的过程，需要收集大量信息，多方征求意见，但多数购车顾客都由自己掌握最后决策权。

5. 购后行为

将"购买"视为消费行为的终点，是一个极为短视的观点。顾客在购买产品以后，会把他们的使用感受告诉亲友，影响亲友的购买行为，同时也会影响自己以后的购买行为。对于一个企业来说，无论是从市场占有率的角度考虑，还是从重视顾客为企业创造价值考虑，都应该而且必须关注顾客的购后行为，关注其满意度。

顾客的购买行为其实就是想从产品中获得一种期望的效用，而期望实现的情况决定了顾客的满意程度。若使用中体会到产品价值大于期望值，那么顾客就会有较高的满意度，否则会不满意。前一种情况顾客会重复购买，并向他人推荐这种产品；后一种情况顾客会停止购买，甚至会向他人抱怨该产品并阻止他人购买。

综合以上分析，顾客的购买决策过程的五个阶段是循序进行的。但在实际购买时，并非顾客的所有购买行为都要依次经历这五个步骤。在某些情况下，可能只经历其中的几个步骤。因此，企业营销的任务就是要认清每个阶段购买者行为的特点，采取相应的措施，引导顾客的购买行为，促成交易，赢得顾客的重复购买和长期使用。

第五节　顾客的购买行为

一、顾客购买行为的概念

顾客的购买行为是指人们为了满足个人、家庭的生活需要或企业为了满足生产的需要，购买产品或服务时表现出的各种行为。顾客购买行为具有动态性、互动性、多样性、易变性、冲动性、交易性等特点。在现实生活中，任何人都不断购买各种生活资料和接受他人的各类服务，享受与体验各种精神产品，以满足其生理与心理需要。大部分的需要都必须通过购买活动才能获得，因此，顾客购买行为是人类社会中最普遍的行为活动，也是社会经济活动的重要组成部分之一。

顾客购买行为的复杂多变，对销售人员提出了更多、更高的挑战。对于优秀的销售人员来说，掌握顾客购买行为及其影响因素至关重要。

二、顾客购买行为的模式

研究顾客购买行为的模式，对如何更好地满足顾客的需要、如何更好地促进企业的市场营销工作具有重要的意义。

顾客购买行为作为人们的一种普遍行为，遵循着人类行为的一般模式。人类行为的一般模式为"刺激—个体心理—反应"（即"S—O—R"）模式。人的行为是在一定的刺激下经过心理活动后产生的。顾客购买行为的模式如图3.4所示。

内外因素刺激	→	顾客心理活动过程	→	购买行为

图 3.4 顾客购买行为的一般模式

这种刺激既来自于内部的生理和心理因素，如饥饿、寒冷、口渴，或者个性、习惯、观念等，也来自于外部环境，如产品的性能、款式、服务、促销、社会群体的压力等。顾客在各种内外因素的刺激下，产生购买动机，在动机的驱使下，作出购买决策，实施购买行为。

美国著名市场营销学家菲利普·科特勒在其《市场营销原理》中对以上理论进行了细化，如图3.5所示。

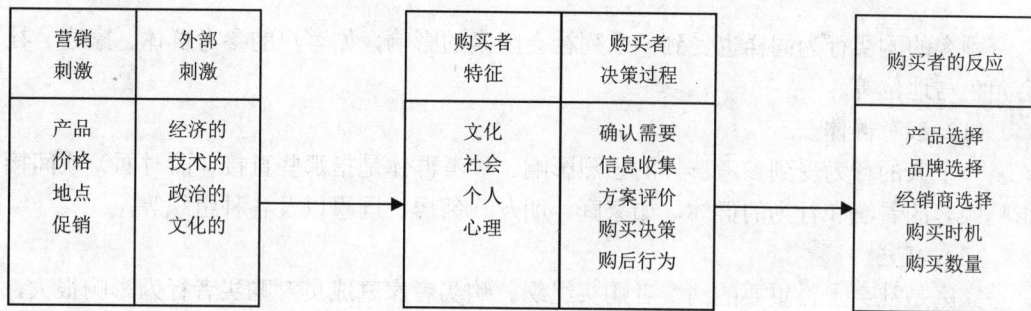

营销刺激	外部刺激	购买者特征	购买者决策过程	购买者的反应
产品 价格 地点 促销	经济的 技术的 政治的 文化的	文化 社会 个人 心理	确认需要 信息收集 方案评价 购买决策 购后行为	产品选择 品牌选择 经销商选择 购买时机 购买数量

图 3.5 菲利普·科特勒刺激反应的购买行为模式

三、影响顾客购买行为的环境因素

顾客的购买决策在很大程度上受到文化、社会、个人和心理因素的影响。尽管营销人员对其中大部分因素无法控制，但仍必须充分重视。下面考察每个因素对顾客购买行为的影响。

1. 文化因素

文化因素对顾客的行为具有最广泛和最深远的影响。文化通过各种途径（道德标准、制度规则、群体规范等）对个体行为进行约束，一个人如果遵循了本文化的各种规范，就会受到社会的赞赏和鼓励；反之，就会受到否定和惩罚，包括非难、歧视、谴责和极端的惩治手段。

另外人类社会还存在着社会阶层。所谓社会阶层就是在一个社会中，具有相对的同质性和持久性的群体，它们是按等级排列的，每一阶层成员具有类似的价值观、兴趣爱好和行为方式。

资料 19

文化因素对营销的影响

据《美国商业》杂志报道，美国一家高尔夫球生产厂，为了使自己的产品打入日本市场，在商品的包装上进行了精心研究，每盒装上四只球，但销售结果却出乎意料，买者甚少。经过调查才知道，是在装盒的数字上出了问题，因为"4"在日本是表示死亡的数字，难怪日本人不买美国的高尔夫球。企业要开拓新的市场，必须加强对目标市场的调查研究，特别是一个地区的文化研究，否则就会使营销活动陷入被动。

2. 社会因素

顾客的购买行为同样也受到一系列社会因素的影响，如客户的参考群体、家庭、社会角色与地位等。

（1）参考群体

一个人的行为受到参考群体的强烈影响。参考群体是指那些直接（面对面）或间接影响顾客的看法和行为的群体，如家庭、朋友、邻居、同事以及各种组织等。

（2）家庭

家庭是社会上最重要的消费者购买组织。购买者家庭成员对购买者行为影响很大，在购买者生活中可区分为两种家庭类型。婚前家庭包括一个人的双亲，每个人都从父母那里得到有关政治、经济、个人抱负、自我价值和爱情等方面的指导；有子女家庭对购买者有更直接的影响，它是社会中最重要的消费购买单位。

资料 20

无糖松花粉，壮体养神有功效

李女士大学毕业后跟着男朋友来到承德工作，她平时工作很忙，很少回武汉探望双亲。去年春节前，李女士准备回家探亲，但却为给身患糖尿病的父母带什么礼品而犯了愁。经朋友推荐，她购买了畅达无糖系列松花粉，给父母试用后，感觉老年斑明显变少，体力和精神状态也好多了。看到父母用后效果这么好，李女士也开始服用松花粉片，他们家两代人都成了畅达产品的铁杆顾客。

（3）社会角色与地位

一个人在一生中会参加许多群体——家庭、俱乐部以及各类组织。然而，每个人在各群体中的位置可用角色和地位来确定。每一角色都伴随着一种地位，这一地位反映了社会对他的总评价。企业的 CEO（首席执行官）要比中层管理人员地位高；同样，企业中层管理人员比一般职员地位高。人们在购买商品时往往结合自己在社会中所处的地位和角色来考虑。企业营销人员必须意识到产品已成为地位标志的潜力。

3. 个人因素

顾客在购买决策中，也受到个人因素的影响，特别是受其年龄所处的生命周期阶段、生活方式、个性的影响。幼年时吃婴儿食品，发育和成熟时期吃各类食品，晚年对食品的要求将更为特殊。同样，人们对衣服、家具和娱乐的喜好也同年龄有关。营销人员应该充分了解处在不同周期的顾客以及家庭的消费实况，这对开发产品、拟定相关的营销计划具有不可估量的意义。

4. 心理因素

顾客的购买行为也受到四种主要心理因素的影响，即动机、知觉、学习和态度。动机是一种需要，它能够及时引导人们去探求满足需要的目标。而知觉取决于刺激物的特征，同时还依赖于刺激物与周围环境的关系（形态观念）以及个人所处的状况。人们通过行为和学习，获得自己的态度。而顾客的态度反过来又会影响其购买行为。

综上所述，影响顾客购买行为的因素很多，同时受到文化、社会、个人和心理因素之间复杂影响和作用的结果，其中很多因素是营销人员所无法改变的。但是，这些因素在识别那些对产品有兴趣的购买者方面颇有用处，它提示营销人员如何开发产品、制定价格、选择销售地点和促销方式，以便引发顾客的强烈反应。

四、顾客购买行为的类型

现实中顾客的类型是多种多样的，受购买动机、经济条件、生活方式、社会文化、年龄和个性等因素的影响，不同的顾客在购买动机及行为方面有着很大差别。

1. 按顾客购买态度划分

（1）价格型购买行为

具有这种购买行为模式的顾客对商品价格比较敏感。其中，有些总喜欢购买廉价商品，甚至在没有购买意向的情况下，见到廉价商品也会采取购买行动。还有些价格型的人特别信任高级商品，认为这类商品用料上乘，质量可靠，即所谓"一分钱，一分货"，所以常乐于购买高价商品，认为这样可以使自己的需求得到更好的满足。

资料 21

适合自己的才是最好的

有位中国台湾顾客讲述了他的一番购买经历：日前，我到台北市武昌街一家著名的老茶庄购买茶叶。虽然我喝茶已有十几年的历史，其实对茶叶的鉴别并不在行。唯一的概念就是"越贵的一定越好"。一进店内，就向店主说："老板，买斤茶叶，要最贵的。"店主望了望我说："最贵的不一定是最好的，我倒几杯请您尝尝。"说完话，他倒了三杯不同的茶请我品尝。然后问我哪一种最合意。结果我告诉他中间那一杯最香口。于是，我买了中间那一种清茶，1斤580元台币。结账时店主告诉我："贵，并不一定是最好的，我店中的清茶最贵的是1斤1000元，也就是您品尝的第一杯。茶的好坏要由顾客自己来决定，您认为最合口味，那就是最好的。哪怕是1斤只卖300元"。案例中的台湾顾客就是一种典型的价格型购买顾客。

（2）理智型购买行为

有些顾客习惯于在反复考虑、认真分析、多方选择的基础上采取购买行为。他们购买商品时比较慎重，不轻易受广告宣传、商品外观以及其他购买行为的影响，而是对商品质量、性能、价格和服务等认真比较。接待这类客户要实事求是，详细地介绍商品，努力促成交易。

（3）冲动型购买行为

具有这种行为模式的顾客经常在广告和商品陈列、使用示范等因素刺激下购买商品。他们在挑选商品时主要凭直观感受，而很少进行理智思考，不大讲究商品实际效用和价格等，因为喜爱或看到他人争相购买，就会迅速采取购买行动。生动的广告、美观的商品包装、引人注目的商品陈列等，对于吸引这类购买者效果十分显著。

资料 22

冲动型购买有增无减

现在，顾客按事先计划购买的商品（尤其是日用消费品）在购买总量中所占有的比例越来越小，而进店后才作出决策的冲动型购买的比例急速上升。有学者对北京一些大型超市的顾客调查分析显示，目前，北京、上海、广州等经济发达城市的顾客在超市中的冲动型购买比率基本接近80%。

（4）想象型购买行为

有些人往往根据自己对商品的想象、评价或联想进行选购。该类顾客在购买商品时，比较重视商品名称、造型、图案、色彩、寓意等，这是一种比较复杂的购买行为。具有这种购买行为的顾客通常对商品有很高的鉴赏力，他们的选择对相关群体的影响比较大。

资　料23

万宝路：风景这边独好

万宝路在早期市场中，一直将产品定位于女士香烟，在很长一段时间内都没能打开销路，公司面临严重考验。一天，万宝路产品推广负责人因看到西部牛仔充满阳刚气的身姿而触发灵感，大胆地改变了万宝路香烟以女士为诉求对象的传统，而结合当时的美国文化，以充分体现男人挽救力的牛仔作为广告形象，将产品重新定位于男士香烟。此举立刻为万宝路打开了市场，不但有男子汉气概的象征，女士同样因为万宝路所代表的男士挽救力而对其爱不释手。

曾经有人做过一个试验，将万宝路香烟的商标拿下，与其他品牌的香烟混在一起，请万宝路香烟的忠实顾客分辨哪一种是万宝路的香烟，几乎很少有人能够将其清楚地分辨出来。由此可见，真正使人们迷上万宝路的并不是它在与其他品牌香烟之间微乎其微的味道上的差异，而是万宝路广告给香烟带来的想象上的男子汉气概，顾客购买这种香烟是为了获得这种想象上的满足。

（5）习惯型购买行动

有些顾客通常根据自己过去的使用习惯和爱好购买商品，或总是到自己熟悉的地点去购买商品。他们一般比较忠于自己熟悉的商品、商标和经销商，选择商品和购买地点具有明显的定向性和重复性，他们见到自己惯用的商品就果断采取购买行动，不需要进行反复比较。

（6）随意型购买行为

有些顾客对商品没有固定的偏好，不讲究商品的商标和外观，往往是随机购买，这种类型被称为随意型购买。这类顾客有两种表现：一种表现是不愿为购买商品多费精力，需要时遇到什么就买什么，图方便和省事；另一种表现是购买者缺乏主见或经验，不知道怎样选择，乐于仿效他人，卖方的建议对其影响也很大。

（7）从众型购买行为

这类顾客的购买行为通常受到众多人同一购买趋向的影响，对所要购买的商品不做分析、比较，只要有较多的人购买，便认为一定不会错。在购买百货日用品、服装、布料等商品中，从众心理表现得比较突出。

人们的购买行为模式并不是一成不变的。在现实生活中，人们的购买行为模式如何与产品特性有直接关系。人们在购买不同类别的商品时，往往会采取不同的行为模式。

2. 按顾客在购买现场的情感反应划分

（1）沉着型

这类顾客反应缓慢沉着，因此，购买动机一经确定，就不易改变，很少受外界因素的影响，在购买活动中感情不外露。

（2）温顺型

这类顾客表面上不受外界因素的影响，但内心却体验深刻。这类顾客对服务人员的态度很敏感，在选购商品时都愿意遵从售货员的介绍和意见，对他们比较信赖。

（3）活泼型

这类顾客善于适应各种环境，兴趣广泛，但易于变化；表现在购物行为方面，显得健谈、活泼，在购买和挑选商品时，愿意与人接近、攀谈，主动与售货员交谈。

（4）反感型

这类顾客的个性心理有较高的敏感性，多愁善感，性情孤僻。在实际购买过程中，这类顾客主观意志较强，不喜欢听取别人的意见，以怀疑的观点审视周围的一切。

（5）傲慢型

这类顾客性格外向，情绪易于激动，自制力差，在购买行为上表现出不善于考虑，傲气十足，对商品和售货人员的要求有时不近情理。

第六节　顾客的逆反心理

一、顾客逆反心理的概念

顾客的逆反心理指的是在营销活动中，如果销售人员向顾客推荐一种品牌的商品，顾客反而购买另一种品牌的商品。直接体现就是"你让我这样，我偏不这样"。在营销活动中，如果销售人员非常积极地向顾客推荐某一商品时，顾客可能对销售人员的过度热情产生逆反心理而放弃购买的欲望。因此，销售人员在介绍商品时，最好同时推荐几种，分别介绍其优缺点，让顾客自己判断，自己决定取舍。

二、降低顾客逆反心理的策略

1. 多提问题少陈述

减少逆反心理的发生得从预防开始。如果我们能够提前明确和预防那些导致他人产生逆反心理的事情，就可以避免其负面影响。

在会谈中，陈述是很容易引起逆反心理的，这是因为大多数的陈述通常有一个明确的观点立场，很容易被人抓住并提出反对意见。例如："这个周末的天气不错"这一陈述就容易被持有其他观点的人反对，天气在他们看来可能是"太热"、"风很大"、"要下雨"等等，反正是与我们的陈述相对立。当销售人员对客户说："下周的销售介绍需要请您的老板参加。"这位客户可能会简单地答道："没有必要。"

2. 建立可信度

在销售会谈中，顾客总是本能地对销售人员谨慎从事，销售人员需要建立自己的可信度。销售人员在顾客心目中的可信度越高，顾客的态度就会越积极。建立销售人员的可信度不但能传递价值，还能降低销售失败的风险。可信度会使得顾客和销售人员的关系变得融洽，这样也就减少了顾客逆反心理的发生概率，从而打开有效会谈的大门。

3. 激起顾客的好奇心

激起顾客的好奇心是引导他们进行有效会谈的最佳途径之一。有好奇心的顾客愿意更多地了解你的产品和服务，因为人们一般不太可能既好奇又逆反。

你可以观察到，当人们开始产生好奇心的时候，会谈的气氛会变得活跃起来，好奇心使得人们更加投入，注意力更集中，甚至身体也会向你靠拢过来。顾客提出问题希望满足自己的好奇心，也就是要求销售人员的帮助。很显然，顾客不可能一边要求你的帮助，一边又把你推开。

4. 进行立场转换

减少逆反心理的另一个方法是转换自己的立场，这样你得到的回答正好是自己想要的。有人曾经在上门推销时问顾客这样的问题："我来得不巧吧？""打扰您了吧？""下星期做销售演示是否太快了？"等。上述每个问题的回答似乎都是负面的，所以对方的逆反心理往往使他的回答正中销售人员的下怀，这一技巧就叫立场转换。

三、逆反心理在商品促销中的应用

1. 利用逆反心理促销的客观依据

顾客都存在这样的心理：越是不让知道的事情越想知道，越是不让得到的东西越想得到。相反，越是想让知道的事情他却越不想知道，越想让他得到的东西他却越不想得到。这就是所谓的逆反心理。伴随着逆反心理的是好奇心理，利用逆反心理进行促销就是这两种心理作用的效应。

2. 利用逆反心理促销的思维模式

利用逆反心理进行促销的思维是针对目前市场促销和顾客购物心理中广泛存在的

正常思维、传统思维、流行思维、一般思维等，从相反的思维方向策划出引起顾客产生好奇。进而产生强烈购买欲望的促销方式。具体主要有以下几种思维模式。

（1）逆正常思维

在营销实践中，企业的推销和顾客的购买、消费，大多数都处于一种正常的（俗称"四平八稳"的）思维之中，如展示优质产品、十分卫生的就餐环境、商品都在商店里销售等。如果将这些思维逆反，即一反常态，可能就是绝妙的促销策略。天津食品街有一家名酒展销中心，专门经销国内各种名酒，他们特意长期举办了"假冒名酒展览会"，并与"真酒"对比，指出各种冒牌酒的破绽及鉴别方法。结果，该中心顾客盈门，销售额不断增加。

资 料 24

反话正说的策略

有一位中年人，他十多年来始终开着自己的这辆老爷车。有许多汽车推销员跟他接触过，劝他换辆新车。甲推销员说："你这种老爷车很容易发生车祸。"乙推销员说："像这种老爷车，修理费相当可观。"这些话触怒了他，他固执地拒绝了。有一天，有个中年推销员到他家拜访，对他说："我看你那辆车子还可以用半年；现在若要换辆新的，真有点可惜！"事实上，他心中早就想换辆新车，经推销员这么一说，遂决定实现这个心愿，次日他就向这位与众不同的推销员购买了一辆崭新的汽车。

（2）逆传统思维

要改变在继承了历史传统的基础上形成的习惯思维是很不容易的，它常常会受到习惯势力的阻碍。但一旦逆反成功，将会取得意想不到的收获。现实中有许多逆反传统思维成功促销的实例，如自选商场是对传统商场经营方式的逆反，上门推销是对商场购物的逆反，由顾客自己定价是对商家定价的逆反等。

（3）逆流行思维

逆流行思维亦即"爆冷门"思维。目前许多人在追逐或跟随这种思维，商家若采用这种思维进行促销策划，会使顾客"意想不到"，从而也会产生"意想不到"的效果。如一般商家的礼仪小姐或礼仪先生都要求有身高和长相的优势；一般商家播放的音乐都是流行音乐等。若逆反这种流行思维，采用"侏儒"作礼仪人员，播放的是"过时"的名曲，反而能够独树一帜，体现企业与众不同的逆流行思维，取得"意想不到"的促销效应。

（4）逆一般思维

这是一种多数人一般都没有想到的促销思维，是一种极其特殊的、奇特的、与众不同的、别具一格的促销思维。例如，零售点的售货员、服务小姐不是工厂的职工，这是一般思维。经过逆反则成为：厂家聘请零售点的售货员、服务小姐为本厂特别职工，享受本企业职工的待遇，这一策划对某些商品的促销会产生奇效。

资料 25

"限"客进店，越限客越多

意大利著名商人菲尔·劳伦斯利用逆一般思维创造的"限客进店"的经营方式就取得了很大的成功。他规定：进店顾客必须是七岁以下儿童，成年人若要进店，必须由七岁以下儿童领入。之后，菲尔·劳伦斯又在全国各地增设了许多限制不同顾客的"限客进店"商店，如新婚夫妇商店，非新婚夫妇不准进店；老年人商店，中青年顾客不准进店；孕妇商店，非孕妇者不准进店；"左撇子"商店，用右手者不准进店等。越是这样"限客进店"，反而进店的顾客越来越多。

反其道而行之，作为一种公关心理战术，其在促销中的应用是极具冲击力的。当人们对常规性促销方式习以为常，反应迟钝时，合理利用逆反心理进行促销战术，往往会产生"于无声处听惊雷"的奇异效果。

3. 利用逆反心理促销应注意的问题

逆反本身意味着风险，因此，采用这种策略要精心调查与策划。实践中要注意以下几个问题。

1）防止逆反方式的政治风险、社会风险、经济风险和舆论风险。具有较大风险的利用逆反心理进行的促销方案，必要时在做试验后才能推广。

2）弄清顾客的逆反心理，研究顾客逆反心理的范围和逆反强度，这是利用逆反心理进行促销的根本依据。人们对不同事物的逆反心理反应的程度是不同的，因此，事前要认真调研，对利用逆反心理进行促销的策略带来的正面效应要有充分把握。否则，不要轻易出台，因为一旦其逆反促销产生的负面效应较大，就会弄巧成拙，其后果不堪设想。

3）由于人们头脑中固有的传统观念和思维方式一时很难改变，因此，逆传统的做法极易受到抵制和非议。但只要合理，就应力排"非议"坚持到底，用结果来证明一切。半途而废不仅不能成功，而且遭到的"非议"会更大。

4）在进行逆反促销宣传时，要充分与新闻媒介、政府有关部门沟通，说明情况，避免误会，防止这种宣传对本企业形象造成不利影响。

小　　结

通过本章的学习，应深入了解顾客的需要与兴趣、购买动机、购买决策行为及顾客的逆反心理，全面地掌握和了解顾客的购买心理过程。顾客的需要是顾客购买行为的原动力，兴趣是产生动机最活跃的因素。动机是在需要的基础之上产生的，是导致顾客购买的内在动力。顾客的逆反心理是顾客购买心理活动中一种特殊的心理反应，应该巧妙地激发和利用。企业在生产、经营活动中，应及时了解顾客的需要、兴趣、购买动机、决策和行为，才能有的放矢地开展工作，更好地做好营销工作。

实 训 练 习

1. 假如你家里决定购买一辆轿车，请谈谈家庭成员在购买过程中分别扮演的角色。
2. 以你最近的一次比较大的消费活动为例，详细分析购买行为的动机。
3. 利用课余时间，深入商场、集市，仔细观察顾客的购买行为和购买过程，然后写出观察分析报告或心得体会。

复习思考题

1. 什么是顾客需要？马斯洛的需要层次理论是什么？
2. 顾客需要的新趋势是什么？
3. 消费需要对顾客购买行为有哪些影响？
4. 什么是顾客的购买动机？
5. 顾客的购买动机和需要的关系是什么？
6. 什么是顾客的购买决策？顾客购买决策过程包括哪几个阶段？
7. 顾客购买决策的内容有哪些？
8. 顾客的购买行为类型有哪些？
9. 如何降低顾客的逆反心理？
10. 如何巧妙利用顾客的逆反心理进行商品促销？

第四章 细分市场消费心理

☞ **本章导读**

  商品消费者分散于各行各业和不同的地区，他们个性各异，消费行为及消费习惯也形形色色。企业如何在激烈的竞争中，使自己生产经营的产品和提供的服务，实现商品价值和使用价值呢？科学地进行市场细分非常关键。本章重点介绍了不同社会阶层、不同生活方式、不同个性、不同年龄段、不同性别消费者的消费心理及相应的营销策略，以便为商家制定有效的营销策略提供基本的理论指导。

☞ **关键词**

  细分市场（segment market）

  个性心理（individual mind）

  消费者（consumer）

  生活方式（mode of life）

  消费行为（consuming behavior）

  特征（features）

开篇案例

巧妙开发女用剃"须"刀

  男人长胡子，因而要刮胡子；女人不长胡子，自然也就不必刮胡子。然而，美国的吉列公司却把"刮胡刀"推销给女人，居然大获成功。

  吉列公司创建于 1901 年，其产品因使男人刮胡子变得方便、舒适、安全而大受欢迎。进入 20 世纪 70 年代，吉列公司的销售额已达 20 亿美元，成为世界著名的跨国公司。然而吉列公司的领导者并不以此满足，而是想方设法继续拓展市场，争取更多用户。就在 1974 年，公司提出了面向女性的专用"刮毛刀"。

这一决策看似荒谬，却是建立在坚实可靠的市场调查的基础之上的。

吉列公司先用一年的时间进行了周密的市场调查，发现在美国 30 岁以上的女性中，有 65% 的人为保持美好形象，要定期刮除腿毛和腋毛。这些女性之中，除使用电动刮胡刀和脱毛剂之外，主要靠购买各种男用刮须刀来满足此项需要，每年在这方面的花费高达 7500 万美元。相比之下，美国女性每年花在眉笔和眼影上的钱仅有 6300 万美元，染发剂 5500 万美元。毫无疑问，这是一个极有潜力的市场。

根据市场调查结果，吉列公司精心设计了新产品，它的刀头部分和男用剃须刀并无两样，采用一次性使用的双层刀片，但是刀架则选用了色彩鲜艳的塑料，并将握柄改为弧形以利于女性使用，握柄上还印压了一朵雏菊图案。这样一来，新产品立即显示了女性的特点。

为了使雏菊刮毛刀迅速占领市场，吉列公司还拟定几种不同的"定位观念"到消费者之中征求意见。这些定位观念包括：突出刮毛刀的"双刀刮毛"；突出其创造性的"完全适合女性需求"；强调价格的"不到 50 美分"；表明产品使用安全的"不伤玉腿"；等等。

最后，公司根据多数女性的意见，选择了"不伤玉腿"作为推销时突出的重点，刊登广告进行刻意宣传。结果，雏菊刮毛刀一炮打响，迅速畅销全球。

启示：这个案例说明，市场调查研究是经营决策的前提，只有充分认识市场，了解市场需求，对市场做出科学的分析判断，决策才具有针对性，从而拓展市场，使企业兴旺发达。

第一节　消费者消费行为分析

市场是指消费者对生产或经营企业的商品或服务的某种需求，有需求即有市场。这种需求必须是由消费者、消费欲望和购买力三要素构成，缺一不可。在现实市场上，由于各种因素的影响，人们的需求表现在购买动机、购买偏好以及购买习惯等方面，差异很大，实际上很难找出一群需求完全相同的消费者。企业应该按照一定的消费心理标准，根据消费者明显不同的消费特性把市场分割成若干个不同的"消费者群"，每个消费者群即为一个"细分市场"。细分市场的心理因素主要涉及人的个性心理、生活方式、价值观、对商品或服务的感受性或对商品价格反应的灵敏度及对企业促销活动的反应等。企业应该针对不同细分市场的要求，推出不同的商品并配以不同的心理营销策略，以满足其各自不同的消费需求。

一、个性心理与消费

个性心理特征是指个人心理和行为活动中所表现出来的带有倾向性的、本质的、相对稳定的、独特的、典型的以及习惯化了的特点。它的形成基础很复杂。它体现了个体的独特风格和心理活动。正由于不同的人有不同的个性心理特征，才使得其购买行为复杂多样、变化多端。正像德国哲学家莱布尼茨所说的："世界上没有两片完全相同的树叶。"同样，世界上也没有完全相同的两个人（消费者），每个人都有自己独特的个性心理特征。

1. 消费者的气质类型特征与消费

消费行为和消费者的个性是紧密联系的。在现实生活中，我们很容易看到这样的情况：对待同一件事情，会出现不同的表达方式。例如，有人活泼好动、有人深沉含蓄、有人充满自信、有人缺乏主见、有人充满好奇、有人性格保守、有人总爱显露，有人沉默寡语……这些都是个性中的气质特征。气质是一个人典型的、稳定的心理特点，即心理活动过程的强度、速度、稳定性、灵活性、指向性等。公元 5 世纪，古希腊医生希波克拉底认为，人体内有四种体液：血液、黏液、黄胆汁和黑胆汁。根据人体内这四种体液的不同配合比例，希波克拉底将人的气质划分为四种类型：多血质（体液中血液占优势）、黏液质（体液中黏液占优势）、胆汁质（体液中黄胆汁占优势）和抑郁质（体液中黑胆汁占优势），如表 4.1 所示。

表 4.1 人的气质分类

气质类型	主要心理特征
胆汁质	精力充沛，情绪发生快而强，言语动作急速而难于自制、内心外露、率直、热情、易怒、急躁、果敢
多血质	活泼好动、富于生气、情绪发生快而多变、表情丰富、思维言语动作敏捷、乐观、亲切、浮躁、轻率
黏液质	沉着冷静、情绪发生慢而弱、思维言语动作迟缓、内心少外露、坚毅、执拗、淡漠
抑郁质	柔弱易倦、情绪发生慢而强、敏感而富于自我体验、言语动作细小无力、胆小、忸怩、孤僻

气质使每个人的心理活动都涂上了个人独特的色彩，当人们以消费者的身份出现在商场的时候，就会在自己的整个消费过程中把独特的个性色彩表现出来，形成各种不同的消费行为。

（1）冲动型消费者

冲动型消费者的消费动机经常是凭个人主观意志和兴趣支配，易受商品外观、式样、品牌、社会时尚、广告宣传及他人劝说的影响而即兴购买；他们不太注重商品的功能与效用，但买后又常常后悔，甚至要求退货；他们语言直爽，情绪易激动，反应敏捷，性子急且自制能力差，购物行动迅速、成交快。这种人多为胆汁质气质类型。

（2）理智型消费者

理智型消费者在购买商品中沉着冷静慎重，喜欢比较选择，善于控制自己的情绪，不易冲动，很少受外界影响，在合理主张被确认后方采取购买行动。这种人多为黏液质类型。

（3）想象型消费者

想象型消费者适应新环境的能力较强，灵活性高，善于交际，富有激情，兴趣转移快，审美感觉灵敏；商品的外观、颜色、命名都能引起他们丰富的想象和联想，喜爱领先试用新产品。这种人多为多血质类型。

（4）习惯型消费者

习惯型消费者的消费比较理性；注意力相对稳定，易形成习惯性购买，成为所喜爱商品（品牌）的忠实惠顾者（或称铁杆顾客）。他们善于控制自己的感情，不易受外界各种因素（如广告、各种促销活动等）的干扰。这种人多为黏液质类型和抑郁质类型。

（5）价格型消费者

价格型消费者在购买过程中，对商品价格特别敏感，反应迅速，善于发觉同类商品在价格上的差异，以物美价廉作为消费购物的前提条件，尤其对削价、特惠、打折的商品充满兴趣。他们多为抑郁质类型和多血质类型。

（6）不定型消费者

不定型消费者没有固定的偏爱、购买心理不稳定，对所购商品没有固定的选择标准。在各种气质类型中都可能有这类消费者。

2. 消费者的个性特征与消费

个性是指人在先天因素的基础上，在社会生活实践中形成的相对稳定的心理特征的总和。具体包括能力、兴趣、气质、性格等方面。在日常的人际交往中，我们会发现，有的人行为举止、音容笑貌令人难以忘怀；而有的人则很难给别人留下什么印象。有的人虽曾见过一面，却给别人留下长久的回忆；而有的人尽管长期与别人相处，却从未在人们的心目中掀起波澜。出现这种现象的原因就是个性在起作用。一般来说，鲜明的、独特的个性容易给人以深刻的印象，而平淡的个性则很难给人留下什么印象。在现实生活中，我们经常会发现有的人大公无私、善良、勤劳、勇敢、谦虚、大方、果断、勇敢、执着，而有的人却自私、自负、虚伪、浮夸、羞怯等，这些都是因为不同的人具有不同的个性所表现出来的各种不同的特征。

性格的一般特征，反映在消费者的消费生活中，形成各人鲜明的消费品格。按照人心理活动的倾向性分类，人的性格分为外倾型和内倾型，其详细划分如表4.2所示。

表4.2 人的性格类型分类

项目细分		主要心理特征	项目细分		主要心理特征
外倾型	社交型	爽朗、积极、能言善辩、顺应环境	内倾型	孤独型	沉默寡言、谨慎、消极孤独
	自负型	自信、有时过高评估自己、好与他人比高低		自责型	自信不足、有时过低估计自己、容易向别人学习、不善同他人竞争
	行动型	注重现实、说干就干、好动、好变化		思考型	好思考、不急于行动、钻研问题较深
	乐天型	肚量大、大方、不拘小节、不易生气		不安型	规矩、清高、谨小慎微、易生气
	感情型	敏感、热情、喜怒哀乐变化较多，内心世界易为人知		冷静型	沉着、稳重、感情不外露，内心世界不为人知

　　消费者的个体性格是在他们所形成的各种独特的购买行为中起核心作用的个性心理特征。往往表现在他们对消费活动中各种事物的态度和习惯化的购买行为方式上。人的性格类型可以按照下列不同的标准进行划分。

　　（1）按消费者的态度来分

　　按消费者的态度来分，可分为以下几种较典型的性格类型。

　　1）节俭型。此类消费者消费态度勤俭节约，选择商品的标准主要是考虑实用，重视商品的内在质量，不太注重外观、名气；喜欢搜集商品的各种信息，从中挑选物美价廉的商品。

　　2）自由型。这类消费者一般有较好的经济收入，购买能力较强，选购商品的品种和花色也较多，比较注重商品的品牌和外观。

　　3）保守型。此类消费者消费态度比较严谨、固执，生活方式刻板，消费习惯趋于传统，留恋过去的商品式样和商品风格，对新商品有一定的抵制态度，或常常抱有怀疑的想法和偏见。

　　4）怪癖型。这类消费者消费态度傲慢，往往具有某种特殊的生活方式或思维方式。选购商品时往往不愿听从别人的建议和劝导，自尊心较强且过于敏感，消费情绪不稳定。

　　5）顺应型。这类消费者消费态度随和，生活方式大众化。他们一般不购买标新立异的商品，但也不固守传统。其消费行为受相关群体的影响较大，对社会的时髦现象不积极紧跟，但也不反对；能够随着社会的发展和时代的变迁而不断调节、改变自己的消费方式和消费习惯。

　　（2）按消费者的购买方式来分

　　按消费者的购买方式来分，可分为以下几种性格类型。

　　1）习惯型。此类消费者常常根据以往的购买经验和使用习惯实施购买行动。不轻易改变自己的信念，不易受时尚和社会潮流的影响，购买行为遵循惯例，长久不变。

　　2）慎重型。此类消费者稳重、情绪不易外露、注意力稳定，受外界影响少，不易冲动。他们在采取购买行为之前，一般要广泛收集商品的相关信息；在商店选购时，尽可能认真、详细地进行商品的比较、选择，权衡各种利弊之后再做出购买决定。

　　3）挑剔型。此类消费者有一定的购买经验和商品知识，挑选商品较为主观，善于观察别人不易观察到的细微之处。有的则表现为性情孤僻，对销售人员及其他消费者的意见特别敏感和持有戒心；检查商品极为小心仔细，有时甚至达到了苛刻的程度。

　　4）被动型。此类消费者的购买行为呈消极被动状态，往往是奉命购买或代人购买，既缺乏商品知识，又没有购买经验，对商品没有固定的偏爱；选购商品时没主见，渴望得到同伴或销售人员的帮助。

　　3. 消费者的能力差异特征与消费

　　心理学认为，能力是人顺利地完成各种活动所必备的主观条件。能力是直接影响活动效率，并使活动顺利完成的个性心理特征。能力总是和人完成一定的活动联系在一起的。离开了具体活动既不能表现人的能力，也不能发展人的能力。能力分为一般能力和特殊能力。如观察能力、记忆能力、思维能力等，是从事任何活动都需要的一般能力。职业人还需要具备特殊能力，如运动员的专项运动能力就属特殊能力。特殊能力建立在一般能力的基础之上，是一般能力在具体活动中的特殊表现。而一般能力包含在特殊能力之中，为特殊能力的发展创造有利条件。

一个人各方面能力的发展水平是不平衡的，有的方面明显突出，有的方面则比较薄弱，而且不同的人其能力突出、薄弱的表现也不一样，这就形成了人的能力差异。从智力方面看，有的人感知能力强，善于感性认识；有的人思维能力强，善于理性认识；有的人想象力强，善于创造新形象。就人的整体来看，有的人善于认识，有的人善于实践；具体而言，有的人善于社交，有的人善于管理，有的人善于具体操作，有的人善于语言表达，有的人善于模仿和再造，有的人善于发明和创造。

作为任何一个消费者来说，对商品的感知、记忆、辨别能力，综合分析、比较评价能力，购买过程中的选择、决策能力以及记忆力、想象力等。这些都是进行消费活动的必备能力，而消费者这些必备能力的差异会直接导致他们消费行为方式和消费效果的差异。

（1）感知能力

感知能力是消费者对商品的外部特征和外部联系直接反映和认知的能力，它取决于感官对刺激的敏感程度。一般来说，感知能力比较强的消费者，能够迅速地注意到自己关心和需要的商品信息，在琳琅满目的商品中很快找到自己感兴趣和要购买的东西，而且对商品观察得比较仔细。

感知能力的差异还同消费者的经验和知觉密切相关。丰富的知识经验和敏锐的知觉有助于一个人观察能力的提高。

资料1

鉴别能力的培养

炼钢工人能十分精确地辨别炼钢炉内火焰颜色的微小差异，据此来判断炼钢炉内的温度高低；纺织印染技术人员能分辨四十多种不同的黑色（一般人只能辨别三四种）；品酒师能鉴别出各种酒的优劣；音乐家有高度精确的听觉；珠宝鉴别师能够分辨出一件瓷器是真品还是赝品；机械技术人员能根据机器运转的声音来检查故障等。这就是知识经验不同的人在观察能力方面的区别。

（2）分析评价能力

分析评价能力是指消费者对接收到的各种零乱、无序的商品信息进行整理加工、分析综合、比较评价，进而对商品的优劣好坏作出准确判断的能力。这种能力的强弱主要取决于消费者的思维能力和思维方式。有的消费者具有很强的独立灵活的思维能力和抽象概括能力，能够根据已有的信息对传播源的可信度、他人行为及消费时尚、企业促销等手段的性质、商品的真伪优劣等作出客观真实的分析判断，在此基础上形成对商品本身的全面认识，能够对不同商品之间的差异进行深入比较，并对现实环境和自身条件作出综合权衡。

（3）选择决策能力

选择决策能力是指消费者在经过对商品进行一定的观察、识别之后，做出是否购买此商品决断的能力。消费者的决策能力直接受个人性格和气质的影响，而且与消费者的商品知识和自信心有很大关系。一个决断力强的消费者，常常在对商品进行观察后，通过比较，并运用其良好的意志品质迅速、果断地作出是否购买的决策。

一般来说，商品的优良品质、效用及低廉的价格，名牌商标和优质的服务，以及商家对商品售后所做出的各种保证等，都能增强消费者购买的自信心和决断力。

（4）鉴赏能力

鉴赏能力是指消费者对商品的鉴别、评价和审美的能力。这是一种较高层次的能力，它是建立在后天学习和自我美学修养基础上的。例如：面对一个花瓶，欣赏力高的人可以看出它是古典艺术还是现代风格，而欣赏力低的人认为不过是一个插花的瓶子。

（5）使用能力

使用能力是指消费者正确使用和简单维修商品的能力。在现实生活中，相当多的消费者只会使用商品功能效用的一部分，尤其是一些高档复杂的商品，像计算机，有相当数量的消费者充其量是利用它练习打字，玩玩游戏；手机对于许多年龄大或文化低的消费者来说，他们只会接打电话，很多功能（比如收发短信、摄像、计算器、日历、上网等功能）对于他们只是个摆设。这就影响了消费水平的提高。所以有的商家在推销商品的同时，还需加强咨询服务，示范操作或举办商品知识讲座。

资 料 2

消费者课堂

"诚信是一条越走越宽的路。"这是沈阳商业城鞋帽商场经营多年的感悟。他们始终以"真品、真心、真情"为经营理念，不仅取得了强劲攀升的销售业绩，还被共青团中央、商务部授予全国"青年文明号"先进集体。该商场从1997年开始，每年都适时举办专题讲座、专家解答等形式的消费者课堂，聘请专业技术人员向广大消费者讲授商品使用、保养、维修知识和附加功能。根据消费者反馈的意见，商业城还增设了送货、安装、调试、维修和退货"五上门"等一百多项便民服务项目，为消费者极大地增加了商品的服务附加值。

（6）对自身权益的保护能力

保护自身合法权益不受侵犯，是消费者必备的又一种能力。作为消费者自身，一方面要做到懂法、知法、护法；另一方面要学会善于运用有效的手段来保护自己的合法权益。

资 料 3

维权不仅是权利，更是责任

1995 年 3 月，王海先生购买了 12 副假冒索尼耳机，随后他用了几天的时间跑遍了消协、工商局、质监局、索尼公司……依据《消费者权益保护法》第 49 条，他向商场提出了双倍赔偿的要求。经过艰难的维权历程，商场终于答应退回他当初购买的全部货款，而且还给予了几百元的赔偿。维权成功后，王海便成为"中国打假第一人"，也是中国保护消费基金会设立"消费者打假奖"后第一位获奖者。"王海现象"由此轰动全国，王海也自称"我是刁民"。从那时开始，王海先生就坚定地踏上了打假之旅。

在当今社会，许多消费者购买商品不仅仅是为了满足物质方面的需要，更重要的是为了表现他们的个性特征，因此，越来越多的企业更加关注消费者个性特征的研究，并按照消费者的个性特征进行细分市场。

二、消费者生活方式与消费

生活方式是指人在一定的历史时期与社会条件下，各个民族、阶级和社会群体的生活模式。生活方式是一个内容相当广泛的概念，它包括人们的衣、食、住、行、劳动工作、休息娱乐、社会交往、待人接物等物质生活和精神生活的价值观、道德观、审美观，以及与这些观念相适应的行为方式和生活习惯等。简单地说就是"一个人怎样生活"。生活方式是消费者消费活动的基本动力，因为消费者往往需要通过消费来改善或维持现有的生活方式。生活方式不同，消费需求和购买行为也就不同。即使对同一种商品，消费者也会在质量、外观、规格型号等方面有不同的需求。许多消费者购买某些商品不仅是为了满足物质方面的需要，更重要的是为了表现他们的生活方式，满足其心理需要。因此，企业应按照这些"心理变数"来细分市场，设计不同的产品或服务，安排不同的市场营销组合。

资 料 4

细分市场的成功案例

美国有一家规模很小的制鞋公司，在品种规格甚多的皮鞋市场上缺乏竞争力。但公司通过细分市场后，发现有相当的一群消费者喜欢穿轻便舒适的皮鞋，而自己又有大量的可以制造这种便鞋的薄猪皮原料，于是他们便制成了一台专用剥皮机，专门生产与竞争者不同的薄皮便鞋，打入竞争激烈的皮鞋市场后，果然满足了偏爱轻便、舒适的消费群的要求，由此迅速占领了这一细分市场，取得了较好的经济效益。

生活方式受很多因素的影响，包括社会主流文化、地理区域、职业、社会阶层、消费者个人特征与能力等，而这些因素又可以概括为某一种亚文化因素。亚文化因素又称集体文化或副文化，是指在主流文化层次之下或某一个局部的文化现象（罗伯逊将亚文化分为人种亚文化、年龄亚文化、生态学亚文化等）。一种亚文化可以代表一种特定的生活方式，它不仅包括与主流文化共同的价值观念，还包括亚文化群体自己独特的价值观念。每个亚文化群体都有自身的某些行为方式，对其成员的影响可能比主文化更强、更直接，它能赋予人一种可以辨别的身份和属于某一群体或集体的特殊精神风貌和气质。每一个消费者都处于某一个亚文化圈中，他的行为举止包括生活方式无不受到亚文化的影响。每一种亚文化都会对消费者的消费行为产生直接的影响。

1. 民族亚文化群体与生活方式

民族亚文化群体是以历史渊源为基础的既有基本文化的总体特征，又有其自身较稳定的以观念、信仰、语言文字、生活方式等形式表现出来的人群共同体。不同国家、不同民族、不同地域和不同类型的群体，都有不同的社会文化，形成不同的审美观念，在衣食住行等方面都表现出不同的消费心理、消费特点和消费习俗。

> **资料 5**
>
> **不同民族的消费习惯**
>
> 中国汉族人有很多传统的节日，春节喜欢吃饺子、吃年糕、放鞭炮；元宵节吃元宵、耍龙灯；端午节吃粽子；中秋节吃月饼等。中国其他民族如藏族的藏历年、傣族的泼水节、水族的端节、拉祜族的扩塔节、柯尔克孜族的诺劳孜节都相当于汉族的春节，都需要有各自富有民族特色的节日商品。中国的苗族同胞，平日只穿黑色布衫，喜欢在头、脖、耳、手、脚上戴银饰；彝族同胞服装上（含头巾）绣满色彩艳丽的图案。回族人忌讳吃猪肉，朝鲜族人喜吃狗肉等。
>
> 欧美国家每年都隆重地度过"圣诞节"，节日期间也有特殊的消费品，如圣诞树、圣诞糖果、蜡烛、火鸡等。
>
> 中国女性结婚时，喜欢穿红色婚礼服，象征吉祥如意、幸福美满，预示婚后的日子红红火火。欧美女性结婚时则喜欢穿白色婚礼服，象征着纯洁、美丽。

2. 地理亚文化群体与生活方式

地理亚文化群体是受地理条件的影响而形成的与当地的历史传统与文化传统密切相关的生活方式和消费习惯的亚文化群体。不同地域由于自然环境和社会环境的制约和影响，会形成不同的地域文化特征，必然对商品生产的取材、设计加工、款式造型、包装装潢以及商品的消费习惯产生深刻影响，形成带有浓厚地域文化色彩的商品。例如，在地形、气候不同的地区，种植农作物的品种就不一样，同时居民的饮食结构也存在明显的差别。

资料 6

地理亚文化群体的差异

从饮食习惯上看，我国是南甜、北咸、东辣、西酸；北方人喜欢吃面食，南方人喜食米饭；北方人喜深色，南方人喜浅色；从地理环境对人的性格影响来看，北方人多豪放，而南方人多细腻。

中东地区气候炎热，容易出汗，人们喜欢用气味浓烈的香水；该地区少有凉风，气温高达四五十度，当地人又常用发乳涂身以润肤防暑，并喜欢用清爽易挥发的化妆品，而在许多高寒地区和国家大为流行的含油脂多的化妆品在此便无人问津。从中国不同地区的饮食习惯来看，湖南人爱吃辣椒，四川人喜食麻辣，浙江人爱吃甜食，山西人喜食醋等习惯，都与当地自然环境条件有关。

3. 区域亚文化群体与生活方式

区域亚文化群体是以居住区域分布为特色的亚文化群体。如沿海与内地、城市与乡村的消费者相比，在生活方式和消费习惯上有着较大的差异。例如，农村消费者需要化肥、农药、种子、农机具等农用消费品，而城市消费者则不需要这些商品。

4. 职业亚文化群体与生活方式

职业亚文化群体是以人们的社会职业为特点的亚文化群体，由于消费者个体的社会职业不同，经济收入不同，所处的社会环境不同，由此所形成的消费心理与行为也会明显不同。例如，国家干部和教师在衣着上多注重端庄大方、舒适方便，而文艺界人士则更注重款式、时尚性和感染力。

5. 宗教信仰亚文化群体与生活方式

宗教信仰亚文化群体是一种以种族渊源及遗传性特征为基础的亚文化群体。由于不同种族的消费者在体形、肤色、发色等方面的差异，因而会具有某些特定的心理与行为特色，这种特色突出地表现在衣着的颜色上。世界范围内有三大宗教：基督教、伊斯兰教和佛教，另外还有许多区域性宗教，不同宗教信仰的消费者在需求特征上也表现出明显的差异。

资料 7

伊斯兰教禁绝饮酒

在巴基斯坦，伊斯兰教为国教，信徒占全国人口的 95%以上。教徒们严格遵守伊斯兰教传统，禁绝饮酒，在该国销售酒就是违法的。

现在我国回族群众不仅禁吃猪肉，而且还禁养猪，甚至从思想意识和感情上反感和见不得猪。对凡是做过猪肉的锅、碗、盆、筷、案板等一律不用，也不去接触。宁夏、甘肃等地的回族连"猪"字都不能提，对猪和猪皮制作的系列产品也很少用，如不用猪鬃、猪毛刷子，不用猪油制作的肥皂、香皂。宁夏泾源、西吉、同心、吴忠，甘肃临夏、平凉等许多回民聚居地的回民连猪皮鞋、猪皮夹克也不穿，甚至有些属猪相的自称为属黑的。这一切已成为我国回族人民一项重要的风俗习惯。所以，不要到上述回民聚居地区推销与"猪"字有关的商品。

三、消费者的社会阶层与消费

社会阶层是一个社会以生活方式、价值观念和行为态度不同进行的等级划分。在西方，社会阶层常用职业、文化程度、经济收入、财产、邻居关系等因素划分。社会科学中，一般用"财富"（经济收入）、"权利"（个人选择或影响他人的能力）和"声望"（被他人认可或赞同的程度）三个维度来划分社会阶层。同属一个社会阶层的成员之间的态度、消费行为模式和价值观等方面都具有许多相似性。一般情况下，人们较愿意与那些和自己想法较接近，或与自己同一阶层的人交往。这在无形中限制了不同阶层成员之间对于商品信息和其他话题的沟通交流。例如，当某个阶层的消费者津津乐道地发表着对"iPhone 4s"、"iPad 4"等品牌商品的褒贬意见时，另一个阶层的人士却可能不清楚他们在谈论什么。个人所属的阶层不是一成不变的，经过较长的时间也可能发生变化。

在任何国家都存在贫富人群与中产阶级。富有者往往喜好追求稀罕难得的商品，他们要求所购商品能显示自己的身份，却不太计较价格。相反，收入低的消费者只要求购买满足基本生活要求的商品，对价格很在乎。例如，富婆追求时髦、豪华型的手包以显示其贵人的身份，而贫穷的妇女则希望买一件经济、耐用型的兜子以满足装东西的需要。

社会阶层不同的人们在信息调查、宣传工具的利用、商店的选择、商品的购买等方面都各有特点。

第一，不同阶层的成员获取商业信息的宣传媒介也不同。与文化程度低的消费者相比，文化程度高的消费者了解商品行情所利用的宣传媒介的类型要更多一些，他们对电视广告依赖较少，而对报纸杂志和网络广告阅读较多。

第二，不同阶层的消费者在消费之前进行信息调查在程度上也有不同。由于所接触的信息来源、类型和数量不同，高阶层消费者更倾向于在作出购买决策前进行大量的商品信息调查。

第三，不同阶层的消费者对商店的选择不同。高阶层的消费者更愿意光顾高级百货店、名牌专卖店，对折扣则一般兴趣不大；而较低阶层的消费者则愿意光顾大众商店或一般超市，购物时最好能讲价。

第四，不同阶层的消费者所消费的产品不同。收入较高消费者能够购买高档家具、高档汽车、艺术珍品等，而低收入者只能购买一般的日用消费品。

资料 8

美国米勒啤酒公司营销案例

20世纪60年代末，美国米勒酿酒公司在美国啤酒业排名第八，市场份额仅为8%，与百威、蓝带等知名品牌相距甚远。为了改变这种现状，米勒公司决定采取积极进攻的市场战略。他们首先通过市场调查发现，若按使用率对啤酒市场进行细分，啤酒饮用者可细分为轻度饮用者和重度饮用者，前者人虽多，但饮用量却只有后者的1/8。他们还发现，重度饮用者有着以下特征：多是蓝领阶层；每天看电视3个小时以上；爱好体育运动。米勒公司决定把目标市场定在重度使用者身上，并果断决定对米勒的"海雷夫"牌啤酒进行重新定位，重新定位从广告开始。他们首先在电视台特约了一个"米勒天地"的栏目，广告主题变成了"你有多少时间，我们就有多少啤酒"，以吸引那些"啤酒坛子"。广告画面中出现的尽是些激动人心的场面：船员们神情专注地在迷雾中驾驶轮船，年轻人骑着摩托冲下陡坡，钻井工人奋力止住井喷等。结果，"海雷夫"的重新定位战略取得了很大的成功。到了1978年，这个牌子的啤酒年销售达2000万箱，仅次于AB公司的百威啤酒，在美国名列第二。

对各种社会阶层消费行为的认识，能够帮助企业更好地进行细分市场。企业在营销时，或者是面向所有阶层，或者是选出某一阶层为目标对象，以便更好地适应其需求。不少化妆品、报纸杂志、服装、汽车以及名目繁多的商品，就是根据社会阶层的不同情况进行对应的生产与推销，从而取得了巨大成功。例如"宝马牌"汽车、"百达翡丽"手表等就是富有和显赫的象征。

第二节　不同年龄段消费者心理及营销策略

处于不同年龄段的消费者，由于生理状况、兴趣爱好的不同，对商品的需求也不同。随着社会经济的发展及居民收入的提高，各个年龄段消费者的消费需求也会发生较大的变化，这是细分市场不可忽视的因素。

一、少年儿童消费者心理及营销策略

据统计，截至2010年末，我国共有0～14岁的少年儿童约3亿人，占人口比例为21%～23%。虽然少年儿童自身还没有经济收入，花钱完全依靠成年人，但我国的传统观念"再苦也不能苦了孩子"是大多数家长的心理，家长的收入中一大部分用于供子女消费，因此，我国的少年儿童消费品市场十分广阔。

0～14 岁的少年儿童，又可根据年龄特征分为儿童消费者群（0～11 岁）和少年消费者群（11～14 岁）。

1. 儿童消费者群的心理与行为特征

从初生婴儿到 11 岁的儿童受一系列外部环境因素的影响，他们的消费心理和消费行为也会随着年龄的不断长大而发生着较大幅度的变化。这种变化在乳婴期（0～3 岁）、学前期（3～6 岁，又称幼儿期）、学初期（6～11 岁，又称童年期）表现得最为明显。

（1）从纯生理性需要逐渐发展为带有社会性的需要

婴幼儿时期的孩子，消费需要主要表现为生理性的，且必须由成人帮助完成。到了4～5 岁进入儿童期开始学会了比较，随着年龄的增大，这种比较越发深刻。然而，此时他们也仅是商品和劳务的使用者，而很少成为直接购买者。到了幼儿期和学前期，他们便萌发了一定的购买意识，并对父母的购买决策产生影响。有的可能会单独购买某些简单商品，即购买行为由完全依赖型向半依赖型转化。

（2）从模仿型消费发展为带有个性特点的消费

儿童的模仿性非常强，尤其在学前期，他们会模仿其他同龄儿童的消费行为。随着年龄的增长，他们的消费行为会逐渐变得带有个性特点，并开始有了一定的购买目标和意向，如希望自己的玩具用品一定要好于其他同龄儿童。

（3）消费情绪从不稳定发展到比较稳定

儿童的消费情绪往往是极不稳定的，很容易受其他儿童的感染，而且消费情绪极易变化，这种心理特性在学前期表现得尤为突出。随着年龄的增长，儿童接触社会环境的机会增多，有了集体生活的锻炼，意志力得到增强，消费情绪也会逐渐变得稳定。

这个阶段的儿童消费心理多属于感情支配，购买行为以依赖型为主，但对父母的购买决策影响力越来越大。

2. 少年消费者群的心理与行为特征

少年消费者群是指 11～14 岁年龄段的消费者，他们处于由儿童向青年过渡的时期。在这一时期，生理上呈现出第二个发育高峰。但与此同时，在心理上又是依赖与独立、成熟与幼稚、自觉性与被动性交织在一起。

（1）在消费心理与行为方面

在消费心理与行为方面表现出不愿受父母的束缚，要求独立自主地购买所喜欢的商品。虽然他们的消费需求倾向和购买行为还不成熟，经常会与父母的意见发生矛盾，但其独立性的确在形成之中。

（2）在购买的倾向性方面

少年消费者的购买倾向性开始确立，购买行为趋向于习惯化、稳定化，购买动机与消费实际的吻合度也有所提高。

（3）在受影响的范围方面

少年消费者的消费行为从受家庭的影响转向受社会的影响，受影响的范围也逐渐扩大。儿童消费者所受的影响主要来自家庭。少年消费者则由于在学校与同学一起过集体生活，与社会的接触机会越来越多，范围也越来越大，受社会环境影响比重逐渐上升。这种影响包括新环境、新事物、新知识、新产品等内容，其影响媒介主要是学校、老师、同学、朋友、书籍、大众传媒等。与家庭影响相比，他们更乐于接受社会的影响。

3. 针对少年儿童消费群的营销策略

少年儿童消费者群是一个庞大的消费市场，企业应努力把握好少年儿童的心理与行为特征。

（1）区别不同对象，采取不同的组合策略

乳婴期儿童，一般由父母为其购买商品。企业在设计商品和制定价格方面很大程度上应从父母的购物心理出发。商品质量要考虑父母对儿童给予保护、追求安全的心理；用品、服装要适应不同父母审美情趣的要求；玩具的外观式样要博得儿童喜欢，但价格要让家长愿意接受。

学龄前期的儿童有时会陪同父母一起购物，因此，商家的营销既要考虑父母的要求，也要考虑儿童的兴趣。玩具用品的外观要符合儿童的心理特点；价格要符合父母的要求；用途要迎合父母提高儿童智力及各方面能力的需要。

（2）充分发挥商品直观形象的作用，增强商品的吸引力

少年儿童虽然已能进行简单的逻辑思维，但直观思维、形象思维仍起主导作用，多数情况下是以商品的外观形象来判断商品的优劣，因此，商品的外观形象对他们的购买行为具有重要的影响作用。为此，企业在儿童用品的外观设计上，要考虑儿童的心理特点，力求生动活泼、色彩鲜明。如用动物头像做成笔帽，用儿童喜爱的卡通形象作为服装装饰图案等，以增强商品的吸引力。

（3）提高识记程度，灌输企业或商品形象

儿童的识记往往具有随意性，到了少年时期，这种识记的持久性大大增强。别具特色、为少年儿童喜爱的品牌、商标或商品造型，一旦被其认识，就会牢记不忘；相反，如果对某商品产生不良印象，甚至厌恶情绪，则很难改变。因此，企业在推销商品时，一定要注意强化正向识记，把企业及商品的良好形象深深留在少年儿童的记忆中。

二、青年消费者心理及营销策略

青年消费者是一个庞大的消费群体，涉及面广，消费量大，是消费潮流的代表。因此，青年消费品市场是营销活动和营销心理必须研究的重要内容。

1. 青年消费者群的心理与行为特征

青年消费者群是由少年向中年时期过渡的消费者群，从心理学的角度来讲，青年通常是指 15~35 岁之间的人群，这个年龄段的消费者具有如下消费特点。

（1）追求时尚，表现时代

青年消费者典型的心理特征之一，就是思维敏捷、思想活跃，对未来充满希望，具有冒险和献身精神。他们对新事物、新知识感到新奇和渴望，并大胆追求。在消费心理与消费行为方面表现为追求新颖与时尚，敢于领导消费新潮流。他们往往是新产品、新的消费时尚的追求者、尝试者和推广者。

（2）追求个性，表现自我

青年消费者自我意识迅速增强，业余爱好也越来越广泛，他们追求个性独立，希望确立自我价值，形成完善的个性形象，因而非常喜爱个性化的商品，并力求在消费活动中充分展示自我。

（3）追求实用，表现成熟

青年消费者的消费倾向趋于稳定和成熟，因而在追求时尚、表现个性的同时，也注重商品的实用性和科学性，要求商品经济实用，货真价实。由于青年人大多具有一定的文化水准，接触的各种信息也较多，因而在购物过程中盲目性逐渐减少，购买动机及购买行为表现出一定的成熟性。

（4）注重情感，冲动性强

青年人虽然在生理已经成熟，但在心理上却还不完全成熟，他们思想倾向、志趣爱好等还不完全稳定，行动易受感情支配。客观环境、社会信息、新时尚、新潮流等对他们的认识和行为有很大影响，表现在消费活动中，容易受客观环境的影响，情感易变，经常发生冲动性购买行为。同时，直观选择往往多于综合选择，商品的款式、颜色、形状、价格等因素都能单独成为青年消费者的购买理由，而且冲动性购买多于计划性购买，这些都是青年人在消费活动中的突出表现。

2. 对青年消费者群应采取的营销策略

企业要想占领青年消费者市场，必须针对青年的心理与行为特点，确定本企业的经营策略。要及时研发出既采用先进技术，又能反映时代潮流，且美观实用的新产品；同时注意把握青年消费者心理共性及个性差异，把经营的商品与青年的气质、性格、兴趣爱好等联系起来，通过有特色的促销手段，积极刺激其购买动机，努力促成其购买行为。

三、中老年消费者心理及营销策略

根据我国的年龄划分习惯，一般将 35 岁以上到退休前的人（男性 36~60 岁，女性

36～55 岁）称之为中年人，而把已经退休的人（男性 60 岁以上，女性 55 岁以上）称之为老年人。中年或老年消费者有明显不同于青年消费者的消费特点，要科学分析中老年消费者的消费特点，并采取相应的营销策略。

1. 中年消费者群的心理与行为特征及营销策略

（1）注重商品的实用性、价格及外观的统一

中年消费者社会责任大、家庭负担重，由于经济条件所限，所以更多地关注商品的实用性及价格，讲求"美观大方，经济实用"。一般地讲，商品的实际效用、合适的价格、较好的外观，三者的兼顾，是刺激中年消费者购买的动因。

（2）注重商品的便利性

中年消费者由于工作、生活都处于人生负担最沉重的阶段，为了减轻这种负担，对能提供便利性的商品（如半成品、方便食品、能减轻家务劳动的耐用消费品等）更乐于购买。

（3）理性购买多于冲动性购买

进入中年时期，"上有老，下有小"，既要把家庭生活安排好，又要考虑价格合理，经济上能够接受。因此，只有那些符合中年消费者要求的商品，才能激发其购买欲望，促成购买行为。

（4）消费行为开始出现惯性，但又较少存在偏见

中年人在较长期的消费活动中形成了比较稳定的消费习惯，他们经常习惯性地在某一商家消费或购买某一品牌的商品。

（5）购买经验逐渐丰富

长期的购买活动使得中年消费者掌握了一定的购买经验，一般均能做出符合自身经济收入且价格合理的商品购买决策。企业应根据中年消费者群的心理与行为特征，制定相应的营销策略，迎合他们的消费心理，以促成购买行为。

2. 老年消费者群的心理与行为特征及营销策略

老年消费者由于生理演变的结果，在购买心理和行为上与其他消费者群有许多不同之处。

（1）心理惯性强，对商品、品牌的忠实度高

老年人在长期的消费生活中形成了比较稳定的态度倾向和习惯化的行为方式，主要表现在日常生活中的购买方式、使用方法、商品认知（或品牌认知）等方面。老年消费者对商标品牌的偏爱一旦形成，就很难轻易改变。他们大多是老字号、老商店的忠实顾客；是传统品牌、传统商品的忠实购买者。他们往往对传统产品情有独钟。为争取更多的老年消费者，企业要注意对"老字号"及传统商标品牌的宣传，经常更换商标、店名的做法是不明智的。

（2）注重实际，追求方便实用

老年消费者心理稳定程度高，注重实际，较少幻想。他们的购买动机以方便实用为主，在购买过程中，希望提供良好的环境条件和热情便捷的服务。因此，老年商品的陈列位置及摆放高度要适当，商品标价和说明要清晰明了，同时注意服务要周到、手续要简便，以便提高老年消费者的满意程度。

（3）需求结构呈现老年化特征

随着生理机能的衰退，老年消费者对健康食品和保健用品的需求量加大。只要某种食品、保健用品（如营养品、保健运动器材等）对健康有利，价格一般不会成为老年消费者的购买障碍。同时，由于需求结构的变化，老年消费者在穿着及其他奢侈品方面的支出大大减少，而对满足于兴趣嗜好的商品购买支出明显增加。

（4）部分老年消费者还抱有补偿性消费动机

在子女长大成人经济独立之后，父母肩上的经济负担便减轻了，此时，部分老年消费者会产生强烈的补偿心理，试图补偿过去因条件限制未能实现的消费愿望。他们在美容、美发、穿着打扮、营养食品、健身娱乐、旅游观光等商品的消费方面，同青年人一样有着强烈的消费兴趣，乐于且也有能力进行大宗的支出。

资料9

把过去"失去"的机会夺回来

张先生和李女士夫妇都是某高校的退休教师，由于生活的年代赶上了多子女、低工资，孩子们成家之前从来没有光顾过上档次的商场，更没有享受过出外度假旅游的潇洒生活，待刚刚感觉到没有了家庭经济负担，工资水平也比过去高了一大截时，老两口却双双步入了退休行列。由于退休时手中多少还有点积蓄，再加上月月还有几千元的退休金，受老年朋友们和宣传媒体的影响，便产生了补偿消费的想法，如今，老两口的穿着打扮比年轻时还要讲究，而且每年还安排两次外地旅游。

针对老年消费者购买心理与行为特点，同时要考虑老年人娱乐方面的要求，企业不但要提供老年人所希望的方便、舒适、有益于健康的消费品及良好的服务，还要提供适合老年人特点的健身娱乐用品。

第三节　不同性别消费者心理及营销策略

消费者的性别不同，其生理特点、兴趣爱好也有很大的差异，对商品的需求也会存在明显的区别。因此，分别研究不同性别消费者商品市场的营销心理也具有十分重要的意义。

一、女性消费者心理及营销策略

女性消费者是以性别区分的一类消费者群体。根据 2011 年第六次全国人口普查数据显示，中国大陆人口约为 13.39 亿，其中男性人口占 51.27%，女性人口占 48.73%。在女性人口中对消费活动影响最大的是中青年女性，即年龄在 18～55 岁的女性（占全国总人口的 21%），她们是影响消费活动较大的重要消费群体，女性消费者在购买活动中起着特殊的重要作用。女性不仅为自己所需要的消费品进行购买决策，而且在家庭中承担了母亲、女儿、妻子和主妇等多种角色，因此，也是绝大多数儿童用品、老年用品、男性用品和家庭用品的购买者。

1. 女性消费者的购买心理特征

（1）爱美心理

爱美心理是女性消费者普遍存在的一种心理状态。这种心理反映在消费活动中就是无论是青年女性还是中年妇女都希望通过消费活动既能保持自己的青春美又能增加修饰美，因此，在挑选商品时，格外注重商品的外观和形象，并往往以此作为是否购买的依据。

（2）情感性心理

女性消费者在个性心理的表现上具有较强的情感特征，即感情丰富、细腻、心境变化剧烈，富于幻想和联想。这种特征反映在消费活动中，就是在某种情绪或是情感的驱动下产生购买欲望从而进一步产生购买行为，这里导致情感或情绪萌生的原因是很多方面的，如商品品牌的寓意、款式色彩产生的联想、商品形状带来的美感及环境气氛形成的温馨感觉等都可能使女性萌发购买欲望，甚至产生冲动性购买行为。在给丈夫或男友、子女、父母购买商品时，她们的这种心理特征表现得更加强烈。

（3）攀比炫耀心理

一些女性消费者希望比别人富有或有地位，因此，除了满足自己的基本生活需求或使自己更美、更时髦之外，还可能通过追求高档次、高质量和高价格的名牌或在外观上具有奇异、超俗、典雅和洒脱等与众不同特点的商品，来显示自己的优越地位和某种超人之处。

（4）注重商品的实用性

由于女性消费者在家庭中的角色地位及从事家务劳动的经验体会，她们对商品的关注角度与男性不同。她们在购买日常生活用品时，更加关注商品的实际效用，或者商品带来的具体利益。

（5）注重商品的便利性

现代社会，中青年妇女的就业率大大提高，她们既要工作又要负担家庭的大部分家务劳动，因此迫切希望减轻家务劳动，以便抽出更多的时间和精力投入到事业中或更好地娱乐和休息，所以她们对日常生活用品的方便性具有强烈的要求。每一种新的、能减轻家务劳动强度、节省家务劳动时间的便利性消费品，都可能博得她们的青睐。

（6）有较强的自我意识和自尊心

女性消费者一般都具有较强的自我意识和自尊心，对外界事物反应敏感。在日常消费活动中，她们往往以选择的眼光、购买的内容及购买的标准来评价自己和评价他人。她们希望得到他人的认可和赞扬，肯定自己的判断力和鉴别力。在购买活动中，营业员的表情、语调介绍及评价等都会影响女性消费者的自尊心进而影响其购买行为，她们一般不能容忍营业员怀疑自己的常识和能力。

（7）购买商品比较挑剔

很多女性消费者视购物为自己的本分和专长，并以此为乐趣。由于所购买的商品种类繁多，选择性强，竞争激烈，加之女性特有的认真及细腻等特点，她们在购买商品时往往千挑百选，直到找不出什么"毛病"了才会下决心购买。另外，女性消费者通常具有较强的表达能力、感染能力和传播能力，善于通过说服、劝告和传话等方式对周围其他消费者的购买决策产生影响。

2. 针对女性消费者的营销策略

企业在制定营销组合策略时，应特别注意现代女性消费者的心理特征及其变化趋势，采取适宜的措施。例如橱窗布置应注意明朗、热烈的气氛；商品的外观设计、色彩、款式要注意诱发消费者的情感；在商品的包装、装潢、经营方式方面要新颖、别致、适时方便并趋于新潮。多向女性消费者宣传商品的好处和具体利益，比向她们宣传商品的质量、性能更有意义。所以，针对女性消费者的广告宣传应以实用性和具体利益为出发点，既提供给她们方便的消费品，又尽可能让她们发挥创造性的作用。为了满足女性消费者的自尊心，营销人员的经营用语要规范，有礼貌，讲究艺术性，以博得广大女性消费者的欢心和好感。

总之，只要能密切注意女性世界，研究并了解女性消费者的购买动机与需求以及决策的心理活动过程，就能随时把握住女性消费市场的新契机乃至整个消费市场的变迁及发展趋势，企业就能做到先发制人，使企业商品的形象契合消费者的印象，并经由有力的销售诉求，将潜在消费者转变为实际消费者，市场前景一定是广阔的。

二、男性消费者心理及营销策略

这里主要是指成年男性消费者。在我国，通常情况下，男性是家庭高档商品（特别是昂贵的家用电器、具体专业档次的高科技产品，如电脑、数码相机、家庭小轿车）购买的主要决策者，尤其在广阔的农村市场，大多数男性在购买方面处于垄断地位。

1. 男性消费者的购买心理特征

（1）动机形成迅速、果断，具有较强的自信性

男性的个性特点与女性的主要区别之一就是具有较强理智性、自信性。他们善于控制自己的情绪，处理问题时能够冷静地权衡各种利弊因素，能够从大局着想。有的男性则把自己看作是能力、力量的化身，具有较强的独立性和自尊心。这些个性特点也直接影响他们在购买过程中的心理活动。因此，男性购买动机的形成要比女性果断迅速，并能立即导致购买行为，即使是处在比较复杂的情况下，如当几种购买动机发生矛盾冲突时，也能够果断处理，迅速作出决策。特别是许多男性不愿"斤斤计较"，购买商品也只是询问大概情况，对某些细节不予追究，也不喜欢花较多的时间去比较、挑选，即使买到稍有毛病的商品，只要无关大局，也不去计较。

（2）购买动机具有被动性

男性消费者一般不像女性消费者那样经常直接地料理家务，照顾老人和小孩，因此，购买活动远远不如女性频繁，购买动机也不如女性强烈，比较被动。在许多情况下，购买动机的形成往往是由于外界因素的作用，如家里人的嘱咐、同事朋友的委托、工作的需要等，动机的主动性、灵活性都比较差。我们常常看到这样的情况，许多男性顾客在购买商品时，事先记好所要购买的商品品名、式样、规格等，如果商品符合他们的要求，则采取购买行动，否则，就放弃购买动机。

（3）购买动机感情色彩比较淡薄

男性消费者在购买活动中心境的变化不如女性强烈，不喜欢联想、幻想，他们往往把幻想看作是未来的现实。相应地，感情色彩也比较淡薄。所以，当动机形成后，稳定性较好，其购买行为也比较有规律。即使出现冲动性购买，也往往自信决策准确，很少反悔退货。需要指出的是，男性消费者的审美观同女性有明显的差别，这对他们动机的形成也有很大影响。比如，有的男同志认为，男性的特征是粗犷有力，因此，他们在购买商品时，往往对具有明显男性特征的商品感兴趣，如烟、酒、服装等。

资料 10

女人购物，男人支付："爱面子心理"也是生产力

你一定相信女人逛街男人拎包。你也一定相信女人购物，男人支付是常见的现象。

经常在网上看到有的女孩子说：有的男孩子追我时，我一买东西，他们就付钱，可有个别的男孩子就当作没看见，不付钱，大家说说女孩购物，男孩该不该付钱呀？

有人认为：虽说金钱不是衡量一个人的标准，但是一个男人舍不舍得给心仪的人花钱，则是体现了他的态度。要是诚心想处，不会不舍得给女朋友花钱，花多少没关系，关键看有没有这种诚心。

又一位女孩说：我俩一块出去逛街，买东西时，每次男友都抢着付钱，我说："是我买东西，

应该我自己付钱，你不用管。"他说："你太见外了，没把我当自己人，是不是怕以后分手了，还不清，觉得愧疚啊！"我说："不是的，我从没有想过要和你分手，只是觉得你才工作不久，工资又不高，钱应该省着用。"尽管我是真心地不想花他的钱，但每次出去购物或吃饭，他还是抢着付钱。我的女友们也都说：男人吗，"自尊心"都很强，都很爱面子，一个大男人让女人埋单那多掉价啊？

暂且不说哪种观点是正确的，但"女人购物，男人支付"可能是广泛存在的现象。

2. 针对男性消费者的营销策略

企业在制定营销组合策略时，要迎合男性消费者上述的消费心理与行为特征并采取适当的措施。例如，男性西服的面料、做工、配料、色彩、配码款式、价格、市场通路、销售管理等各要素已趋于同质化时，品牌便成为区别西服产品的最主要和最重要的砝码，以致有"男性穿品牌服装"之说。但同样是名牌，在不同地区所受的欢迎程度不同，例如，在北京和上海，很注重西服中的礼服特征，所以在这两个地区，日版西服很受欢迎。而在广州等南方地区，西服演变出了种种时装化特征，日版、欧版、港版很受欢迎。在品牌方面，对于上海消费者来说，商品品牌的知名度是影响消费者心理的一个很重要的因素；同样有知名度的品牌，上海人更倾向于本地产品。广州消费者则相反，喜欢穿舶来品，外来品牌至上。所以，企业的营销决策必须考虑上述这些重要因素，因人制宜、因地制宜。此外，商品的包装装潢要新颖大方、简单方便；广告宣传要突出商品的实用性、个性，如金利来领带的广告："金利来，男人的世界"。

总之，性别对消费者心理和购物行为有着较大的影响。当然，对于同一性别而不同文化程度、不同职业、不同经济地位的消费者而言，其消费心理的影响程度也有明显的差异，而且这些差异是多种因素综合作用的结果，企业营销人员一定要具体情况具体分析，辩证灵活地运用营销策略。

小 结

通过本章的学习，应了解消费者的消费行为往往受到个人的气质、能力、性格及社会文化、社会阶层、生活方式等诸因素的影响；不同年龄段、不同性别消费者的消费行为各有特点，懂得在市场竞争中，企业及现代营销人员应该关注"以消费者心理变化来设计的营销策略——心理营销"。

实 训 练 习

　　将学生分成 4～6 人一组，对市场上销售的国产男女服装（高、中、低档）进行实地销售调查，了解其品牌、定价及销售资料，由学生组织分析讨论消费者的购买心理与购买行为，以及国产服装的市场细分情况，最后得出能说明问题的结论。

复习思考题

1. 什么叫细分市场？为什么要进行市场细分？
2. 消费者的气质分为哪几种？
3. 营销人员应如何对不同气质类型的消费者进行有针对性的营销性服务？
4. 不同性格的消费者在购买活动中的差别是什么？
5. 少年儿童消费者群有什么样的消费特点？应采取什么营销措施？
6. 青年消费者群有什么样的消费特点？应采取哪些营销措施？
7. 中年消费者群有什么样的消费特点？应采取哪些营销措施？
8. 老年消费者群有什么样的消费特点？应采取哪些营销措施？
9. 男性消费者有什么样的消费特点？针对男性消费者应采取什么样的营销措施？
10. 女性消费者有什么样的消费特点？针对女性消费者应采取什么样的营销措施？

第五章　商品策略心理

☞ **本章导读**

随着消费者需求的不断变化以及日益激烈的市场竞争，企业越来越意识到新产品的设计、商品的命名和商标以及商品包装策略的重要性。企业要想生存和发展，就应该不断地研究消费者心理，搞清新产品的各个要素与消费者心理之间的关系，使消费者对新产品产生良好印象，保持记忆、激起兴趣并采取购买行为。本章主要研究新产品设计的心理策略以及商品命名、商标、包装等对消费心理的影响。

☞ **关键词**

新产品（new products）

商品命名（commodity naming）

商标（trademark）

商品包装（commodity packing）

开篇案例

宝洁公司在中国市场成功的营销策略

宝洁是全球 500 强企业，在中国日化行业占据了半壁江山，其营销和品牌战略都被写入了各种教科书，究其成功之处，主要表现在其多品种战略。从香皂、牙膏、漱口水、洗发精、护发素、柔软剂、洗涤剂，到咖啡、橙汁、烘焙油、蛋糕粉、土豆片，再到卫生纸、化妆纸、卫生棉、感冒药、胃药，横跨了清洁用品、食品、纸制品、药品等多种行业。凭借充足的运作资金，以日化联合体的形式来统一策划和统一运作。

一、多品牌战略

单一品牌延伸策略便于企业形象的统一，资金、技术的集中，减少营销成本，易于被顾客接受，但单一品牌不利于产品的延伸和扩大，且单一品牌一荣俱荣，一损俱损。而多品牌虽营运成本高，风险大但灵活，也利于市场细分。宝洁公司名称"宝洁"没有成为任何一种产品和商标，而根据市场细分洗发、护肤、口腔等几大类，各以品牌为中心运作。在中国市场上，香皂用的是"舒肤佳"，牙膏用的是"佳洁士"，卫生贴用的是"护舒宝"，洗发精就有"飘柔"、"潘婷"、"海飞丝"3 种品牌。洗衣粉有"汰渍"、"洗好"、"欧喜朵"、"波特"、"世纪"等 9 种品牌。要问世界上哪个公司的牌子最多，恐怕是非宝洁公司莫属。多品牌的频频出击，使公司在顾客心目中树立起实力雄厚的形象。

差异化营销多种品牌策略不是把一种产品简单地贴上几种商标，而是追求同类产品不同品牌之间的差异，包括功能、包装、宣传等诸方面，从而形成每个品牌的鲜明个性。这样，每个品牌有自己的发展空间，市场就不会重叠。不同的顾客希望从产品中获得不同的利益组合，有些人认为洗涤和漂洗能力最重要，有些人认为使织物柔软最重要，还有人希望洗衣粉具有气味芬芳、碱性温和的特征。

宝洁公司就利用洗衣粉的 9 个细分市场，设计了 9 种不同的品牌。利用一品多牌从功能、价格、包装等各方面划分出多个市场，满足不同层次、不同需要的各类顾客的需求，从而培养消费者对本企业某个品牌的偏好，提高其忠诚度。由于边际收入递减，要将单一品牌市场占有率从 30% 提高到 40% 很难，但如重新另立品牌，获得一定的市场占有率相对容易，这是单个品牌无法达到的。

二、广告针对性强

牙膏和香皂多选择易受细菌感染，需要保护而且喜欢模仿的儿童使许多广告语成为社会流行语。而洗衣粉则对精明的家庭主妇使出了价平质优的杀手锏，海飞丝的广告策略是全明星阵容，为的是吸引追星族，沙宣选用很酷的不知名的金发美女，强调有型、个性，目标就是追求时尚的另类青少年。飘柔是顺滑，海飞丝是去屑，潘婷是营养，沙宣是专业美发，伊卡璐是宝洁击败联合利华、德国汉高、日本花王，花费巨资从百时美施贵宝公司购买的品牌，主要定位于染发，此举是为了构筑一条完整的美发护发染发的产品线。宝洁的市场细分很大程度不是靠功能和价格来区分，而是通过广告诉求给予消费者不同的心理暗示。

三、内部竞争法

宝洁的原则是：如果某一个种类的市场还有空间，最好那些"其他品牌"也是宝洁公司的产品。因此不仅在不同种类产品设立品牌，在相同的产品类型中，也大打品牌战。洗发水在中国销售的就有飘柔、海飞丝、潘婷、伊卡璐、润妍、沙宣等。飘柔、海飞丝、潘婷使用效果和功能相近，广告的诉求和价位也基本相同，普通消费者除颜色外根本无法区分，如果从细分市场考虑，根本没有必要。但几大品牌竞争激烈，使其他公司望而生畏。其新品牌伊卡璐，以草本为招牌，其广告并未强调是宝洁的产品，并不利用宝洁品牌优势，盖因所针对的市场宝洁从未介入，风险较大，一有闪失即可丢弃不会影响宝洁整体。

四、独特的销售主张

其核心内容是：广告要根据产品的特点向消费者提出独一无二的说辞，并让消费者相信这一特点是别人没有的，或是别人没有说过的，且这些特点能为消费者带来实实在在的利益。在这一点上，宝洁公司更是发挥得淋漓尽致。以宝洁在中国推出的洗发精为例，"海飞丝"的个性在于去头屑，"潘婷"的个性在于对头发的营养保健，而"飘柔"的个性则是使头发光滑柔顺。在中国市场上推出的产品广告更是出手不凡："海飞丝"洗发精，海蓝色的包装，首先让人联想到蔚蓝色的大海，带来清新凉爽的视觉效果，"头屑去无踪，秀发更干净"的广告语，更进一步在消费者心目中树立起"海飞丝去头屑的信念"；飘柔，从品牌名上就让人明白了该产品使头发柔顺的特性，草绿色的包装给人以青春美的感受，"含丝质润发素，洗发护发一次完成，令头发飘逸柔顺"的广告语，再配少女甩动如丝般头发的画面，更深化了消费者对"飘柔"飘逸柔顺效果的印象；"潘婷"，用了杏黄色的包装，首先给人以营养丰富的视觉效果。

　　宝洁公司当然也有失误，如润妍，诉求黑发，但中国人一般都相信黑发须用中草药如皂角等，奥妮的那则百年润发打得比较好，已深入人心，润妍不强调中草药却要黑发，失败理所当然，现以草本为号召的伊卡璐就是要填补宝洁公司在这类市场的遗缺。熊猫洗衣粉也已经消失，表面看是内部营销失误，实质上是宝洁无心推广。在对待竞争对手方面，收购竞争对手，再冷藏消灭，是外资企业进入中国市场的惯用招数。宝洁的多品牌扩张实现了利润最大化也引出了致命的弊端，在市场竞争中如果时机成熟，只要对手击垮它麾下的一个品牌，将很容易出现连锁效应。但目前国内没有一家企业在产品链结构上具有这种宽度和长度，也没有足够的运作资金来击败它，因此相当一段时间内宝洁公司在中国市场的霸主地位尚无法动摇。

（资料来源：《中国民营科技与经济》2003 年第 9 期）

第一节　新产品设计的心理

　　企业要在市场上生存和发展，就必须对产品适时地进行更新换代并不断开发新产品、新服务，这样才能迎合复杂多变的市场消费需求，才能使产品真正融入日益激烈的竞争市场。当然，并非所有新产品都能在市场上取得成功，新产品的开发也有很高的失败率。有关研究报告指出：失败的新产品中日用消费品为40%，工业品为20%，而服务业为18%。导致新产品失败的因素很多，其中最关键的是消费者对新产品从心理上的认可度。因此，必须从营销心理学的角度去研究如何使新产品满足消费者的心理需求，为企业设计和推广新产品提供理论依据。

一、新产品概述

1. 新产品的含义

　　对新产品的定义可以从企业、市场和技术三个角度进行。对企业而言，第一次生产销售的产品都叫新产品；对市场来讲则不然，只有第一次出现的产品才叫新产品；从技术方面看，在产品的原理、结构、功能和形式上发生了改变的产品叫新产品。营销学的新产品包括了前面三者的成分，但更注重消费者的感受与认同，它是从产品整体性概念的角度来定义的。凡是产品整体性概念中任何一部分的创新、改进，能给消费者带来某种新的感受、满足和利益的相对新的或绝对新的产品，都叫新产品。

2. 新产品的分类

为了便于分析研究，新产品可以从多个角度进行分类。

（1）按新产品创新程序分类

1）全新新产品，是指利用全新的技术和原理生产出来的产品，即根据新的市场需求而发明创造出来的第一次生产、第一次上市的前所未有的产品。如当时飞机、电话、电子计算机，这类新产品的问世与推广，常常会对消费者的消费观念、消费方式、消费心理等方面产生重大影响。

2）改进新产品，是指在原有产品的技术和原理的基础上，采用相应的改进技术，使外观、性能有一定进步的新产品。如彩色电视机是在黑白电视机的基础上革新发展而来的，其性能大为改善，具有丰富的色彩，画面更加逼真、漂亮，在市场上很快就被消费者所接受，给消费者带来了新的利益和满足感。

3）换代新产品，是指采用新技术、新结构、新方法或新材料在原有技术基础上有较大突破的新产品。例如数码相机就是传统的胶片相机的换代产品；触摸屏手机就是按键手机的换代产品。换代产品将极大地提高消费者的生活质量。

（2）按新产品所在地的特征分类

1）地区或企业新产品，指在国内其他地区或企业已经生产但本地区或本企业初次生产和销售的产品。

2）国内新产品，指在国外已经试制成功但国内尚属首次生产和销售的产品。

3）国际新产品，指在世界范围内首次研制成功并投入生产和销售的产品。

（3）按新产品的开发方式分类

1）技术引进新产品，是直接引进市场上已有的成熟技术制造的产品，这样可以避开自身开发能力较弱的难点。

2）独立开发新产品，是指从用户所需要的产品功能出发，探索能够满足功能需求的原理和结构，结合新技术、新材料的研究独立开发制造的产品。

3）混合开发的产品，是指在新产品的开发过程中，既有直接引进的部分，又有独立开发的部分，将两者有机结合在一起而制造出的新产品。

二、消费者对新产品的心理需求

在新产品的设计中，为了满足消费者的需求，使新产品能够适销对路，企业必须对消费心理进行深入研究。消费者对新产品的心理需求主要表现在以下几方面。

1. 追求时尚、流行的心理需求

在市场上，总有一部分追求时尚的消费者，他们能敏锐地察觉到新产品的新特色而率先购买，成为消费先驱，经过他们的示范及传播，引起其他消费者的模仿，形成流行。消费者追求时尚的心理需求，就是想通过使用时尚产品，表现出他们顺应时代、追逐潮流、求新、求变、求异的心理需要。

2. 追求便利、高效的心理需求

如今，消费者对产品的要求不仅追求时尚、流行，还追求操作便利。要求新产品操作方法简单，容易掌握，保养维修方便，这是消费者在选购和使用产品过程中普遍存在的一种心理要求，怕"麻烦"心理往往使操作便利的产品受到消费者的普遍欢迎。如某些家用电器，由机械手动操作发展为遥控或电脑操作就是迎合了消费者的这种心理。

3. 追求舒适、享受的心理需求

消费者选购商品，不仅关心其使用价值，而且还关心使用商品时是否感到舒适、享受。新产品要适应人体生理结构的比例，给人以舒适感，有利于减少疲劳，有益身心健康，才能激发人们产生购买欲望。例如，助听器的结构形状要根据使用者的耳部形状来设计；眼镜的鼻支架、镜鼻梁和镜腿的尺寸形状要按照人的脸宽、鼻梁和耳朵的形状尺寸来设计；电脑的鼠标造型要与人的手型相适应，让操作者握着感到舒服；逍遥椅的结构形状适应人体生理结构（腿部、臀部和腰部等）造型，给人以身心畅快之感，促使消费者产生购买欲望。

4. 追求美感的心理需求

随着时代的发展，消费者的文化素质越来越高，对商品与环境的欣赏和鉴别能力也不断增强，这就要求企业在新产品（造型、色彩等）设计上，必须适应消费者的求美需要以及由文化、亚文化制约的审美标准，赋予新产品时代感与美感，使一件具体的产品不但具有实实在在的使用价值，而且还具有一定的欣赏价值，以满足消费者追求美感的心理需求。

5. 追求突出个性的心理需求

消费者希望通过使用具有独特个性的新产品来满足个人的个性心理需要。为了适应消费者追求突出个性的心理需求，新产品的设计一定要构思新颖、富于创造性、具有鲜明突出的象征意义，即能显示使用者的性别、年龄、知识、兴趣、性格、气质、能力等个性特征。

三、新产品设计的心理策略

随着消费者生活水平的提高，消费者的心理欲求也在不断发展变化，其心理欲求在购买行为中所起的作用也越来越重要。消费者是否购买某一新产品，常常取决于新产品能否满足其心理欲求。只有适应消费者不断发展变化的心理欲求的新产品，才能打开销路并占领市场。作为企业，应在产品设计中把握一些基本的心理策略。

1. 根据消费者的生理需求设计新产品

（1）多功能

在产品设计中应首先考虑提供基本效用，以满足消费者生理上对商品使用价值的需求，还应考虑增加附属效用，以满足消费者在使用商品时方便、舒适的心理需求，也就是使得新产品要"一物多用"。如近期出现的能与电脑兼容的数码相机、可以上网及拍照的手机等。

（2）自动化

新产品的设计要向着自动化、智能化方向发展，如全自动洗衣机、洗碗机、电饭煲等智能型家用电器，为消费者快节奏的生活带来了许多便利。

（3）绿色产品

新产品应是无公害、无污染的绿色产品，如绿色装饰材料、无公害蔬菜、低碳保暖内衣等都越来越受到人们的青睐。

（4）健康型产品

追求健康是所有人的美好愿望。生产健康型产品，如具有补充钙、锌及维生素，有助于睡眠、帮助消化等功能的各种保健品，逐渐受到人们的欢迎。

2. 根据消费者的个性心理特征设计新产品

（1）体现威望的个性

有的产品，如高档手表、高档手包、名牌服装、高级轿车等，在某种程度上能够体现消费者的社会威望和表现其个人成就。为此，在设计这种高档产品时，要选用上乘或名贵的材料，款式要新颖，造型要豪华精美，在保证一流工艺和质量的同时，要严格控制产量，价格要昂贵，以体现"威望"和"高档"。

（2）标志社会地位的个性

某些产品是某一阶层成员的共同标志，使用者可以借此表明自己属于该社会阶层或集团的身份。实际生活中，不同社会阶层的人，有着不同的消费习惯及心理特征。新产品的设计，应充分考虑不同社会阶层的购买心理和消费决策，以适应其特殊的消费心理需要。

（3）符合年龄的个性

在人的生命周期中，要依次经过儿童、青年、中年、老年等阶段，在不同的年龄阶段，人们的生理与心理成熟程度是不同的。新产品设计时，要注意适应不同年龄阶段消费者的成熟程度，以满足其生理和心理要求。例如，针对成年人设计的新产品，要具有成熟、智慧、实用、大方而又不失风度的产品个性特点。

（4）满足自尊和自我实现的个性

马斯洛把人的需要分为多个层次，当人们满足了最基本的生理需要之后，大多数人都会有自尊和自我实现的需要。作为社会中的一员，人们一方面希望得到他人的认可和尊重，在社会交往中给人留下良好的印象；另一方面要求不断提高自身的知识水平和能力，充分发挥其内在潜力，以求得事业上的成功与个人价值的实现。为此，人们会刻意寻找有助于增强自我价值实现的产品，如装饰品、美容品、学习用品等。企业人员在设计这类产品时，应以美观协调、特色鲜明为原则。

（5）满足情感要求的个性

如今，随着人们生活水平的提高和生活节奏的加快，消费者在强调产品实用性的同时，越来越注重情感消费。如表达友情、亲情，寄托希望、向往，追求情趣和格调等。某些产品，如工艺品和玩具等，因其设计新颖、造型别致而蕴含着丰富的感情色彩，能够满足消费者的情感需要，因而受到消费者的青睐。这类产品的设计应强调新、奇、美、趣、雅等特点。

资料 1

海尔洗衣机：从"专为您设计"到"个性化按需定制"

蛋糕可以定做，衣服可以定做，工业化的家电产品——洗衣机也可以定做吗？可以。在中国青岛，海尔洗衣机正致力于为消费者进行"个性化洗衣机的按需定制"。

从一开始的"海尔洗衣机，专为您设计"到如今的"个性化洗衣机的按需定制"，海尔洗衣机凭借满足用户需求的个性化产品在自己创新、开发道路上，以生气勃勃的姿影，踩响了一个又一个成功的市场鼓点。

从计划经济下"皇帝女儿不愁嫁"的卖方市场到市场经济下"货比三家，择优而购"的买方市场，消费者高差别化需求的增加给企业提出了严峻的挑战，但同时也为企业提供了无限商机，为新产品的产生提供了丰厚的土壤……

在海尔洗衣机有着许多"专为您设计"的产品：

海尔"大地瓜"洗衣机的故事流传很广，至今仍有启发意义：四川农村客户用洗衣机洗地瓜，洗下的泥沙堵塞了洗衣机下水口，造成故障。海尔洗衣机的技术部门专门为他们设计了一款能洗地瓜的"洗衣机"。

北京一所学校的职工食堂几位"大师傅"看到海尔开发出"大地瓜"洗衣机后，给海尔洗衣机写来一封简短的信说，在他们那里，师生们都很喜欢吃土豆，但大量削土豆皮费时、费力，既然海尔能开发出"大地瓜"洗衣机，希望海尔也能开发会削土豆皮的洗衣机。这封来信着实令海尔洗衣机有点为难，但最后海尔洗衣机还是开发出了这种会削土豆皮的洗衣机，而且 5 公斤土豆几分钟就可削干净。

青海和西藏地区的人们喜欢喝酥油茶，但打酥油很麻烦，往往要花很长时间，海尔科研人员在去西北考察的时候，热心的藏族同胞总用他们花费很多工夫制成的酥油茶等招待他们。科研人员很感动，他们灵机一动，为什么不开发一种洗衣机来帮助藏民们打酥油呢？于是不久，打酥油洗衣机又在海尔问世了，《拉萨晚报》对此专门进行了报道，在当地传为佳话。

最近随着西部开发热的兴起，富有西北地方特色的"凉皮"等风味小吃，首先交上了食客大增的好运。但"凉皮"的面料——"面筋"，制作起来却相当耗时费事，"批量生产"更让人吃不消。餐饮店的老板们为此抓耳挠腮、大发其愁，只好写信给海尔洗衣机。于是半个月之后，一种带有"打面筋"功能的新型洗衣机，便在当地城乡"闪亮登场"，受到了消费者的热烈欢迎……

海尔洗衣机"专为您设计"还有很多：农村地区电压不稳定，海尔开发出了"宽电压"洗衣机；城市居民有的家中水压不足，海尔开发出了"零水压"洗衣机；北方地区水质硬，衣物不易洗干净，海尔开发出了爆炸洗净的"小神泡"洗衣机；南方地区梅雨季节晾衣时间长，容易滋生细菌，海尔开发出了带烘干功能的洗衣机；用户希望洗衣机达到手洗一样效果，海尔开发出了科技"领先"、市场"领跑"的"手搓式"洗衣机；"洗得净又节水"成为全球行业难题，海尔推出了实现不同的衣服可选用不同的洗涤和甩干转速，洗得净又节水50%的变速洗衣机；从专为中东设计的"大容量"洗衣机到专为韩国设计的甩干"草药"的"小飓风"洗衣机；从亚洲风格的波轮式、欧洲风格的滚筒式到美洲风格的搅拌式……"海尔洗衣机，专为您设计"，这一个"专"字，使得海尔将洗衣机销到哪里，就把发现"难题"、捕捉"难题"、破解"难题"的工夫下到哪里；每攻克一个"难题"，就使海尔家庭诞生一个新品，提升一级档次，增添一份优势，吸引一批用户，赢得一方市场。据不完全统计，洗衣机行业申报的国家专利约有一半是海尔的，全国洗衣机新产品有近一半是海尔投放的。海尔洗衣机在市场上受欢迎，在用户中有口碑，除了质量、性能优异外，还有一条必不可少的原因：那就是产品的个性化。

四、消费者对新产品的购买分析

1. 新产品购买者的分析

一种新产品从投入市场到逐步为大多数消费者所接受的整个过程中，由于受个体内部和外部因素的影响，不同的消费者对新产品的感受与行为反应有着较大的差异。有的人对投入市场的新产品很快接受，有的人经过较长时间才能接受，也有的人经过了很长时间还不能决定接受，这与消费者拥有的不同价值观念和行为准则有关。按照对新产品采用的时间顺序，可把消费者分为以下几类。

（1）最早购买者

最早购买者是指新产品刚上市，最先实施购买的消费者，他们是新产品购买和使用的先行者和"活广告"。其个性特点是自信心强，富有创造和冒险精神。他们一般性格开朗、思想解放，容易接受新鲜事物，愿意尝试新产品，活泼，对新事物反应敏感，喜欢购买和使用别人没有的商品，以此显示自己思想解放、能力超群。这部分消费者经济条件较好，一般以青年人为主，好胜心理的需要对其购买行为有较大的影响。这类消费者虽然人数不多（约为 2.5%），但能起到示范作用，从而带动其他消费者竞相效仿，对于新产品的推广有重要的带动作用。

（2）早期购买者

早期购买者是指新产品上市初期，消费带头人购买新产品之后，马上实施购买行为的消费者，他们是新产品消费的积极分子。其个性特点是追求时髦、渴望变化，有一定的创新和冒险精神。他们的意向和行为倾向往往成为其他消费者的表率。这部分消费者经济条件一般较好，社交广泛，求新心理需要对其购买行为有明显影响，他们与最早购买者一样对带动众多消费者购买新产品有重要影响作用。这部分消费者人数也不太多（约为 13.5%）。

（3）中期购买者

中期购买者是指经过最早购买者和早期购买者对新产品的特点、性能、用途、安全性等经使用证实之后才实施购买行为的消费者。他们是新产品消费的基本群体，其个性特点是沉稳、谨慎、愿意尝试新事物，但又不愿过于突出，愿意遵从社会群体规范。从众和同步心理需要对其购买行为影响较大。这部分消费者数量较多（约为 34%），他们是促成新产品在市场上趋向成熟的重要力量。

（4）晚期购买者

晚期购买者是指当大部分消费者接受并使用新产品后才开始购买新产品的消费者。他们的个性特点是优柔寡断，行动畏缩不前，感情不易冲动，对新生事物反应迟钝，总是被动地顺应消费趋势。他们严格遵守社会和群体规范，求实需要对其购买行为影响较大。这部分消费者大体上同"中期购买者"人数相当（约为 34%），他们对于新产品在市场上达到成熟与饱和状态作用巨大。

（5）守旧者

守旧者是指最后购买和最终拒绝购买新产品的消费者。这类人性格保守、内向，重视传统和经验，对新产品常持怀疑和反对态度，不愿改变固有的生活消费习惯。这部分消费者在新产品采用者中所占比例相对较小（约为 16%）。这部分人的存在也是很正常的，因为任何一种新产品不管其性能多么完善，或使用价值多高，也不可能让所有的消费者都去购买使用。

2. 消费者采用新产品的过程

消费者采用新产品的过程一般分成五个阶段，即知觉、兴趣、评价、试用及采用。

（1）知觉

当消费者接触到产品的物理刺激或社会刺激的那一刹那，就进入了知觉阶段。此时，消费者已知道些新产品的表面信息，但还缺乏对该产品详情的深入了解和认识。

（2）兴趣

消费者开始对该新产品感到好奇，产生兴趣，并着手寻求有关的信息资料。当然，由于不同消费者个人的价值观、消息的接收方式、个性心理特征、个人对风险的知觉以及社会影响力等各有不同，因此，所搜寻的信息也会有所不同。

（3）评价

消费者在掌握了一定资料、信息的基础上，就会对该产品与其他同类产品进行比较和评价，并对是否值得购买这种新产品作出初步考虑。一般来说，评价的主要目的是要减少不确定性，降低购买风险。

（4）试用

消费者开始对该新产品进行小量尝试，并依据试用效果实时修改他们对产品价值的评价。消费者在产品试用阶段，购买的数量极少，如果试用效果不好或没有机会试用，消费者很可能会放弃采用该新产品。

（5）采用

如果消费者对试用结果感到满意，可能会决定经常选用该产品，随后就会正式购买和大量重复购买。有些人甚至乐于充当该新产品的义务宣传员。

企业要想成功地推广新产品，就必须使消费者尽快、顺利地通过上述五个阶段。除了尽可能快速、广泛地传播产品的各种信息外，还应采用一些促销手段对消费者给予一定的刺激。

第二节　商品命名的心理影响

商品命名就是选定恰当的语言文字，概括地反映商品的形状、用途、性能等特点。现实生活中，消费者在未接触到商品之前常常通过商品名称来判断商品的性质、用途和品质，所以一个好的名称可以提前赢得消费者的注意。另外，一个简洁明了、引人注目、富于感染力的名称，不仅可以使消费者了解商品，还会给人们带来美的享受，从而刺激消费者的购买欲望。因此，根据消费者的心理特点进行商品命名是极其必要的。

一、商品命名的心理要求

商品命名的根本目的是使商品的名称与消费者的心理相吻合，对消费者产生积极的影响。所以在命名时应注意符合下列心理要求。

1．名实相符

名实相符是指商品名称要与商品的实体特征相适应，使消费者能够通过名称迅速了解商品的基本效用和主要特征。如"奔驰"轿车、"国窖 1573"白酒等。

2．便于记忆

商品的名称主要用来吸引消费者，加深消费者对商品的印象，所以商品的名称应用词简洁、易读易记，避免复杂的词和拗口的音，以便降低记忆难度。一般商品名称的字数以 3～5 个为宜，不要过长。如"青岛"啤酒、"白沙"香烟、"小天鹅"洗衣机等，都非常易读、易记。

资料 2

名称简单易记，便于传播

IBM 是全球十大品牌之一，它的全称是"国际商用机器公司"（International Business Machines），难写难记，不易传播。后来高人支招儿，该公司将名字设计成了简单的"IBM"对外传播，很快取得了成功。我们也看到有些品牌叫什么"细胞活能"、"冬冠 180"，让人不知所云。

3．引人注意

引人注意是商品命名最主要的目的，也是最重要的要求。好的商品命名应能在众多同类商品名称中脱颖而出，迅速引起消费者的注意。女性商品名称应体现柔和优美，高雅大方，如"佳丽宝"、"兰芝"等；男性商品名称应体现刚柔相济、浑厚朴实，如"七匹狼"、"劲霸"、"雅戈尔"等。

4．激发联想

激发联想是商品命名的一项潜在功能。通过名称的文字和发音使消费者产生恰当、良好的联想，可以引发其良好的心理感受，激发购买欲望。如"飘柔"洗发水、"康齿灵"牙膏等。

5．避免禁忌

由于不同国家、民族的社会文化传统不同，使得消费者的习惯、偏好、禁忌也有所不同；此外，不同国家和民族语言文字的差异也会造成对产品理解的差异，所以，在为某些国家、民族、地区设计商品名称时，要避开相应的禁忌。

二、商品命名的心理策略

1. 以商品的主要效用命名

这种命名方法直接反映商品的主要性能和用途，突出商品的本质特征，使消费者迅速了解商品的功效，以取得消费者的信赖，采取购买行为。日用工业品、化妆品和医药品多采用这种方法命名，如"胃必治"、"痢特灵"、"速效感冒胶囊"等。这种命名方法迎合了消费者追求商品实用价值的心理。

2. 以商品的主要成分命名

这样的命名方法可使消费者从名称上直接了解商品的原料构成，以便根据自己的实际情况选择商品。比如"螺旋藻麦片"可以看出麦片中加入了螺旋藻；"复方甘草合剂"主要成分是止咳的甘草。还有"果粒橙"、"人参蜂王浆"、"丹参片"等，这些商品名称或强调货真价实，或突出原料名贵，都起到了吸引消费者的作用。

3. 以人名命名

以人名命名是指以发明者、制造者或历史人物等名字给商品命名。这种命名方法使特定的人与特定的商品相联系，使消费者睹物思人，引发丰富的联想、追忆和敬慕之情，从而使商品在消费者心目中留下深刻的印象。这种命名方法还可以给消费者以产品历史悠久、工艺精湛、用料考究且质量上乘等印象，以此诱发消费者的购买欲望，如"皮尔·卡丹"、"中山装"、"王麻子剪刀"和"李宁"牌运动装等。

4. 以商品的产地命名

很多地方土特产品的命名是在商品名称前冠以商品产地，这样命名主要是由于产品历史悠久，独具特色，享誉盛名，冠以产地名称可以突出该商品的地方风情、特点，体现商品的地域文化，增加商品的名贵感和知名度，从而使消费者产生亲切感和消费偏好。例如"金华火腿"、"云南白药"、"北京醇"、"青岛啤酒"、"德州扒鸡"等。这种命名方法符合消费者求名、求特、求新的心理。

5. 以商品的外形命名

这种命名方法多用于食品、工艺品类的商品命名。它的特点是形象化，能突出商品造型新奇、优美的特点，引起消费者的注意和兴趣，从而加深消费者对商品的印象和记忆。比如有的首饰用"繁星满天"命名，有的食品命名如"佛手酥"、"猫耳朵"、"棒棒糖"等等。不过采用这种方法，应注意名称和形象的统一，否则会弄巧成拙，达不到让消费者从名称联想到商品实体，从而加深对商品印象和记忆的目的。

6. 以产品的制作工艺命名

这种方法多用于具有独特制作工艺或有纪念意义的研制过程的商品。这是一种经常被采用的方法。例如"二锅头"酒在制作过程中要经过两次换水蒸酒，且只取第二锅酒液的中段，酒质纯正、醇厚。以此命名能使消费者了解该酒不同寻常的酿制工艺，从而提高商品声望。再比如"回锅肉"这道菜，传说中是从前四川人初一、十五打牙祭（改善生活）的当家菜，由于其做法多是先用白水煮熟，切片后再回锅爆炒，故名"回锅肉"。

7. 以外来词命名

这种方法在进口商品的命名时常见，主要是满足消费者的求新、求奇、求异的心理，还可以克服翻译上的困难。但这要求读起来朗朗上口、寓意良好。最好的例子就是"CocaCola"，其中文译名选定为"可口可乐"，让人们联想到可口的饮料带来的舒畅感觉，以及由此产生的愉悦心情。

8. 以吉祥物或美好事物命名

有些商品为迎合人们图吉利、盼发财的心理，起名为"百合"被、"熊猫"电视机、"凤凰"自行车、"吉利"汽车等。而我国的一些中药，由于其成分原来的名字会使消费者感到畏惧，所以常用能使人产生良好联想的名称来代替原有名称。如"地龙"原指蚯蚓；"天龙"原指壁虎。

9. 以商品的色彩命名

这种方法适用于食品类商品。如"黑巧克力"原料中巧克力的成分比较高，黑色突出了纯度；"白玉豆腐"突出豆腐形态白嫩细腻；"白加黑"感冒片则突出了白片与黑片的不同效果。以色彩命名突出了商品的视觉感受，使消费者对商品留下深刻印象。

第三节　商标的心理影响

商标就是能够将一个企业的商品或者服务同其他企业的商品或者服务区别开来的标志。换言之，商标是一种用于商品上或者服务中的特定标记，消费者通过这种标记，识别或者确认该商品、服务的生产经营者和服务提供者。商标通常由名称、词汇、符号、标记图案组合而成。商标一经登记注册就可以受到法律保护。

一、商标的心理功能

1. 识别商品来源的功能

识别功能是商标的基本功能和首要功能，商标就是由于要识别商品的来源才得以产生，所以有此功能者方可成为商标，无此功能者不能称作商标。商标不仅可以区别企业、区别竞争产品，更重要的是可以提高商品的知名度，促使消费者重复购买，增强消费者的辨别与记忆能力。例如，有些人长年使用中华牌牙膏，或许是认定了这种牌号最可靠，或许习惯这种香型；很多人认定购买北京同仁堂的丸、散、膏、丹等药品，主要是因为同仁堂制药的历史悠久、质量可靠，值得信赖。

2. 获得法律保护的功能

商标一旦在国家商标局注册后就受到法律的保护，任何假冒、伪造商标的行为都要受到法律的制裁。商标受法律保护的功能不仅能维护制造商和销售商的经济利益及企业形象，而且让消费者在购买和使用商品时有安全感和信赖感，从而促进商品的销售。

3. 保证商品品质的功能

生产者通过商标表示商品为自己所提供，服务提供者通过商标表示某项服务为自己所提供，消费者也通过商标来辨别商品或服务，对其质量做出鉴别，这种鉴别关系到生产经营者的兴衰，因此，商标的使用促使生产经营注重质量，保持质量的稳定。在现实中，牌子倒了，整个企业难以为继的现象时有出现。因此，商标的使用可以使生产经营者体会到市场竞争的压力，而关注商品质量，商标从而起到了保证商品品质的作用。当然，这种保证是通过商标将生产经营者与消费者联系在一起的一种特定的关系。

4. 广告宣传的功能

现代的商业宣传往往以商标为中心，通过商标发布商品信息，推介商品，突出醒目，简明易记，能借助商标这种特定标记吸引消费者的注意力，加深对商品的印象。商品吸引了消费者，消费者借助商标选择商品，商标的作用便显而易见。在现实中，商标成为无声的广告，更显出商标的优势。

5. 树立商业声誉的功能

商标用于显示商品来源，保证商品的质量，进行商品的广告宣传，作为其开拓市场的有效手段，这都表明，商标凝结了被其标示的商品以及该商品的生产经营者的信誉。商标是商品信誉和与之有关的企业信誉的最佳标记，因此树立商誉的有效途径是形成声誉卓著的商标。这种富有声誉的商标既有益于消费者选择可信的商品，又可以帮助生产经营者的商誉免受侵害。而且，商标使用的范围越广泛，这种树立商誉、维护商誉的作用越大，以至于企业的竞争和商品的竞争变成了商标的竞争，商标口碑越好，竞争力越强。

> ### 资料3
>
> #### "娃哈哈"的商标保护策略
>
> 在"娃哈哈"产品诞生前，其公司即先行进行商标注册，这样做一是为产品寻求法律保护手段；二是可防止别的企业抢注。"娃哈哈"知名后，市场上出现了许多与"娃哈哈"相近或相似的名称，如"娃娃笑"、"娃娃乐"等，引起消费者误认误购，影响了"娃哈哈"的名声。为此，公司又实行防御性商标注册，将"娃哈哈"、"哈哈娃"等"兄弟姐妹"商标全部予以注册，形成了一层防御性保护网，有效提高了商标保护的力度。公司并通过马德里国际商标注册，在十几个主要西方国家进行了注册，尽可能保护"娃哈哈"品牌。

二、商标设计的心理要求

商标设计灵活性很大，一般用文字、图形、符号、字母等组合而成。商标的设计虽讲究独具特色，但要符合基本要求。为此，在商标设计中必须注意以下几个要求。

1. 个性鲜明，独具特色

企业的商标代表着特定商品的独特性质，个性鲜明，独具特色的商标一旦树立起来，容易被消费者认知和识别，在众多商品之中脱颖而出，把消费者的注意力吸引过来，产生强烈的感染力，进而迅速实现购买行为。鉴于此，很多企业，特别是欧美发达国家的企业，不惜花重金设计研究区别于其他企业且又独具特色的、受消费者喜爱的本企业商标。

2. 文字简洁，富有美感

简洁明了、易于拼读的字词，单纯醒目、易于识别的图案以及生动美好的形象更引人注意，容易唤起人的审美意识，从而产生强烈的感染力，收到过目难忘的效果。进行商标设计时，文字要言简意赅，通俗易懂，易认、易读、易听、易记、有利于传播，图案要简洁明快，含义传递贴切。同时要注意语言优雅，避免生僻字句。

3. 与商品本身的性质和特点相协调

这要求商标要准确地体现所代表商品的性质，突出商品的特色。例如，"奔驰"商标可使消费者联想到高档轿车的性能卓越，奔驰如飞。商标要和时代特点相呼应，有时可以赋予一定的政治意义。例如，天津毛纺厂生产的"抵羊牌"毛线，最初是因抵制洋货而得此商标。由于赋予了某种政治意义，反映了特定历史时代的鲜明特征，因而历经几十年而不衰。

时代是不断向前发展的，商标的设计也必须跟上时代的前进步伐，符合现代消费者对商标的心理要求。另外，商标设计要遵从法律法规，并顺应不同国家、民族、宗教和地域的消费者的心理习惯。

资料 4

凯迪拉克——皇家贵族的冠与盾

凯迪拉克轿车是美国第一大汽车公司——通用汽车公司生产的五大车系之一，以豪华非凡的气派闻名于世，已成为高级轿车的代名词。美国底特律城的创始人安东尼·门斯·凯迪拉克是一位法国皇家贵族，毕生喜欢探险。他仗义行仁、扶危济困，深受当地民众的拥护和爱戴。为表示对凯氏的深切怀念和崇高敬意，又可利用名人效应来扩大宣传和影响，故公司选用"凯迪拉克"作为其轿车车名。凯迪拉克轿车的标志由"冠"和"盾"组成："冠与冠上的7颗珍珠"象征着凯迪拉克皇家贵族的尊贵血统，比喻凯迪拉克轿车的高贵、豪华、气派、风度；"盾"象征着凯迪拉克金戈铁马、英勇善战，进而比喻凯迪拉克轿车拥有巨大的市场竞争能力。

各国商标法都明文规定了不允许注册为商标的事物，如国徽、国旗和国际组织的徽章、旗帜及缩写等。因此，在设计商标时，必须严格遵守有关法律规定。另外，由于不同的国家、民族、宗教及地域的消费者有着不同的心理习性，从而产生了很多不同的偏好和禁忌，在设计商标时也应予以充分考虑。如日本人忌用荷花做商标，英国人忌用核桃做商标，意大利人忌用菊花做商标，法国人视孔雀为火鸟，印度人认为新月是不祥之兆等，以这些图文命名的商品再便宜也不会受到当地人们的欢迎。

第四节　商品包装的心理影响

大多数物质产品在从生产领域流转到消费领域的过程中，都需要有适当的包装。包装工作是整个商品生产的一个重要组成部分。商品包装是指在流通过程中保护商品，方便运输，促进销售，按一定的技术方法而采用的容器、材料及辅助物等的总体名称。也指为了上述目的而在采用容器材料和辅助物的过程中施加一定技术方法的操作活动。产品的包装一般包括三个部分。

1）首要包装。首要包装是指产品直接的包装，如牙膏皮、白酒瓶等。

2）次要包装。次要包装是指保护首要包装的包装物，如包装牙膏的纸盒、包装白酒的纸盒等。

3）装运包装。装运包装是指为了便于储运、识别某些包装的外包装。

一、商品包装的心理功能

1. 识别功能

包装是商品的脸面，是产品差异化的外部表现，独特的包装可以使本企业产品有别于其他同类产品，能够使消费者迅速地知觉和区别同种效用而不同牌号的商品，并清楚地分别出商品的产地、品类、规格和容量，以便消费者在购物时挑选。一个设计精良、富于美感且独具特色的商品包装，会在众多商品中脱颖而出，以其独特的魅力吸引消费者的注意并留下深刻的印象。

2. 便利功能

牢固结实的包装能使消费者产生安全感和便利感，方便的开关装置包装有利于消费者使用，适当的结构及分量的包装有利于消费者携带，严密的包装有利于消费者贮存，包装上的文字说明有利于消费者理解商品的性能和掌握用法或用量等。

3. 美化功能

商品包装本身应美观漂亮，具有艺术性。色彩鲜艳、构图新颖、造型奇特、文字醒目的商品包装不仅能美化商品、提高商品的档次和身价、增加吸引力、激发购买欲望、促进销售，还能使消费者赏心悦目，产生美感，得到美的享受，受到美的陶冶。

4. 增值功能

良好的包装能赋予商品一种特殊的象征，建立商品的高贵形象，提高商品在消费者心目中的身价，使消费者的自尊、社交心理得到合理的满足。营销心理学研究表明，在很多情况下，商品的外包装可以影响消费者对商品内在质量的判断，进而对商品产生依赖感，并且愿为其付出较高的价钱。

资料 5

莲花茶具改换包装，身价倍增

我国传统的出口产品——18 头莲花茶具，因包装问题让外商赚了一大笔钱。18 头莲花茶具本身质量很好，但由于采用简易的瓦楞纸盒做包装，既容易破损，又不美观；既难以辨别是什么商品，又给人以低档廉价的感觉，所以销路一直不好。后来，一个精明的外商将该产品买走后，仅仅在原包装上加了一个精制的美术包装，系上了一条绸带，使商品显得高雅华贵，一时销路大开，身价陡增，销售价格由一套 1.7 英镑提高到一套 8.99 英镑。

资料 6

药材虽好，也要讲究卖相

众所周知，人参是名贵的稀有药材，价格昂贵。但是在改革开放以前，我国的有些单位在出口人参时，像捆柴火似的将人参捆扎起来，以 10 公斤为单位用麻袋或木箱包装。可想而知，这种"稻草包珍珠"的包装方式，不能不让人对其商品的真实性表示怀疑，同时也极大地降低了人参的身价。当时尽管价格很低，但销路仍然不佳。受到了市场的"惩罚"和让外商赚取大笔利润后才明智地改变了包装策略——采用小包装（一到两支），配上了绸缎锦盒，或使用木盒外套玻璃纸罩，这样的"装束"雅致大方，使人参的稀有名贵充分地表现出来。结果不仅打开了销路，而且每吨的售价比过去还增加了 2.3 万元，使商品利润倍增。

资料 7

"土"榨菜靠包装打开"洋"市场

榨菜，是四川人的"拳头"产品，但一开始他们是用大坛子、大篓子做包装将商品卖给上海人；精明的上海人将榨菜倒装在小坛子后，出口日本；在销路不好的情况下，日本商人又将从上海进口的榨菜原封不动地卖给了香港商人；而爱动脑子、富于创新精神的香港商人，以块儿、片儿、丝儿的形式把榨菜分成真空小袋包装后，再返销日本。从榨菜的"旅行"过程中，虽然各方商人都赚了钱，但是靠包装赚"大钱"的还是香港商人。

二、包装设计的心理要求

在包装设计中，不仅要注意包装的材料和方式，而且还要灵活运用心理学、美学、市场营销学等方面的知识，巧妙地设计商品包装的外观形象，满足消费者对包装及其内容的心理要求。

1. 安全实用，便于携带

商品包装在购买、携带、储存、使用和传达信息各个方面要尽可能考虑到消费者使用产品的安全性及便利性。例如，在笨重物品的包装上安置把手，以便于搬运；香水采用喷雾式包装，以方便使用；牙膏采用金属软管式首要包装，使用起来特别方便；易受潮的商品要采用密封包装；药品在包装上要标明保管方法，安全使用注意事项，使消费者产生安全感等。

2. 新颖别致，艺术性强

商品的包装从选材、工艺、款式到色彩设计都应体现出与众不同的特点，力求新颖别致，尽量避免模仿、跟风、落俗套。审美是人类的天性，在许多场合下，在造型、图案、色彩各方面富有美感的包装更有可能在同类商品销售竞争中取胜。

3. 诱发联想，符合愿望

商品包装中的式样、构图、文字、数字、线条、符号、色彩等各项中的任何一项设计，都应全面考虑目标市场的各种因素，力求使商品包装的设计积极、向上、健康、美好，符合消费者的良好愿望，引发消费者产生积极的心理联想。例如在色彩方面，绿色象征宁静和平，给人以充满生机之感，适合用作保健品的包装；红色有温暖兴奋之意，使人产生热烈欢快的感觉，适合用于礼品或喜庆商品的包装。在造型方面，红色的心形象征着浪漫而热烈的爱情，所以，恋爱男女之间互赠定情物或新婚礼品宜选心形的包装。

资料 8

外形别致的法国香水

法国香水业有句名言："设计精美的香水瓶是香水的最佳推销员。"法国香水分五种香型，每种香味不同的香水，它的瓶子就会有不同的造型。国际市场上的高级香水瓶，80%都出自法国人之手。一种新的香水上市前，为设计瓶子和包装，往往要花 5 万到 50 万美元，而相宜的瓶子和包装装潢，又反衬了名牌商品的价值，使商品的附加值大大提高。如有种香味类似森林和木料的男用香水，它的包装瓶子被设计成细高如树的造型，又配上能让人联想到木板的本色细条纸盒外包装；另一种叫"高山"的香水，包装瓶子被设计成旋转升天式。这些造型别致，富于联想的包装，自然能激发顾客的购买欲望。

三、包装设计的心理策略

包装心理学家认为，顾客购买商品时，有 80%的人是当场决定的，其中商品的包装对购买决策起着重要的作用。在商品的包装设计中，通常要研究包装设计的四大要素，即色彩、形状、字形字号和商标。为了使商品包装设计取得成功，设计人员必须综合分析研究上述四个方面的要素，从而设计出既能体现商品特点，又能迎合消费者心理需要的包装样式来。

商品包装设计的心理策略主要有以下三种。

1. 按照消费者的消费习惯设计的包装

人们在进行消费的时候，通常都会有一定的消费习惯。消费者的习惯差异是根深蒂固的，并且对消费者的购买行为有着深刻影响，因此，在进行商品包装设计的时候，应注意从消费者的消费习惯出发，根据商品自身的特点，设计出符合大多数人消费习惯的包装。

（1）传统型包装

传统型包装是指某类商品长期沿用的特有包装，这种包装更能适应消费者的习惯或传统的观念，便于他们记忆和识别商品。中国的传统包装有着悠久的历史文化渊源，具有自己独特的民族风格和审美意识，其形态与所用的材料因各个历史时期的不同而各具特色。人类自有历史以来，就知道使用天然材料（如竹、树皮、植物的茎叶和动物皮、角等）做包装之用。比如传统的粽子，人们用箬叶做包装，这种包装形式一直流传至今；再比如，饮料多采用透明塑料瓶做包装。

（2）配套包装

配套包装是指按各国消费者的消费习惯和购物心理特点，将数种有关联的产品配套包装在一起成套供应，便于消费者购买、使用和携带，同时还可降低包装成本，诱发消费者的购买欲望，扩大商品销售。例如，雀巢咖啡包装盒中既有咖啡、伴侣，又配套有杯子、勺子等；一些知名的服饰品生产公司将领带、皮带、皮包、打火机等，统一配套包装，促进了系列商品的销售。

（3）系列包装

系列化包装是现代包装设计中较为普遍、较为流行的形式。它是指一个企业或一个商标、牌名的不同种类的产品用一种共性特征来统一的设计，可用特殊的包装造型特点、形体、色调、图案、标识等统一设计，形成一种统一的视觉形象。这种设计的好处在于：既有多样的变化美、又有统一的整体美；上架陈列效果强烈；容易识别和记忆；能缩短设计周期，便于商品新品种发展设计，方便制版印刷；增强广告宣传的效果，强化消费者的印象，扩大影响，树立名牌产品。例如，"雕"牌产品，其包装色彩图案在基调一致的基础上稍有差别，使消费者能迅速辨别出该品牌的系列产品。

2. 按消费对象的文化水平及经济来源设计的包装

消费者由于其经济收入、家庭负担及文化背景的不同，消费水平也会有很大差别，通常也会导致其对商品包装的欣赏和要求不同。因此，企业应针对这一特点，在包装设计上通常采用四种策略。

（1）等级包装

等级包装是企业对不同档次、不同等级的产品，采用不同等级的包装，使包装的风格与产品的质量和价值相称。如可按照商品价值，分高、中、低档设计包装。高档包装采用高档材料、豪华包装，以迎合消费者显示地位、身份的心理需要；而低档低价的同类商品包装则可以突出经济实惠、物美价廉的特点，尽量降低商品包装的成本，以满足低收入消费者的需求。

（2）复用包装

复用包装也称再使用包装，是指一种能周转使用或具有双重用途的包装。复用包装可以回收再使用，可以大幅度降低包装费用，节省开支，加速和促进商品的周转，减少环境污染。这种包装是为了适应消费者一物多用及求利的心理要求。它所具有的适用性、耐用性和艺术性，不但能增加消费者的购买欲，而且客观上起到了长期广告宣传的作用。

（3）礼品包装

礼品包装就是为满足人们交往的需要，为购买礼品而设计的包装。人们对礼品的评价，不仅注重礼物的贵重好坏，而且更注重礼品的包装。一个好的礼品包装能够勾起人们的兴趣，给人留下美好的印象。按照消费者的购物心理，这种包装往往装饰华丽、典雅、漂亮，有些采用高档的包装材料，有些还配有漂亮的红绸带、红花结，以衬托喜庆、高雅、欢快的气氛，迎合人们的需要。例如，企业中秋节生产的月饼，其包装采用铁盒、竹篮、纸盒等高级材料，配以喜庆图案、诗歌词赋中的咏月名句，使盒内的月饼也身价倍增，最终达到"以色传情，以形达意"之目的。

（4）简易包装

简易包装是既能保护产品在运输和贮存过程中不遭受损失，又能降低包装费用的简便包装方法。简易包装的选材要价廉、可回收利用，包装结构要力求简化，尽量减少包装成本，从而降低销售价格，满足消费者求实的心理。简易包装要避免"形式大于内容"，有利于环境保护。

3. **按照消费者的性别年龄特征设计的包装**

消费者在性别和年龄上的差异，必然导致生理和心理需要的不同，从而引起对商品包装的不同要求。若要使同一种商品包装都能迎合不同性别和所有年龄层消费者的口味，一般是不太可能的。因此，在进行商品包装设计时，应根据消费对象的性别和年龄进行合理设计。

（1）男性化包装

男性用品包装追求潇洒、质朴。所以，男性消费品包装应采用粗犷、豪放的设计风格和表现手法，以满足男性消费者表现男子汉刚毅形象特征的心理要求，同时，包装设计要突出其科学性和实用性。

（2）女性化包装

女性用品包装崇尚温馨、秀丽、新颖、典雅。所以，设计女性用品包装时要满足她们的心理要求，尽量线条柔和、色彩别致、造型精巧，突出其艺术性和流行性。

（3）儿童消费品包装

儿童消费品包装要迎合孩子天真活泼的特性，包装设计要色彩鲜艳、图画生动，而且应具有知识性、趣味性。例如，美国的一家公司在所生产的饼干的罐盖上印上各种有趣的谜语，只有吃完饼干才能在罐底找到谜底，结果迷住了大批的小顾客。而儿童的好奇心理又往往会驱使他们重复购买。

（4）青年用品包装

年轻人通常喜欢与众不同，喜欢求新、求异、求奇，极力寻找机会表现自我。以这类消费者为目标市场的产品包装便可以尝试采用禁忌色，力求在造型上突破传统，以及在标识语中大肆宣扬"新一代的选择"等，以引导潮流，创造时尚。

（5）老年用品包装

老年消费者追求习惯、理性、实用、健康、安全、方便、快乐等，老年用品包装要尽量满足老年消费者上述合理的消费需求，包装的设计应采用传统与实用相结合，突出舒适性、便利性与安全性。

资 料 9

老年产品的包装策略

脑白金产品主要面向中老年人。为了迎合老年人的消费心理，脑白金包装主色调是海洋深蓝色，体现了产品的科技色彩，以及人类追求永恒、回归自然的心态。包装不求变化、保持淳朴，也符合产品消费群体（主要是中老年人）的审美习惯。人物造型既有国人也有洋人，既反映了产品国际化的品质又不会令人产生陌生感、排斥感。实践证明，收到了较好的效果。

小　结

产品策略是指企业在制定经营战略时，首先要明确企业能提供什么样的产品和服务去满足消费者的要求，也就是要解决的产品策略问题。从一定意义上讲，企业成功与发展的关键在于产品满足消费者需求的程度以及产品策略正确与否。通过对本章的学习，使学生了解消费者对新产品的心理要求、商品命名的心理要求及商标、包装的心理功能，掌握新产品设计、商品命名、商标及包装设计的心理策略。

实 训 练 习

将全班学生分成几个小组，每小组设一名组长，并在组长的带领下分析某产品的命名、商标及包装运用了哪些心理方法及心理策略，起到了哪些作用，并提出改进意见。

复习思考题

1. 新产品有哪几种类型？
2. 新产品设计的心理策略有哪些？
3. 简述消费者采用新产品的过程。
4. 简述商品命名的心理功能及心理策略。
5. 简述商标的心理功能。
6. 商标设计有哪些心理要求？
7. 简述包装的心理功能。
8. 包装设计有哪些心理要求？

第六章　商品价格策略心理

☞ **本章导读**

商品价格是商品价值的货币表现，是商品与货币交换比例的指数，是商品经济特有的一个重要经济范畴。商品价值的构成则应包括在生产以及流通过程中的活劳动耗费和物化劳动耗费。根据这个理论，消费者在选购商品时，应该主要通过考察商品的价值（即商品的品质）来判断商品的价格。但是，随着科学技术的不断进步和产品中科技含量的不断提升，又由于多数购物行为并非专家购买，致使商品的真实品质越来越难以判定，更多的情况下是看能否满足消费者的心理需求，因此，制定商品价格策略必须进行消费者心理研究。本章主要对商品价格的心理功能、消费者的价格心理及商品定价与调价的心理策略进行研究，以便为制定商品价格策略奠定理论基础。

☞ **关键词**

商品价格策略（commodity prices strategy）

心理功能（mental function）

定价与调价（pricing and price adjustment）

消费者需求（consumer demand）

开篇案例

推销怪才巧定价格

吉诺·鲍洛奇是美国商界一位传奇人物。他出身寒微，白手起家，从卖豆芽菜到经营超级食品公司，在 20 年间，就成为具有亿万资产的巨富。

他的别号极多，有"推销怪杰"、"市场专家"、"公关大师"等美名，充分展示出他的"鲍氏企业经营之道"。他的一生给世人留下了无数宝贵的商战传奇。

　　鲍洛奇的推销天才在 10 岁那年就显露出来了。那时他还是个矿工家庭的穷孩子。他发现来矿区参观的游客们喜爱带一些当地的东西作纪念，他就拣了许多五颜六色的铁矿片向游客兜售，游客们果然争相购买，不料其他孩子也群起仿效，鲍洛奇灵机一动，把精心挑选的矿石装进小玻璃瓶，阳光之下，矿石发出绚丽的光泽，游客们简直爱不释手，鲍洛奇也乘机将价格提高了 4 倍。也许正是这个有趣的经历，使得鲍洛奇对销售与定价总有独到的理解，以致在一生的商业生涯中，他都非常会运用销售价格的艺术。

　　鲍洛奇认为，以降价促销来击垮竞争对手是零售业中一种重要的销售手段，也是他常用的一种手段。但是，他绝不一味地搞降价促销。如果产品的品质的确比别人高出一筹的话，按优质优价的原则，价格当然要比别人高；再者，有许多因素促使顾客购买某件商品，一件商品的定价与别人雷同，是不能吸引顾客的注意力的，哪怕定价稍高，若消费者体会出物有所值的道理，一样会竞相购买的。

　　鲍洛奇深知，优质高档产品所带来的利润是低档产品所无法比拟的，高档高价便会有高回报。所以，鲍洛奇绞尽脑汁，在怎样才能使顾客对其产品形成高档产品的印象上大做文章。

　　一方面，他在产品的品质和广告宣传上下工夫。鲍洛奇曾生产一种中国炒面，为了给人耳目一新的感觉，他在口味上大动脑筋，以浓烈的意大利调味品将炒面的味道调得非常刺激，形成了一种独特的中西结合、口味优质的中国炒面。同时，使用一流的包装和新颖的广告展开大规模的宣传攻势，打出"中国炒面是三餐之后最高雅的享受"的口号，把中国炒面暗示成家庭财富和社会地位的象征。鲍洛奇这一做法相当成功。他把注意力主要集中在大量中等收入的家庭上。他认为，中等收入的人家一般都讲究面子，他们买东西固然希望质优价廉，但只要有特色，哪怕价钱贵一些，他们也认为物有所值，他们是中国食品销售的主要对象。针对他们的心理，鲍洛奇在包装和宣传上花了很多精力，果然不出所料，中等收入家庭的主妇们皆以选购中国炒面为荣，尽管鲍洛奇的定价较高，她们依然不以为贵。

　　另一方面，鲍洛奇很会揣摩顾客的心理，常常利用较高的价格吸引顾客的注意力。由于新产品投放市场之初，消费者对这种相对高价格商品的品质充满了好奇，很容易就激发了他们的购买欲，并且，一种产品的定价较高，可以为其他产品的定价腾出灵活的空间，企业就总能占据主动。当然，这一切必须建立在产品优质的基础上。有一次，鲍洛奇生产的一种蔬菜罐头上市的时候，由于别的厂商同类产品的价格几乎全在每罐 5 角钱以下，公司的营销人员建议将价格定成 4 角 8 分。但鲍洛奇却将价格定在 5 角 9 分，一下提高了 20％！鲍洛奇向销售人员解释说："5 角钱以下的类似商品已经相当之多，顾客们已经根本感觉不到它们之间有什么区别，并在心理上潜意识地认为他们都是平庸的商品。如果价格定在 4 角 8 分，顾客自然会将之划入平常之列，而且还认为你的价格已尽可能地定高了（已最接近 5 角），你已经占了便宜，甚至产生一种受欺诈的感觉；若你的产品定价 5 角以上，立即就会被顾客划入不同凡响的高级商品一类，定价至 5 角 9 分，既给人感觉与普通货的价格有明显差别，从而品质也有明显差别，还给人感觉这是高级货中不能再低的价格了，顾客反而觉得自己占了便宜。"经鲍洛奇这么一解释，大家恍然大悟。后来在实际的销售中，鲍洛奇又喊出了"让一分利给顾客"的口号，于是更加强化了顾客心理中觉得占了便宜的感觉，果然蔬菜罐头的销售大获全胜，这5角9分的高价非但没有吓跑顾客，反倒诱惑了顾客选购的欲望，公司的营销人员不得不佩服鲍洛奇真正工于心计。后来，随着鲍洛奇经营中国食品的成功，效仿者日益增多，这已对鲍洛奇的高价策略形成了严重威胁。即使这样，鲍洛奇也决定不轻易降低产品的价格。那么，如何处理掉积压产品呢?他采取赠送奖券，发放纪念品等形式，将产品堂而皇之地馈赠顾客。这样，既吸引了顾客，又保护了产品的定价，鲍洛奇的这种做法维护了自己的产品声誉，并为公司以后的发展留下了后路，是似拙实巧的一步妙棋。合理地运用定价艺术，使他在竞争中获得了相当大的主动权。

（资料改编自：朱华，窦坤芳. 2003. 市场营销案例精选精析. 北京：经济管理出版社）

分析：与其说鲍洛奇是一位推销天才，倒不如说他是一位熟知人们心理的心理学家。他在决策之前，总能站在消费者的角度去思考问题，把顾客的心理揣摩得非常透彻。这是他敢于定高价，进行各种有效推销的资本。鲍洛奇的这一套销售方法很适用于粮、油、食品这种价格弹性相对较小的商品，这种商品的消费特点是，价格变化对人们的需求影响并不太大。

　　商品价格是商品价值的货币表现。营销时的商品价格是指在价值规律和顾客购买心理的作用下，依据既定价格，买卖双方经过讨价还价后而确定的达成共识的商品销售价格。商品的价格关系到买卖双方的切身利益，也是双方心理沟通的最敏感的因素。价格在商品生产与商品流通中具有特殊的作用，它深深地影响着工商企业的销售行为和消费者的购买习惯。因此，进行商品价格策略的心理研究是非常重要的。

第一节　商品价格的心理功能

　　在物质极大丰富的今天，工商企业投放市场的商品有成千上万种，品种规格也十分繁多，价格也有较大的差异，消费者看到不同品种、不同规格和不同价格的商品常常会引起不同的心理反应。有时，某种商品的价格在理论上是合理的，但消费者在心理上却不接受。而有些商品的标价远远高于理论上的合理价格，但却总有人会买。究其原因就是，商品的定价不能仅考虑它的物质上的理论价值，而忽略了该商品在消费者心理上的价值。正是因为有些营销者不了解消费者对商品价格的可接受尺度及消费者如何看待商品的价格与质量之间的关系，所以导致了所制定的价格背离了消费者心理上的价格标准。营销心理学认为，商品价格的制定，不仅要考虑价格在经济学上的功能，还要考虑价格在心理学意义上的特殊功能，使所制定的商品价格尽量接近消费者的心理要求并促其能够接受，让广大消费者在商品价格面前消除种种疑虑，吸引他们踊跃购买，使得价格这一最活跃的要素，在营销活动中发挥更有效的作用。由于顾客的认识水平不同，因而其价格心理也存在着差异，从顾客对待价格的一般心理活动来考察，商品价格的心理功能主要表现在以下几个方面。

一、衡量商品价值和商品品质的功能

商品价格是以价值为基础，并随着价值的变化而不断波动。商品价值的构成有在生产过程中活劳动的耗费和物化劳动的耗费，也有在流通过程中的活劳动耗费和物化劳动耗费。根据这个理论，消费者在选购商品活动中，应该主要考察商品的价值状况。顾客购物时，总是有一种依据商品价格的高低来衡量和评价商品价值量大小及品质高低的价格心理。由于这种功能的作用，顾客总是自觉或不自觉地把商品的价格、价值和品质等作为一个整体来看，即把商品的价格看成是商品品质的标志。所以，有时会发现，当两种内在质量相似的商品，根据不同的包装装潢标出不同的售价时，包装装潢豪华价格也高的那种却明显受到消费者欢迎；而有些实际品质不错的商品若价格定得较低或降价销售时，不少消费者却怀疑是劣质商品而不愿购买；一些新产品由于用于促销和广告方面的支出较大，增加了成本，因而定价很高，但却有很多人争相抢购而销路很好。这些现象的产生，都是由于消费者在心理上把商品价格当作比较商品价值和商品品质的标准。俗话说："好货不便宜，便宜没好货"、"一分钱，一分货"，就是广大消费者购物时商品价格这一心理功能的具体反映。

随着科学技术的飞速发展，大量的新产品将不断涌现，商品的品质正在不断提升，能判断出商品真正品质的消费者（即真正懂行者）也越来越少，靠传统的经验从商品使用价值上去判断商品的价值和品质将越来越困难，依靠商品价格去比较商品价值和商品品质的消费者将会越来越多。因此，工商企业应该充分运用好商品价格的心理功能，按照消费者的心理特点去合理地确定商品价格，从而给工商企业带来更大的效益。

二、自我意识比拟功能

人们在消费商品时，商品的价格不仅用来比较商品的价值和品质，而且它还蕴含着纷繁复杂的社会意义，使消费者产生自我意识比拟的心理功能，消费者通过联想把商品价格与个人的偏好、情趣、欲望、想象等个性心理特征联系在一起，通过这种价格的比拟来满足心理的需要。这种比拟功能一般包括以下几个方面。

1. 社会经济地位的比拟

在现实生活中，一些消费者通过追逐高档、名牌或进口商品以显示自己的社会地位和经济状况，以体现自己的某种社会身份，从而获得一种心理上的满足。例如，有些消费者对笔记本电脑、钢琴、豪华轿车等实际用途不大，但为了炫耀自己有钱，讲气派、摆阔气而追求高消费，这是显贵心理购买动机驱动的作用，也是不少消费者存在的一种消费心理。还有一些消费者选购商品则专门到廉价商店或地摊上去购买等外品、低价处理品，认为这类商品与自己的经济收入和经济地位相称，也能得到一种心理上的慰藉。

2. 文化修养与生活情趣的比拟

有些消费者求购高价文物、高价工艺品，出入高消费的娱乐场所，购买大量的图书、报刊等，这些人中有一些是专业工作者，也有一些是买来当摆设，以显示自己有"文化修养"，懂"生活情趣"。

资料 1

"钢琴热"与攀比心理

20 世纪 80 年代北京出现了"钢琴热"，不少家庭纷纷抢购钢琴。经过调查发现，购买者中有一部分人根本就不会弹钢琴，有的甚至连一般的简谱都看不懂。那么，不会弹钢琴为什么还要购买这么昂贵的乐器呢？其中的奥秘就在于，当时家里有钢琴主要是给别人看的，从某种意义上讲，可以显示一个家庭的经济状况及对培养子女的期望，也有些人是为了显示自己有较高的文化修养和高雅的生活情趣，以获得心理上的满足。

上述消费者自我意识比拟的心理反应，有的是有意识的，有的可能是无意识的，但有一点是共同的，就是以商品的价格来体现自己的某种自尊这一社会价值。

三、调节消费需求功能

市场需求影响商品的价格，反过来，商品的价格对商品需求又会产生巨大的影响，即价值的高低对消费需求有调节作用。一般说来，在其他条件不变的情况下，当某种商品的价格下降时，市场需要量就会增加；当这类商品价格上涨时，需求量就会减少。价格影响需求的变化幅度，受到商品需求弹性的影响，不同的商品具有不同的需求弹性。一般来讲，与消费者日常生活密切相关的必需品（如柴、米、油、盐、酱、醋、茶等）的需求弹性小，非必需品（如高档手机、家庭轿车等）的需求弹性较大。商品的需求弹性不同，对价格变动的灵敏度也不同，需求弹性小的灵敏度较低，而需求弹性大的灵敏度就较高。人们把那些需求价格弹性小于 1 的商品称为非弹性商品，把那些需求价格弹性大于 1 的商品称为弹性商品。当非弹性商品的价格变动时，需求量变动的幅度一般小于价格变动的幅度；当弹性商品的价格变动时，需求量变动的幅度一般大于价格变动的幅度。

通过上面的分析可以看出，商品价格的心理功能比商品价格的一般功能要复杂得多。对于工商企业来说，不仅要认清价格的一般功能（这是心理功能的基础），更要认清价格的心理功能对购买行为的重要影响，以便使商品的价格能最大限度地为消费者所接受。因此，为了调节消费、促进营销、活跃市场、刺激生产，必须研究价格的心理功能。

资料 2

薄利多销

2013 年 9 月初，某大学新生正在报到，某手机专卖店进驻高校校园摆摊设点打出了销售广告："××型号手机原价 890 元，现对大学新生大酬宾只卖 680 元，此优惠价只售三天。"有的新生或家长到市场上一打听，这种品牌的手机果真售价 890 元。由于 680 元的酬宾价的确便宜，于是，不少新生刚入学就买了这款手机。两三天的报到时间，仅这一所学校就销出近千部手机。

点评： 由上例可看出，下调商品的价格，其销售量就上升。由此可见，商品的价格对商品的消费需求的确有明显的调节功能。

第二节 消费者的价格心理

消费者的价格心理是指在购买商品活动过程中，消费者对商品价格认识的各种心理现象，它由消费者对价格的知觉程度以及消费者自身的个性心理共同构成。

一、消费者的价格心理特征

1. 消费者对某些商品价格具有习惯性

现代商品定价都有一定的客观依据，市场上商品的营销价格也要遵循一定的客观标准。那种商品应该定什么样的价格？在顾客的心目中总是有一个参考标准。顾客对商品价格的这种认识，是在消费者长期、反复的商品购买实践中，通过对某些商品价格的反复感知和长期的购买经验积累而形成的。虽然，商品定价有客观标准，但是在当今社会，由于科学技术的飞速发展，决定商品价值的社会必要劳动时间变化莫测，消费者很难对商品价值的客观标准了解得十分清楚，更难判断得那么准确。因此，多数情况下人们对商品价格的认识，只能是通过自己反复多次的购买经历来判定价格是否合理，并逐步形成对商品价格的习惯。人们往往用这种习惯来支配自己的购买行为，使之成为衡量商品价格是否合理的一个尺度。在实际购物时，如果某个商品的价格在认定的尺度以内，他们就乐于接受，如果超出了这个尺度，就拒绝购买。

由于习惯价格是消费者经过长期购买而形成的经验认定价，所以，这种习惯价格一经形成，往往要维持一个相当稳定的时期，一般不易改变。如果商品价格变动超出了消费者的习惯价格范围时，往往会迫使消费者的价格习惯经历一个困难的由不习惯到比较习惯的过程，经过一段时间，人们对旧价格的眷恋之情就会渐渐淡漠，以至消失，对新的价格也就开始习惯起来，这样就又形成新的习惯价格。销售企业要了解价格的习惯性心理对消费者购买行为的重要影响，在制定和调整商品价格时，要特别慎重地对待那些超出消费者习惯性价格范围的商品定价，尤其要搞清楚这类商品的价格在消费者心目中的上限和下限的幅度。如果商品的价格超过了消费者所认可的价格上限，就要努力设法让消费者了解此类商品价高的原因（如做工精良、质优、功能先进或进货渠道特殊等），促使其对此类商品产生信任；如果商品的价格低于下限，则要想方设法打消消费者对此类商品属低劣品的怀疑，促使其尽快习惯，接受这个价格而增加购买。

总之，消费者的习惯性价格心理对购买行为有重要的影响，营销者在制定价格或调整价格时，绝不可忽视消费者这种心理的作用。运用好这种理论会刺激消费者增加对商品的购买，反之，则会对销售产生反面影响。

2. 消费者对商品价格变动具有敏感性

敏感性是指顾客对商品价格变动在心理上的反映程度和速度，即在不同的商品价格同时进行调整时，有些商品价格调整幅度很大，顾客也不会产生激烈而普遍的对抗情绪；有的商品调整的幅度虽然很小，也会使顾客产生强烈而普遍的反应。这就是顾客对商品价格变动的敏感性。这种敏感性，对顾客的购物有重要的心理影响。

消费者对价格变动的敏感性是由两个因素造成的，一是商品价格本身是有一定客观标准的，价格一旦偏离了这个客观标准，自然就会被消费者所察觉；二是消费者在长期购买实践中积累了一定的价格经验并在他们心目中形成了一种心理的价格尺度，所以，若价格偏离这个尺度他们也会察觉。这两方面的影响有时是一致的，有时也可能不一致或相互对立。对那些与消费者日常生活密切相关的商品价格，消费者的敏感性就高；反之，敏感性就低。例如，粮、油、菜、肉、蛋、奶等商品，如果价格略微提高一点，消费者马上就会感到难以接受；而一些高档商品，如高档摄像机、豪华轿车、别墅等，即使价格比其他同类商品高出几百元、几千元甚至上万元，消费者也往往不大计较。这是因为高档商品相对购买次数少，有的几年、几十年，甚至一生才买一次，因此，消费者对这些商品的价格变动不太敏感。

3. 消费者对商品价格的变动具有感受性

感受性是指顾客对商品营销价格高低的感觉程度。顾客对价格的高与低，昂贵与便宜的判断，一般不以商品的绝对价格为标准。一般说来，消费者对商品价格高低的判断是通过三种途径获得的。一是通过与市场同类商品价格比较；二是通过与同一售货现场内的不同类商品的价格比较；三是通过商品本身的外观、重量、包装、使用特点、使用说明进行的比较。运用这些比法，消费者的感觉和判断往往会出现错觉，判断出来的效果往往是不正确的。造成他们产生错觉的主要因素有两个：一是商品的销售时机、销售方式、价格系列、购买时的气氛、商品的外观、包装、功能等因素。二是消费者对商品需求的紧迫程度，当消费者急需某种商品，又到处求购不到时，他们往往就不太计较这类商品的价格了。

总之，消费者购物时反映出来的对商品价格的感受性心理，既普遍又复杂。企业应重视这种心理现象，在组织商品销售过程中，加强对销售环境、商品的陈列形式、商品的外观、装潢等方面的研究，从而促进商品销售效果。

4. 消费者对商品价格具有一定的倾向性

消费者对价格的倾向性是指消费者在购买过程中对商品价格的选择性倾向。由于在购物时不同类型的消费者出于不同的购买目的和价格心理，因此对商品价格选择的倾向性往往表现出明显的差异。同类的商品因产地、厂家、档次、质量、品牌、包装等不同，其价格一般也有高、中、低档之分，价格高的商品通常其价值较高、品质也较好；而价格低的商品，相对而言价值较低、品质也较差。由于不同类型的消费者对商品价格的选择具有不同的倾向性，因此有的消费者喜欢追逐价格高档的名牌商品，以显示自己的财力或身份；而有的消费者则喜欢价格适中，功能够用且比较实在的商品，主要图的是商品的实用功能；还有一些消费者专门购买价格较低，且经济实惠的廉价商品，以达到少花钱能用就行之目的。由于不同的消费者其个性、经济地位、价值尺度、购买经验、生活方式及文化修养等因素的不同，对商品的价格形成了不同的价格心理，上述的几种情况实际就是各类消费者不同消费心理的具体反映。随着人民生活水平的提高，有钱的人越来越多，上述消费心理将会越来越明显地表现出来。因此，工商企业在组织商品销售时，应注意所经营的商品在品种、规格、价格上要考虑适应不同消费者的价格心理需求，使各类商品都能最大限度地满足各类消费者的需要，从而为企业获得更大的销售收益。

二、价格变动与消费者的心理行为反应

在现实生活中，价格的调整与变动是经常发生的。随着社会生产力和科学技术水平的提高，决定商品价格形成中的因素——商品价值量，将会不断发生变化，因此，调整商品价格也就变成很平常的事。另外，随着商品的价格在国家宏观调控的前提下适当放开和扩大企业经营自主权的政策，有些同类商品很可能因产地、厂家、档次、质量、品牌、包装、经营场地、价格策略等因素的不同制定出不同的销售价格，甚至同样的商品不同的销售时间其价格也可能有所不同。

商品价格的变动，会直接影响到消费者的切身利益。在消费者购买能力一定的情况下，有时当某种商品的价格发生变化时，消费者会改变原来购买商品的种类和数量。当价格下降时，意味着消费者实际收入增加，也相当于提高了消费者的商品购买能力，这样会促使消费者增加商品的购买量，或者会使一些消费者用省下的货币去购买别的商品。当某种商品价格上升时，消费者可能会减少对这种商品的购买或者购买其他价格较低的替代品，或者对其他商品也减少购买。

从营销心理学的角度研究这个问题，会发现由于消费者对商品价格理解的程度直接影响商品价格和消费需求量，又由于消费者受到各种主客观条件的限制，他们很难正确理解商品价格的调整变化，因而投射到消费者心理上会出现如下两种情况。

1. 消费者对价格的敏感程度受需求强烈性、迫切性的影响

消费者对某种商品的需求越强烈、越迫切，对价格的变动就越敏感。例如，有人做过一个调查，彩屏手机与非彩屏手机比较，前者敏感性高，后者敏感性低。彩屏手机价格的变动对需求量的影响明显：一旦价格下降，需求量会立即上升；而非彩屏手机价格的变动对需求量的影响并不大，其价格再怎么下降也无法再成为畅销品。

资料 3

高度决定价格

某旅行团到山东泰山旅游，经过几个小时的跋涉好不容易登上了"南天门"，大家都有一种胜利的感觉，可却觉得口渴了。买瓶矿泉水吧，一问价，所有的摊主都说："五块钱一瓶。"山下明明是一元一瓶，怎么一会儿工夫变成五元了？买吧，的确是太贵！不买吧，实在是口渴。没办法，贵就贵吧，带队的一咬牙！大家每人一瓶先解解渴再说。

点评： 一瓶矿泉水由一元一下子变成了五元，消费者当然很容易感受得出来。但由于急需又无法计较价格而忍到下山后再买便宜的，所以，虽然嫌贵，但还是买了。

2. 有时价格与需求量呈同向变化倾向

通常情况下，价格与需求量应该呈反向变化倾向，即：价格下降，需求上升；价格上升，需求下降。但有时价格与需求量呈同向变化倾向，其情况如下。

第一，当某些商品价格下跌时，本来应该刺激消费，促使消费者增加购买量，结果发现有些消费者却作出了相反的反应，销量不但没有增加，反而却受到抑制。其原因主要在于以下几个方面。

1）认为商品降价可能是因为商品自身品质差。

2）认为凡是降价的商品都是冷背商品，是过时或者是长期积压仓库卖不出去的商品。

3）认为一些商品降价，是因为马上就要推出新的替代产品，这些老产品属于降价抛售。

4）认为今天这类商品降价仅是小幅度的，明天还会继续降价，等价格降到更低时再买。

第二，当某些商品价格上涨时，按常规有些消费者的购买欲望本应受到抑制而减少需求，结果却发现一些消费者购买欲反而更加旺盛，其原因主要在于以下几个方面。

1）认为商品提价，说明销售好，需求旺盛，一定是受人欢迎的，应该尽早购买，以防晚了买不到。

2）认为提价的商品以后还会继续提价，如不尽早购买将来需要时再买花钱更多。

3）认为提价是因为这种商品提高质量和增加功能的缘故，或者是具有特殊的使用价值，买了肯定不会吃亏。

资 料 4

越贵越畅销的绿宝石

美国亚利桑那一家珠宝店采购到一批漂亮的绿宝石。此次采购数量很大，老板很怕短期内销不出去，影响资金周转，便决定按通常惯用的方法减价销售，以达到薄利多销的目的。但事与愿违，原以为会一抢而光的商品，好几天过去了，买者却寥寥无几。老板心中迷雾，是不是价格定得还高，应再降低一些？

就在这时，外地有一笔生意急需老板前去洽谈，已来不及仔细研究那批货降价多少，老板临行前只好匆匆地写了一张纸条留给店员："我走后绿宝石如仍销售不畅，可按 1/2 的价格卖掉。"由于着急，关键的字体 1/2 没有写清楚，店员将其读成"1～2 倍的价格"。店员们将绿宝石的价格提高了一倍，结果大出所料，宝石在几天内便一抢而空。老板从外地回来，见宝石销售一空，一问价格，不由得大吃一惊，当知道原委后，店员、老板同时开怀大笑。这可真是歪打正着了。

总之，商品价格的调整和变动所引起的消费者价格心理行为反应是非常复杂的，商品的调价既可能吸引顾客，刺激消费，也可能疏远顾客，抑制需求。因此，工商企业在调整商品价格时，一定要认真研究消费者的心理，掌握消费者心理行为的反应，使得所制定或者调整的商品价格尽可能起到刺激需求、扩大销售、提高营销效益的作用。

第三节　商品定价与调价的心理策略

随着商品经济的快速发展，定价在工商企业的经营中越来越占据了重要的地位。因为，价格的高低变动，直接影响着顾客的购买心理，有时一种商品价格的微小变动，会牵动成千上万的消费者。所以，工商企业在确定与调整商品的价格时，一定要综合考虑市场的供求变化，以及政治、经济、社会和广大消费者心理行为的反应等因素对价格的影响，针对不同的商品与不同的购买对象，采用正确的定价与调价策略。

一、商品定价的方法

1. 成本导向定价法

成本导向定价法通常是指以成本加上一个标准的或固定的利润来决定产品价格的方法，具体包括成本加成定价法、售价加成定价法、投资收益率定价法、边际成本定价法和盈亏平衡定价法。

（1）成本加成定价法

成本加成定价法是指按照产品单位成本加上一定百分比的利润来确定产品销售价格的方法。大多数企业是按成本利润率来确定所加利润的大小的。

成本加成定价法是以全部成本作为定价基础的定价方法。

第一步：估计单位产品的变动成本（如直接材料费、直接人工费等）。

第二步：估计固定费用，然后按照预期产量分摊到单位产品上去，加上单位变动成本，求出全部成本。

第三步：在全部成本上加上按目标利润率计算的利润额，即得出价格。即：

产品价格＝单位成本＋单位成本×成本利润率＝单位成本×（1＋成本利润率）

完全成本加成定价法是企业较常用的定价方法。

（2）售价加成定价法

这种方法以产品的最后销售为基数，按销售价的一定百分率来计算加成率，最后得出产品售价。其计算公式为：

单位产品价格＝单位产品成本/（1－售价加成率）

式中，售价加成率＝预期到期利润/（价格×销售量）。

例：某种产品的单位产品成本为 100 元，售价加成率为 20%，则单位产品价格为：

单位产品价格＝100/（1－20%）＝125（元）

这种定价方法，多为商业部门，尤其是零售部门采用。这是因为，对零售商来说，此种方法更容易计算商品销售的毛利率（毛利率即为加成率）；而对于消费者来说，在售价相同的情况下，用这种方法计算出来的加成率较低，更容易接受。

（3）投资收益率定价法

投资收益率定价法也叫目标收益率定价法，是根据企业的投资总额、预期销量和投资回收期等因素来确定价格。企业希望确定的价格能带来目标投资收益率。其计算公式为：

单位产品售价＝总成本×（1＋目标利润率）/预计销售量

（4）边际成本定价法

边际成本是指每增加或减少单位产品所引起的总成本变化量。由于边际成本与变动成本比较接近，而变动成本的计算更容易一些，所以在定价实务中多用变动成本替代边际成本，而将边际成本定价法称为变动成本定价法。该方法是以变动成本作为定价基础，只要定价高于变动成本，企业就可以获得边际收益（边际贡献），用以抵补固定成本，剩余即为盈利。其计算公式为：

$$单位产品售价＝（总的变动成本＋边际贡献）/预计销售量$$

式中，边际贡献＝预计销售收入－总的变动成本。

（5）盈亏平衡定价法

在销量既定的条件下，企业产品的价格必须达到一定的水平才能做到盈亏平衡、收支相抵。既定的销量就称为盈亏平衡点，这种制定价格的方法就称为盈亏平衡定价法。科学地预测销量和已知固定成本、变动成本是盈亏平衡定价的前提。这种方法是按照生产某种产品的总成本和销售收入维持平衡的原则，来制定产品的保本价格。其计算公式为：

$$单位产品保本价格＝（固定成本＋总的变动成本）/预计销售量$$
$$＝固定成本/预计销售量＋单位变动成本$$

2. 需求导向定价法

现代市场营销观念要求企业的一切生产经营必须以消费者需求为中心，并在产品、价格、分销和促销等方面予以充分体现。根据市场需求状况和消费者对产品的感觉差异来确定价格的方法叫作顾客导向定价法，又称"市场导向定价法"、"顾客导向定价法"。需求导向定价法主要包括理解价值定价法、需求差异定价法和逆向定价法。

（1）理解价值定价法

所谓"理解价值"，是指消费者对某种商品价值的主观评判。理解价值定价法是指企业以消费者对商品价值的理解度为定价依据，运用各种营销策略和手段，影响消费者对商品价值的认知，形成对企业有利的价值观念，再根据商品在消费者心目中的价值来制定价格。

①以理解价值为基础确定初始价格→②预测销量→③确定目标和税值→④预测目标成本→⑤做出决策。

（2）需求差异定价法

所谓需求差异定价，是指产品价格的确定以需求为依据，首先强调适应消费者需求的不同特性，而将成本补偿放在次要的地位。这种定价方法，对同一商品在同一市场上制定两个或两个以上的价格，或使不同商品价格之间的差额大于其成本之间的差额。其好处是可以使企业定价最大限度地符合市场需求，促进商品销售，有利于企业获取最佳的经济效益。需求差异定价法还可以分为：①以不同的顾客群为基础；②以产品特征为基础；③以地区效用为基础；④以时间效用为基础。

（3）逆向定价法

逆向定价法也叫作可销价格倒推法，这种定价方法主要不是考虑产品成本，而重点考虑需求状况。依据消费者能够接受的最终销售价格，逆向推算出中间商的批发价和生产企业的出厂价格。逆向定价法的特点是：价格能反映市场需求情况，有利于加强与中间商的良好关系，保证中间商的正常利润，使产品迅速向市场渗透，并可根据市场供求情况及时调整，定价比较灵活。

（4）拍卖定价法

拍卖定价法是一种以公开竞争出价而定价的定价方法。运用这种方法，就是商品所有者或其代理人事先不对商品规定价格，而通过对商品特点的大肆宣传，采取拍卖的方式，由顾客出价竞购，然后以最有利的价格拍板成交。这种定价方法，在西方资本主义国家得到了广泛的运用，从古董、文物、珠宝等名贵艺术品和房地产、工业和手工业机器设备等不动产的变卖，到水果、蔬菜、水产品、牲畜、茶叶、烟草、羊毛等农产品的批发，以及一些日用工业品的销售，往往都是采取拍卖定价成交的。在我国，拍卖定价方法也有百余年历史，一直到新中国成立后生产资料所有制改造才被取消。近几年来，随着改革开放的深入，拍卖行业又在我国一些城市陆续恢复，并且其生意日益兴隆起来。

3. 竞争导向定价法

在竞争十分激烈的市场上，企业通过研究竞争对手的生产条件、服务状况、价格水平等因素，依据自身的竞争实力，参考成本和供求状况来确定商品价格。这就是通常所说的竞争导向定价法。竞争导向定价主要包括：随行就市定价法、产品差别定价法和密封投标定价法。

（1）随行就市定价法

在垄断竞争和完全竞争的市场结构条件下，任何一家企业都无法凭借自己的实力而在市场上取得绝对的优势，为了避免竞争特别是价格竞争带来的损失，大多数企业都采用随行就市定价法，即将本企业某产品价格保持在市场平均价格水平上，利用这样的价格来获得平均报酬。此外，采用随行就市定价法，企业就不必去全面了解消费者对不同价差的反应，也不会引起价格波动。

（2）产品差别定价法

产品差别定价法是指企业通过不同营销努力，使同种同质的产品在消费者心目中树立起不同的产品形象，进而根据自身特点，选取低于或高于竞争者的价格作为本企业产品价格。因此，产品差别定价法是一种进攻性的定价方法。

（3）密封投标定价法

在国内外，许多大宗商品、原材料、成套设备和建筑工程项目的买卖和承包，以及出售小型企业等，往往采用发包人招标、承包人投标的方式来选择承包者，确定最终承包价格。一般来说，招标方只有一个，处于相对垄断地位，而投标方有多个，处于相互竞争地位。标的物的价格由参与投标的各个企业在相互独立的条件下来确定。在买方招标的所有投标者中，报价最低的投标者通常中标，它的报价就是承包价格。这样一种竞争性的定价方法就称密封投标定价法。

二、商品定价的心理策略

1. 新产品定价的心理策略

（1）撇脂定价策略

撇脂定价策略是指在产品生命周期的最初阶段，把产品的价格定得很高，以攫取最大利润，有如从鲜奶中撇取奶油。企业之所以能这样做，是因为有些购买者主观认为某些商品具有很高的价值。从市场营销实践看，在以下条件下企业可以采取撇脂定价：市场有足够的购买者，他们的需求缺乏弹性，即使把价格定得很高，市场需求也不会大量减少。高价使需求减少一些，因而产量减少一些，单位成本增加一些，但这不致抵消高价所带来的利益。在高价情况下，仍然独家经营，别无竞争者。有专利保护的产品就是如此。某种产品的价格定得很高，使人们产生这种产品是高档产品的印象。这种策略通常用于较高档商品的定价，如彩电、手机等。

撇脂定价策略的优点如下。

1）抓住新产品刚上市时需求弹性小，竞争者尚未及时进入市场的有利时机，充分利用消费者的求新、求异心理，以较高的售价刺激消费者，可以提高新产品的身价，美化新产品的形象，有利于开拓市场。

2）定价高能获取较高的利润，可以尽快收回研发成本。

3）用此定价策略，可以使新产品价格有较宽的调整余地。假如发现此价格消费者不接受时，还可主动降低售价；另外，也可以对不同购买力水平的地区进行市场细分，实行地区差价。

这种定价策略的缺点是：

1）因为定的价格过高，有损消费者利益。

2）在新产品尚未被广大消费者认可时，可能因价高而无人问津，也可能会因此种新产品利润丰厚，诱发竞争，导致价格暴跌，好景难于维持，最终使企业利益受损。

资料 5

手机的撇脂定价策略

20世纪90年代初，一种新产品——移动电话刚刚上市，商家给这种新上市的产品定价为每部两万元。由于这种通信工具最早出现在香港一些警匪片中，黑社会大老板常常手拿这种移动电话，显得很"神气"。因为人们常称这些黑社会大老板叫"大哥大"，所以"大哥大"（如图6.1所示）就变成了这种移动电话的俗称。几年后，这种移动电话就改名叫"手机"了。随着购买手机的消费者数量的增多，其价格也随之由两万元逐渐调整为一万多元，七八千元，四五千元……直到现在的一两千元，甚至几百元一部了。手机这种产品的定价策略很显然是遵循了"撇脂定价策略"。

图 6.1　最初的手机——大哥大

（2）渗透定价策略

渗透定价策略与撇脂定价策略正好相反，商家利用新产品进入市场初期，消费者对新产品还不十分了解，购买率尚低，而消费者又都有求实惠心理的有利时机，对新产品采取低价出售，以吸引大量顾客，提高市场占有率。待销路打开后，再步步渗透，逐渐将价格提到一定高度。从市场营销实践看，企业采取渗透定价需具备以下条件：市场需求显得对价格极为敏感，因此，低价会刺激市场需求迅速增长；企业的生产成本和经营费用会随着生产经营经验的增加而下降；低价不会引起实际和潜在的竞争。这种定价策略相对于撇脂定价策略更具竞争性，特别适用于需求弹性较高的商品，其主要优点如下：

1）能迅速打开销路，通过薄利多销而迅速收回生产和销售成本。

2）具有较强的竞争力，能保持自己的市场占有份额。

3）能够争取到较多的购买者，给中间商和消费者以物美价廉的感觉，能很快在消费者心目中树立起良好的价格形象。例如，"华姿"系列化妆品的销售就是采用了这种定价策略。

这种定价策略也有一定的局限性，即要求新产品必须具备较高的品质，能够在刚投入市场就迅速在消费者心目中建立起良好的声誉，从而吸引更多的购买者，为日后的逐步提价打下较好的基础。

（3）满意定价策略

满意定价策略（也称反向定价策略）介于撇脂定价策略与渗透定价策略之间，根据消费者对新产品所期望的支付价格来定价。其具体步骤是首先对欲生产的新产品在广大消费者中进行期望价格调查和预测，询问消费者对这种新产品定价多少乐意接受？以消费者认可的这种期望价格为依据推算出新产品的生产成本，再组织生产。这种定价方法不是以产品定价格，而是依据调查预测的价格定产品（质量、功能等），叫作"量入为出"。这种定价策略适用于那些生活日用品和技术要求不高的新产品。其优点主要是考虑了消费者的购买能力和购买心理，较大程度地迎合了消费者的价格心理和购买需求，增强了消费者的购买欲，同时也有利于销售。因此，国内外对新产品采用这种定价策略者较多。

2. 新产品定价策略的心理依据

上述几种新产品定价策略各有其独特的心理依据。

撇脂定价策略主要依据是利用消费者对新产品的求新、求奇、求异心理。在商品市场上，只要新产品新颖、有特色，尤其具有"现代化"的味道，肯定就有不少消费者追逐，撇脂定价策略就可以使用；假如将新产品的价格定得与原有类似产品价格相同或者略低，反而会影响新产品的特点和形象，甚至失去对消费者的吸引力，使消费者认为不过是旧货色而无意问津。当然，撇脂定价策略的运用，还必须视市场状况、新产品特性和消费水平等具体情况而定，不能盲目照搬。这种定价策略通常对推销化妆品、特殊商品和高档商品等心理作用比较明显，对低档商品和日用消费品效果较差。

撇脂定价策略的缺点是产品的高利润势必引来对手的激烈竞争，造成产品价格猛然下跌，对某些不具备较强实力的厂家来讲，独占市场的时间不会持续太久。当然，如果技术能力较强，可采取新技术开发、提高产品性能和降低成本等措施，以保住独占市场的优势地位，但是一旦无情的竞争来临，生产者肯定会付出沉重的代价。

渗透定价策略主要迎合部分消费者要求商品"经济实惠，价廉物美"的心理，从而赢得广大消费者的信赖，以良好的产品拓展市场，促进销售。这种定价策略的缺点在于以后逐渐提价，容易引起消费者心理上的反感和抵制，对高档产品来说可能会损害新产品的形象。因此，渗透定价策略通常只适用于一些低档商品、生活必需品及其他一些非专用性商品。

3. 市场销售过程中定价的心理策略

对那些已经进入市场处于增长期、成熟期和衰退期的商品，工商企业也要考虑其价格对消费者心理状况的影响，必须科学地运用商品定价心理策略，才能保证这些商品长期的市场地位和销售量。

（1）非整数定价心理策略

非整数定价策略即尾数定价策略。尾数定价是指在商品定价时，价格的尾数不取整数的定价方法，使消费者购买时在心理上产生比较便宜的感觉。采用尾数定价的产品能让消费者产生一种感觉，认为这种商品的价格是商家经过认真的成本核算制定的，可信度较高。根据经济学家的调查表明：价格尾数的微小差别，往往会给人以不同的感觉效果。顾客通常认为199元的商品比200元钱的商品便宜很多，而201元的商品太贵，实际上只差1元钱。

尾数定价策略之所以能取得较好的实践效果，主要因为其具有如下两种心理功能：

第一，它能给消费者造成价格偏低的感觉，如果某种商品定价为98元，虽然比100元只少了2元钱，但人们会习惯地认为这是几十元钱的开支，比较便宜。而同一商品若是价格定为100元，人们就会认为是上百元的开支，贵了很多。第二，它容易给消费者留下一种数字中意的感觉，在不同的国家、地区或不同的消费群体中，由于民族风俗习惯、文化传统和信仰的影响，往往存在对某些数字的偏爱或忌讳，例如我国人民一般喜欢6、8、9，认为"6"代表六六大顺，吉祥如意；"8"代表发达、发财；"9"代表好事长久。美国人则讨厌"5"和"13"，认为这些数字不吉利。

尾数定价可产生如下特殊效果。

1）便宜。标价99.96元的商品和100.06元的商品，虽然仅差0.1元，但前者给消费者的感觉是还不到"100元"，而后者却使人产生"100多元"的想法，因此前者可以使消费者认为商品价格低、便宜，更易于接受。

2）精确。带有尾数的价格会使消费者认为企业定价是非常认真、精确的，连零头都算得清清楚楚，进而会对商家或企业的产品产生一种信任感。

3）中意。由于民族习惯、社会风俗、文化传统和价值观念的影响，某些特殊数字常常会被赋予一些独特的含义，企业在定价时如果能加以巧用，其产品就会因之而得到消费者的偏爱。例如，"8"字作为价格尾数在我国南方和港澳地区比较流行，人们认为"8"即"发"，有蒸蒸日上的意味，因此企业经常采用。又如"4"及西方国家的"13"被人们视为不吉利，因此企业在定价时应有意识地避开，以免引起消费者对企业产品的反感。美国市场上零售商品的价格尾数以奇数为多，一般是9美分、49美分、99美分等。这种尾数是9的定价心理策略对售价在5美元以下的商品运用时效果最佳。

日本零售商的定价与美国相类似，却又独具特点。据日本对电器类商品价格的调查，发现若以十位数为末位数定价时，取50、80和90者居多；而以百位数为末位数时，则以800、900为多数。调查结果认为，从心理学的角度来看，一般消费者对末位数为6、8、9的价格比较易于接受，日本消费者也喜欢"8"这个数字。

（2）习惯价格心理策略

一些产品的价格在某一定水平上维持一段时间后，往往消费者对此就逐渐形成了习惯，这种价格就称为习惯价格。采用习惯价格有两个方面的优点：一是给消费者以价格合理的感觉，易被大家接受，有利于稳定消费市场；二是由于价格相对固定，能给消费者留下价格稳定的印象。由于商品在长期流通中在消费者心目中形成了一种习惯价格，所以，营销者要尽量迎合消费者的这种习惯，没有特殊情况不要轻易调价，以免造成消费者的各种猜疑。

商品经营者为了促进营销活动，习惯定价较适合于购买频率较高的日用消费品，如日用轻工业品（包括肥皂、牙膏、洗衣粉、洗洁精等）、生活必需品（包括粮食、煤气、植物油、食盐等）。这些商品直接关系到千家万户的日常生活和切身利益，价格稍有变动，消费者就非常敏感，哪怕价格提高一点点都可能会引起消费者的反感甚至抵抗。例如，食盐卖一元钱一袋，消费者已经十分习惯，假如有一家商店非要卖到一元三角一袋，尽管顾客多花三角钱也穷不了多少，但是因为它偏离了人们的习惯价格而难以被消费者接受。因此，对这类商品调价应当十分谨慎。假如价格确实偏低，确有调整的必要，则应首先从改善经营管理入手，努力拓展市场，通过薄利多销弥补销售收益；同时，还要做好宣传解释工作，说明调价的原因，以求得消费者的理解。

（3）方便价格心理策略

方便价格策略也称为整数价格策略，一般适用于特别高价或者特别低价的商品。有些商品有意将零售价定成整数，以方便购销活动。在营销实践中，方便价格便于价款找零，而且便于消费者记忆，使商品很容易在消费者心里留下深刻的形象。当然，方便价格首先要保证商品的质量。例如，近年来出现了一些一元店、两元店、十元店，将上百种小商品统统定为同一种价格；还有的商家把一些小商品或散装商品包装成 1 元、2 元等一小袋，便于购买或　次性使用；再如乘公交车无论远近票价均定为 1 元，这样可以做到无人售票，便于乘客自行投币。方便定价策略不仅在销售时能减少许多找零钱的麻烦，而且会给购买者造成商品价格便宜、合算的感觉，利于促进购买。对于某些款式新颖、风格独特、价格较高的新产品也常采取整数定价，如电冰箱、轿车、房子等定为整数价，目的是赋予产品以高贵的形象，从而提高此类商品的地位，满足那些追求高贵需要的顾客，使其产生"一分价钱一分货"的感觉，从而有利于销售。刺激购买欲望。

资料 6

统一定价，方便购买

20 世纪初，日本人盛行穿布袜子，石桥便专门生产经销布袜子。当时由于大小、布料和颜色的不同，袜子的品种多达 100 多种，价格也是一式一价，买卖很不方便。有一次，石桥乘电车时，发现无论远近，车费一律都是 0.05 日元。由此他产生灵感，如果袜子都以同样的价格出售，必定能大开销路。然而，当他试行这种方法时，同行全都嘲笑他，认为如果价格一样，大家便会买大号袜子，小号的则会滞销，石桥必赔本无疑。但石桥胸有成竹，力排众议，仍然坚持统一定价。由于统一定价方便了买卖双方，深受顾客欢迎，石桥布袜子的销量也达到了空前的数额。

（4）折扣与折让价格心理策略

这是商品销售者在一定条件下，用低于原定价格一定比例的优惠价格或者承担一部分本应由购物者负担的费用，如运输费、安装费、易损件的配件费或使用过程中的部分运行费用等来争取消费者的一种定价策略。为了增加销售，有些商品就采取这种折价和让价的方法给消费者以某些优惠，以赢得更多的购买者。其心理功能是迎合消费者追求"实惠"，抓住"机会"或似乎占了某些便宜的心理，利用优惠价格来刺激和鼓励消费者大量购买和重复购买。折扣价格心理策略在实际运用中通常分为：批量折扣价格策略（多买价格优惠）、季节折扣价格策略（如购买过季服装价格优惠）、现金折扣价格策略（如房地产经销商对一次性交齐房款者价格优惠）、附加赠品策略（如买衬衣赠领带、买手机赠话费、买电磁炉赠炒锅等）和新产品的推广折扣价格策略。折让价格策略在实际运用中，通常分为：安装调试费折让（如购买太阳能热水器免费安装调试等）、装卸运输费折让、定期维修费折让、保险费折让和以旧换新等。

资料 7

以旧换新策略

"以旧换新"是近几年不少商家经常使用的促销手段：旧高压锅换新高压锅、旧煤气灶换新煤气灶、旧洗衣机换新洗衣机、旧冰箱换新冰箱、旧手机换新手机、旧自行车换新自行车等。某居民小区的张先生家里有一辆旧自行车在走廊里放了好几年了，早就想当废铁卖掉。今年儿子上初中，张先生想给儿子买一辆新自行车。一个星期日，正巧来了一位卖自行车的商家在小区摆摊，根据不同车型标价480元、580元和680元不等，同时还拉出了"旧自行车换新自行车"的条幅，并表明：每辆旧自行车合价100元。摆出的自行车正好有儿子喜欢的车型，还可以顺便把旧自行车处理掉，还能少花100元，如果旧自行车当废铁过秤卖，最多也只能卖20元左右，想来想去觉得以旧换新挺合适，于是，张先生就决定买辆新的。

资料 8

价格折让，销量大增

大型原创皇家歌舞《印象承德·帝苑梦华》以承德和民族特色文化为主题，艺术化地展示了康乾盛世时期在这片土地上的各民族兄弟团结友好、万众归心、八方来朝的生活场景！最初《帝苑梦华》演出门票的零售票价定为299元，在尚未形成口碑效应的前提下，上座率一直不高。面对如此现状，市场部果断调整营销策略，制定出一整套新的售票奖励和年卡优惠政策，分别推出了年终奖、季度奖、月奖、连续出票奖和单次带团人数最多奖等一系列奖励和让利优惠政策，促使导游踊跃申办年卡购票，此举有效带动了票务的整体销售工作，剧院上座率迅速攀升。

（5）声望（威望）定价心理策略

这是营销者利用自己长期精心经营与良好的服务在消费者心目中树立的声望，以及培育起来的名牌效应，通过制定较高的商品价格，来迎合消费者追求高档、追逐荣耀、崇尚名牌名店的虚荣心理而采用的一种定价策略。对具有上述购物心理的消费者，商品虽然价高，但其销量却有增无减。在购买这类商品时，消费者虽然多付了钱，但会因为所购商品的品牌和价位高，在心理上感到自己的地位和声望也随之提高，从而得到了心理上的满足。特别值得注意的是，这种定价心理策略只适用于著名企业和名牌商品（如名牌服装、名牌手表、名牌汽车等），若滥用到一般商店或一般商品上，会引起消费者的反感，给商品销售造成不可挽回的损失。

资 料 9

高质与高价

微软公司的 Windows 98（中文版）进入中国市场时，一开始就定价1998元人民币，便是一种典型的声望定价。另外，用于正式场合的西装、礼服、领带等商品，且服务对象为企业总裁、著名律师、外交官等职业的消费者，则都应该采用声望定价，否则，这些消费者就不会去购买。

金利来领带，一上市就以优质、高价定位，对有质量问题的金利来领带绝不上市销售，更不会降价处理。他们给消费者这样的信息，即金利来领带绝不会有质量问题，低价销售的金利来绝非真正的金利来产品，从而极好地维护了金利来的形象和地位。

德国的奔驰轿车，售价二十万马克；瑞士莱克司手表，价格为五位数；巴黎里约时装中心的服装，一般售价两千法郎；我国的一些国产精品也多采用这种定价方式。当然，采用这种定价法必须慎重，一般商店、一般商品若滥用此法，弄不好便会失去市场。

（6）分档定价心理策略

这种策略（也称分级定价策略）是把某一类商品的不同品牌、不同规格、不同型号、不同花色品种划分成若干个档次，对不同档次的商品分别制定不同的价格，给消费者不同档次的感觉，以满足不同社会地位和不同经济水平消费者的消费心理与消费习惯。例如，腰带有几元一条的，也有几十元的，还有几百元甚至几千元的，看价格就能明显分出腰带的档次，便于消费者选购。实际运用时，要注意各种商品的标价不要过于接近，以防止消费者分不清商品档次而产生疑问，影响购买。

（7）比较定价心理策略

这种策略就是把同一类可比商品标出不同的价格摆在一起销售，让顾客通过价格的比较能明显感觉出哪种商品价格便宜，哪种商品价格较贵，从而刺激消费者从中选中意的商品购买。

资 料 10

相同价格无人问 比较定价购者踊

美国有一家专门经营玩具的商店，有一次老板同时购进两种"小鹿"，造型相差无几，价钱也都是3元，可是摆在柜台上却很少有顾客问津。后来，该商店老板在标价上作了调整，把其中一种小鹿的标价从3元提高到5元，另一种小鹿的标价还是3元。两种"小鹿"放在一个柜台里，结果标价 3 元的"小鹿"很快被抢购一空。该商店老板事后透露：这个结果是早已料及的。对商品进行比较，是顾客的普遍心理。既然"小鹿"的质量相差无几，而价格相差这么多，当然人们都愿意买便宜的那种了。在没有改变价格以前，两种"小鹿"都卖不出去，有意提高了其中一种的标价，便形成强烈的价格对比，引起了顾客的注意，从而刺激了顾客的购买心理，收到了奇妙的销售效果。

三、商品调价的心理策略

在市场经济条件下，价格的调整与变动是商品销售过程中经常发生的事情。商品的价格受多种因素的影响，既有工商企业本身的原因，又要受市场供求状况、商品本身成本变动、市场货币价值、货币流通量变动，以及通货膨胀和国际市场价格波动的影响，因此调价的原因是非常复杂的。企业在商品经营时，既要遵循商品的价格学基本原理，又必须保持和增加本企业的市场份额，获取一定的盈利，还得使消费者对所调的价格能够接受，又不能违反国家的价格政策。商品的调价既要尽量反映商品价值量的变化，还必须考虑消费者对商品调价的心理要求，科学、巧妙地运用商品调价的心理策略。

1. 商品降价的心理策略

工商企业在组织商品销售的过程中，由于外部或内部的原因会经常采取降价策略。商品降价有被动降价和主动降价之分，如商品供过于求、强有力的竞争者出现、商品过季造成积压、库存商品的保管养护不当等，都会迫使企业的商品不得不降价出售，这些都属于被动降价；有时企业为了招徕顾客以达到扩大销售的目的，在周末、节假日、展销会期间实行特价（实际就是降价）策略；也有的老板专门给售货员一定幅度的售价权力，在与客户谈判时见机行事而决定售价，这种做法是主动的降价行为。企业采取商品降价措施时，一定要选好时机，运用合适的降价策略，注意消费者的心理反应。

（1）降价的幅度一定要适宜

在商品促销的过程中，若降价幅度过小，不能引起消费者的注意和兴趣，则起不到应有的效果；若降价幅度过大，会引起消费者对商品质量的怀疑，也同样达不到原来的目的。实践经验证明，当商品价格降低 10%～30% 时，消费者会感到商品货真价实，不会冒太大的购买风险。如果降价幅度超过 50%，消费者则会对商品的使用价值、商品品质、安全卫生等方面产生疑虑，丧失购买信心。此外，要避免由于对商品价格降低幅度把握不准，造成频繁多次降价，使消费者产生不信任的心理效应。

资料 11

价格水分太大吓跑顾客

在一次家具展销会上，各式新潮家具鳞次栉比，但顾客却寥寥无几。一位顾客带了2000元钱，想买一套浅色组合柜，他转了几圈后一套设计典雅的浅驼色双门组合柜吸引了他的目光，仔细一看，标价2380元。心想："或许讲讲价，2000元能买下来。"这位顾客刚要开口，一位年轻的女售货员走过来小声说："您要打算买，价格好商量。""这价格有点贵，最低多少钱能卖？""咱们也甭兜圈子，1580元您搬走。"这位顾客一听就犹豫了，这价格水分也太大了，他敲敲这儿，摸摸那儿，心里总是拿不准。这时，旁边又有一位卖主凑过来，硬把这位顾客拉到一套家具旁，很诚恳地对他说："您看，这套不比那套差，标价1980元，您要诚心要，1380元拿去！"

这到底是怎么回事？顾客心里更没有底了，赶紧离开这"是非之地"。

（资料改编自：吴爱明，樊建廷. 1990. 商业公共关系案例. 天津：天津科技翻译出版社）

（2）要准确地选择降价时机

商品降价要选择好时机，这样会大大刺激消费者的购买欲望；如果时机选得不合适，即便是商品降了价，对顾客也没有吸引力。因此，对准备降价的商品时机的选择非常关键，如对那些流行商品，当旺季一过就应该马上降价；对季节性商品，应该施行过季降价策略（如入秋时卖凉鞋、开春季节卖羽绒服等常采用适时降价策略）。应当注意的是，无论采取哪种降价策略都要努力做好宣传解释工作，尽量让消费者了解降价的真正原因，努力消除他们对降价的疑虑，这样才能使降价策略行之有效。

2. 商品提价的心理策略

商品提价是一种正常现象，但涨价对广大消费者的经济利益总是不利的，因为多付了钱意味着减少了顾客的经济收入或者降低了购买力，所以，消费者在心理上自然会产生不愉快的反应。然而，在现实生活中，企业迫于多种原因不得不提高商品的售价。但无论何种原因造成商品提价，商家都必须注意消费者的心理承受能力，认真分析和预测提价后消费者可能引起的心理反应，并采取相应的提价心理策略。

第一，对因商品成本增加而造成的商品提价，商家要尽量控制提价幅度，同时努力改善经营管理，减少各种不必要的费用开支，努力做到让利于民。

第二，如因商品紧缺，供不应求而造成的提价，商家要在遵守国家价格政策的前提下，从维护消费者利益的角度出发，积极挖掘商品货源，努力减轻消费者负担，尽量把提价幅度降到消费者心理承受的范围以内。切忌借商品供求紧张之机，大幅度提价，引起消费者的抱怨，以致失掉众多客户。

第三，属于国家政策需要而提价，经销者一定要多做宣传解释工作，努力消除消费者的不满情绪；同时积极组织好替代商品的货源和经营，更好地满足消费者的需要。

第四，对因进货渠道、进货环节提高成本的原因而造成的商品提价，企业要给消费者说明原因，并做到热情周到地服务，以取得广大消费者的信任和谅解。

第五，如果纯属于企业为获利而提高售价，应该特别慎重。若是在经过市场调研后作出的决定，也要搞好销售服务，努力改善营销环境，增加服务项目，不要损害了企业的声誉，另外，提价幅度要适当，要让消费者切实感到买该企业的商品，虽然贵些，但心情舒畅，钱花得值。

总而言之，商品提价事关重大，既关系到消费者的利益，也关系到工商企业的声誉，稍有不慎，就可能伤害消费者心理，给企业带来无法挽回的损失。所以，商品提价一定要充分考虑消费者的心理，严格掌握提价的幅度。以上各种价格策略的运用都要以研究消费者的心理为基础，由于消费者的心理是不断变化的，不同的消费者也具有不同的消费心理，有时还会因时、因地、因环境而有所差异，所以，为了使营销取得成功，必须视具体情况而区别运用各种价格心理策略，切不可盲目照搬。

小　结

通过本章的学习，应了解商品价格几个方面的心理功能，熟悉消费者的价格心理特征及价格变动引起消费者的心理行为反应，从而能够帮助学生掌握商品定价与调价的心理策略，以便在商品营销过程中为经营者制定和调整商品价格提供必要的理论依据。

实 训 练 习

将实训的学生分成 3～5 人一组，每组指定一名组长，并由组长带队分别深入到当地的商店或超市，利用一天（或半天）的时间去仔细观察某一类商品的标价、销售过程和实际售价，比如一组观察服装类，二组观察家电类，三组观察手机类，四组观察食品类……各组都要做好详细记录（不便于笔记的可采取心理记忆法），回校后进行整理分析，并回答下列问题：

1. 所观察的商品定价采用的是哪种心理策略？
2. 商品实际售出价与标价有多大差距（绝对值和相对值）？
3. 标有"特价"（即优惠价）的商品降价幅度是多少，其实际销量与未标"特价"的商品有多大区别？
4. 结合商品的市场价格，应用价格理论撰写一篇 600～1000 字的小论文。

复习思考题

1. 什么是商品价格？
2. 商品价格有哪些心理功能？
3. 消费者的价格心理主要有哪些特征？
4. 商品有哪些定价方法？各如何计算？
5. 简述消费者对价格调整的心理及行为反应。
6. 价格调整的心理策略及技巧有哪些？
7. 商品销售过程中的定价心理策略有哪些？
8. 商品调价在心理策略上应注意哪些问题？

第七章 广告心理

☞ | **本章导读**

　　广告作为一种经济行为，它研究的是如何通过广告来促销产品，实现产品商品化的目的。要打动消费者，激发他们的购买动机，广告必须讲究艺术，掌握消费者的心理特点，把握他们的心理变化规律，采用各种心理战术引起消费者的关注。广告必须根据消费者的心理需求进行策划，从而打动消费者的心，促使消费者的消费观念有所改变，对商品有所向往，最后达到其发生购买行为之目的。本章讲解广告的心理功能，如何运用报纸与杂志等广告，应采取哪些心理策略，如何进行广告的情感诉求和理性诉求，研究广告心理效果的测定方法。

☞ | **关键词**

心理功能（psychological function）

广告媒体（advertisement media）

广告定位心理（advertising psychology localization）

理性诉求（rational appeals）

广告心理效果（advertising mental effects）

开篇案例

脑白金广告可复制吗？

　　脑白金广告刚问世就"得罪"了广告界，引来了无数叫骂，但就在如海潮般的讽刺中，脑白金产品大卖特卖。史玉柱说："我们每年都蝉联十差广告之首，十差广告排名第一的是'脑白金'，黄金搭档问世后排名第二的是'黄金搭档'，但是你注意十佳广告是一年一换茬，十差广告是年年都不换。"对于脑白金的广告，尤其是电视广告，没有人不觉得厌烦。但是你逃不掉，除非你远离电视。而且不管你怎么逃，脑白金广告的声音、画面、词语等还是牢牢地铭刻在你的心中，即无论如何，消费者还是记住了脑白金，而这些，正是传播者所要追求的效果。

按照"常规"，脑白金也许早该退出人们的视野了。因为在保健品市场，用"前赴后继，尸横遍野"来形容各类产品之间的竞争应该是最恰当不过了。可是，已经十多岁的脑白金非但没死，反而还活得挺不错。脑白金自 1998 年在江阴上市，每年都保持了 10 个亿以上的销售额。2006 年的数据则达到历史最高，接近 15 个亿；2010 的销售额仍保持在 10 亿以上。当中国的保健品行业在短命怪圈里挣扎的时候，脑白金却创造了这样的奇迹。"我明知大家都很厌烦脑白金广告，但仍将维持广告轰炸。"上海健特生物科技公司营销总监刘雄说，广告使人们对脑白金的印象不好，但可以肯定的是，对脑白金的印象是深刻的。

脑白金广告虽庸俗，却直入人心。对消费者而言，自己用的产品一般注重功能和物美价廉，但对于送给他人的礼品却最关注知名度，因此，脑白金靠广告打江山的策略非常成功。

礼品市场，这是一个让太多人眼红的市场，庸俗无比的广告帮助脑白金取得接连不断的成功，其秘诀在于广告词抓住了核心诉求。英国政治家丘吉尔曾言：说得越多，领悟得越少。少说些、锁定焦点，才能带来较高的广告效果。脑白金广告词虽简单，却谨守这一金科玉律。由此，众多保健品企业在羡慕脑白金的同时，也在思索：在脑白金创造行业奇迹之前，礼品绝不是脑白金的独家发明，那么，在脑白金实现奇迹之后，脑白金广告可复制吗？脑白金广告词可复制吗？脑白金的卡通创意可跟随吗？

（资料来源：金丛林. 全球品牌网）

第一节 广告的心理功能与心理策略

简单地说，广告就是广而告之，是信息传播的一种方式。广告既是一门科学，又是一门艺术，同时又是一种文化。广告宣传的根本目的，在于向消费者传递商品或品牌信息，以使消费者在了解商品或品牌的基础上，形成积极的品牌态度，进而产生购买行为。广告要想取得预期的效果，必须了解消费者的心理特点及规律，采取准确的广告诉求内容和恰当的广告诉求形式，从不同角度影响消费心理。

一、广告的心理功能

国际商界有这样一句名言："推销商品而不做广告，犹如在黑暗中送秋波。"这体现广告在促销组合中的重要作用。广告的心理功能是指借助信息的传递来产生影响以引起消费者的注意，在激发消费欲求的过程中对消费者的心理活动产生的整体心理效应。广告的心理功能的发挥是广告宣传获得成功的标志之一。优秀的广告都或多或少地运用了广告的心理功能，都对消费者的心理产生了一定的影响，给消费者留下了良好而深刻的印象。

1. 认知传递功能

认知功能是指广告向消费者公开传递有关商品的商标、品牌、性能、质量、用途、使用和维护方法、价格、购买时间、地点以及服务内容等信息，使消费者对其有所认识，并在头脑中形成记忆，留下印象。

由于广告媒体采用了多种传播渠道和传播形式，能够打破时间空间的局限，及时、准确地将商品及服务的信息传输给不同地区和不同层次的消费者，广泛影响广大消费群体，增强他们对商品、服务的认知。

广告发挥作用的机制和过程是这样的：它通过图形、色彩、实体形象、声音、文字和数字等来刺激消费者的各种感觉器官，以期引起消费者的注意与兴趣，让消费者产生联想，接受并记住广告中的信息，促使消费者产生购买行为。广告发生作用的这一机制和过程完全是心理性的，它是广告宣传通过对消费者的感觉和知觉刺激去激发消费者的认知过程的结果。广告的作用机制与消费者的认知过程有着高度的契合，心理学的法则渗透于广告传播与消费者认知过程中的每一个环节。

据统计，每个美国人每天平均受到 1500 条广告的刺激，这些刺激在人脑中留下很多痕迹，形成记忆表象，那些引起人们注意和兴趣的广告，就可能被较好地编码、加工、储存，并被记住。无论如何，消费者会在这些广告信息的"轰炸"之下，有意或无意地对广告中的商品有或多或少的认识。

2. 诱发需要功能

消费者对于自己到底需要什么是否总是非常清楚？答案是否定的。我们知道，消费者大量的需要以"潜意识"的方式存在于人们的心灵深处，人们平时根本无法意识到，它们只是偶尔以"潜意识"的形式折射出来。因此，人们其实很少知道自己真正的需要，即使说出来了也未必是心里所想的。一般人在接受调查时所说的话，往往和实际的购买行动相差很远。广告通过精彩的画面，将那些见所未见、闻所未闻，而且人们连想都没想过的无数新产品，呈现在消费者面前，并通过不断强调这些新产品对消费者的重要性来诱发消费需求，激起购买欲望。通过对消费者购买动机的分析，在表达消费者的真正需要或深层次需要方面，一些好的广告往往能一语破的。例如，20 世纪 80 年代"劳斯莱斯"在广告中强调"买辆劳斯莱斯犒赏自己多年来的辛勤工作"，这对于那些事业有成，家庭和睦，辛苦了半辈子以后欲享受生活、显示身份地位的成功者来说，简直是正中下怀。"现代"汽车广告语"驾驭现代，成就未来"正好符合现代人对生活的追求。

广告唤起消费者美好的联想，给消费者以某种美的享受，从而改变其对商品的原有偏见或消极态度，激发其购买欲望和动机；广告迅速有效地吸引消费者的注意力，进而激发其对新产品的兴趣和向往，形成新的消费需要，促进购买实现。

3. 促进购买功能

在市场营销中，广告作为促销组合中一个重要、不可或缺的因素而存在。广告通过对商品或服务的宣传，把有关信息传递给目标市场的消费公众，达到诱导消费者注意和生产购买动机的目的，从而导致购买行为的实现，进而实现促销目标。我们知道，即使消费者已对商品建立起信念，并已形成了品牌，也不一定立刻产生购买行为。这是因为购买行为的发生还需要经过消费者的意志努力，需要克服各类困难。广告是否有促进购买行为的功能？答案是肯定的。研究人员在对美国一家商场进行实地调查后发现，72%的购买行为是在消费者只有朦胧欲望的情况下实现的，这就是说，真正有明确购买计划的购买者才占 28%。这说明，广告如果能在消费者购物的特定环境中出现，就能使消费者克服各种购买障碍与不便，促使消费者下决心购买。

4. 文化教育功能

广告能改变消费者对产品的看法，甚至能改变其消费观念，因而具有一种消费观念的灌输教育功能。在前面，我们说明了在现代消费社会，营销者是如何通过传播现代消费文化来改变人们的消费观念的。现代广告通过"镜像"进行观念的传播、情绪的传播和行为的传播，以一种无形的力量使受众对广告传播者的观点、意见趋于认同，并使其观念发生改变和发生购买行为。应当注意的是，广告"镜像"传达的消费观念、价值观念和生活方式，往往体现的是一种西方消费主义文化。

广告的教育功能包括两方面的内容。第一，增加消费者的产品知识。质量上乘的广告以其科学、文明、健康、真实的内容与表现形式，可使消费者增加相关商品知识、开阔视野，掌握正确的选购和使用方法，引导消费者树立合理的消费观念。第二，给消费者以美的教育。设计巧妙、制作精良的广告通过各种各样的艺术表现形式，使消费者在获得信息的同时丰富精神文化生活，得到美的享受。在现代生活中，广告已经成了人们经济文化生活的一部分，可以说是一种雅俗共赏、一举多得的美育方式。

二、广告的心理策略

随着科学技术的进步，广告媒体也越来越丰富。如今，广告媒体有数百种之多，其中最具影响力的是报纸、杂志、广播、电视和新兴的网络。此外，邮寄广告、POP 广告、户外广告和交通广告也是企业广为采用的广告形式。不同的广告媒体具有不同的心理功能，要使广告媒体充分发挥作用，必须根据广告的特点和目标消费者的需求心理来选择合适的媒体。

（一）报纸广告

1. 报纸广告的心理优势分析

报纸是进行广告宣传的最早的大众传播媒介，而且至今仍是使用最普遍的广告媒体，它几乎适用于所有的商品广告或服务性广告。报纸广告具有以下心理优势。

（1）广泛性

报纸的发行量大，传播面广，渗透力强，在世界各国，凡是能看书识字的人，总会把报纸当作获得信息、知识，了解国内外大事、市场情形最有效的渠道。

（2）信赖性

读者对报纸通常有信赖感，尤其是一些党和政府主办的享有较高声誉的报纸，在人们心中有很高的威望，在这些报纸上刊登广告极具权威性。

（3）教育性

报纸信息具有较强的教育性，从"社论"、"短评"到"科技小知识"，报纸所含有的丰富知识已经成为人们不可或缺的"精神食粮"。

（4）方便性

报纸不仅价格低廉，而且购买、携带、阅读方便，不受时间、空间的约束。

2. 报纸广告的心理策略

通常，报纸广告应采取以下心理策略。

（1）明确广告对象

人们的爱好和兴趣往往与年龄、性别、身份和所处的社会环境有关。创作报纸广告时，必须明确广告对象的基本情况，有意识地使广告内容具有倾向性。

（2）增强广告设计魅力

在报纸广告的设计上引用具有突破性的创意是很重要的。在广告内容方面，可以通过增强广告设计魅力来提高读者对广告的阅读率。

（3）使用突出而醒目的标题

报纸广告创作应使用突出而醒目的标题，并将所宣传的商品特点嵌入标题中，以便读者看到广告标题后能联系自己关心的问题，饶有兴致地继续阅读广告全文。这里，要求广告标题应能激起人们的某些心理欲求，如安全、好玩、省时、时尚、流行、知识性强和有利健康等。

（4）连续刊登

从消费者心理角度来看，报纸广告讲究频率，连续刊登的宣传效果较为明显。报纸有新闻性和时效性的特点，连续刊登广告可以给已接触广告的人加深印象的机会，同时又给未留意广告的人以更多的接触机会。但广告内容要有计划的变动，可以运用均衡发布策略、集中发布策略来增加读者的新鲜感，也可运用标题、图案、色彩、形式、内容的系列设计策略，使静态广告具有动态的连续性。

（5）科学安排广告版面

广告版面越大，注意率越高，效果自然越好，当然广告费用也相应越高，因此，报纸广告要根据财务支持力度和实际需要安排版面。一般来说，初次刊登广告版面大一点，后续广告版面可逐渐缩小。换句话说，告知性、节日性广告要用大版面；提醒性、日常性广告则可使用小版面。广告刊登位置很有讲究，不同的位置费用不同，效果也不同。通常，第一版比较引人注目，效果最佳，其他各版、插页、夹缝，效果递减。广告刊登位置应符合读者目光垂落位置和视线流动规律。读者视线流动规律体现在注意力的大小上通常是：左比右大，上比下大，中间比上、下、左、右都大。

（二）杂志广告

杂志与报纸同属印刷型媒体。杂志可以按其内容分为综合性杂志、专业性杂志和生活类杂志等；按其出版周期分为周刊、半月刊、月刊、双月刊和季刊等；按其发行范围分为国际性杂志、全国性杂志和地区性杂志等。

1. 杂志广告的心理优势分析

杂志广告一般具有以下心理优势。

（1）读者集中、针对性强

无论是专业性杂志还是消遣性杂志，都拥有较集中的读者群，如音乐杂志的读者多为音乐爱好者或从事音乐工作的人，服装杂志吸引对时装感兴趣的读者。杂志广告应对特定的读者群有针对性地宣传产品。例如，在音乐杂志上刊登音响、唱片等商品的广告；在女性杂志上刊登家庭用品、服装和化妆品广告等。

（2）吸引力强，宣传效果好

杂志广告印刷精美、色彩鲜艳、制作讲究，多采用彩色摄影技术，能够使商品的外在形象生动、逼真地表现出来，颇具吸引力。杂志广告一般有固定集中的位置，如封面、封底等，并且大多数独占一页，不夹杂其他内容，故能产生清晰整洁、引人注目的广告效果。这些都使杂志广告有较好的宣传效果。

（3）阅读从容，保存期长

杂志多为半月刊、月刊、双月刊或季刊，阅读周期长，读者可用充裕的时间详尽阅读，也可分为多次阅读，还可互相传阅，从而起到累积附加的宣传效果。

2. 杂志广告的心理策略

运用一定的心理策略和技巧，可以充分体现杂志广告的心理优势。

（1）科学利用版面版位

杂志最引人注目的地方首先是封面、封底，其次是封二、封三，再次是中心插页。其他页的引人注目程度为：页码越靠近中间越低。但若在中心插页做跨页广告，则是相当醒目的。因此，杂志广告设计要科学利用版面版位，设计形式要多样化，尽量制作整版广告，必要时不妨制作跨页广告。

（2）实施精细化的广告设计

杂志广告必须切实注意广告构图，设计要精细。广告采用的图片应给人质感细腻的感觉，越是色彩鲜艳、形象逼真、图文并茂、画面刺激和语言生动的商品广告，越容易激发消费者的兴趣和购买欲。

（3）使用突出而醒目的广告主题

从吸引读者注意力和加强读者印象的角度来说，突出而醒目的广告主题能使广告具有更好的宣传效果。

（4）应用艺术化的语言

杂志有充足的广告版面，还有易于保存、可重复阅读的特点，因此，应用艺术化的语言形象地宣传商品，对其作详细的利益点说明，不仅可以照顾到广告信息内容的完备性，同时还可以吸引现实的购买者和潜在的购买者。

（三）电视广告

电视集听觉形象和视觉形象于一身，融图像、声音、色彩、动作、文字等于一体，因此，电视广告可将信息做综合性、立体化的高效传播。迄今为止，电视广告是最能打动人心、又最能反映商品特色的大众传播媒体。

1. 电视广告的心理优势分析

从影响受众心理的角度分析，电视广告具有以下优势。

（1）传播面广，影响力大

电视的普及率很高，它通常为集体共享，能通过观众的相互影响，进一步扩大宣传范围和宣传效果。电视广告的覆盖率很高，是最大众化、最有影响力、最能赢得观众的广告形式。

（2）视听结合，诉求力强

电视具备同时播放影像、声音、色彩及文字的功能，因此，电视广告可以有情节、有故事，能够充分、真实且艺术性地反映商品的全貌，诉求力很强。

（3）表现手段、方式灵活多样

电视作为一种视听结合的媒体，可灵活运用多种艺术形式与表现手段，在内容上可多可少，在时间上可长可短，在创意上可采用故事型、证明型、生活型、联想型等多种构思，在形式上可采用摄影、诗歌、电影、舞蹈、音乐等多种表现形式。

2. 电视广告的心理策略

广告不仅要观众注意，而且还需要在他们的头脑中留下印记，产生记忆。联想、反复、记忆量等都是电视广告强化观众的记忆和对商品或服务加深印象的方法。

（1）联想

利用联想是电视广告促进观众的记忆的一种有效方法。联想是由一事物想到另一事物的心理过程，包括由当前事物想到其他事物，或是由想起的某一事物想到相关的其他事物。电视是一种声、像、色兼备，听、视、读并举的媒介，相比报纸、杂志而言，电视所展现的事物更加丰富多彩，更具有意境，因而更容易让观众产生联想。

资 料 1

舒肤佳广告巧用"联想"获成功

宝洁公司舒肤佳的一则电视广告：一个调皮可爱的小男孩玩耍之后，手上沾满了污渍，年轻的妈妈用别的香皂洗过之后都残留下不少细菌，但用舒肤佳的香皂洗过之后，白白嫩嫩的小手被洗得干干净净，而且广告中切合时机地打出广告语："爱心妈妈，呵护全家"。广告中的"小孩子玩耍"、"去除细菌"、"爱心妈妈"都是很好的联想点，这些"点"都容易让人联想到"舒肤佳"。再比如广东巨人公司曾经推出一则经典的广告：一排不同肤色的胖墩墩的孩子的背影；广告语是：我们需要补钙；一个满嘴沾满饭粒的孩子露出灿烂的微笑；广告语：还是吃饭香。通过这些可爱的画面，观众可以产生美好而丰富的联想，由画面上的孩子联想到自己的孩子，由自己孩子的现在联想到孩子的将来……这则广告因而被广大的父母接受，其商品销量大大增加。

（2）反复

反复是电视广告最常用的一种心理策略，也是加强观众记忆的最简单、最有效的一种方法。在广告宣传中有意识地采取反复的方法，反复刺激观众的视觉和听觉，以便强化有关信息在观众心目中的印象，延长信息的储存时间。因为人们在记忆过程中有一种普遍的现象即遗忘，观众从注意电视广告中有用的信息到购买行为的发生，中间必然会有或长或短的一段时间，因此，广告能否被观众记忆或是遗忘是相当关键的。心理学家艾宾浩斯关于"遗忘规律"的研究证明：遗忘的速度呈"先快后慢"的趋势，如果通过"反复"而不断地强化记忆，就会延缓遗忘或形成永久记忆。

资 料 2

"反复"策略是营销成功的关键

恒利集团在进行感冒药"康必得"的宣传时，没有局限于机械地重复刺激，而是适度重复并进行一定的变化，运用不同的表现方式逐步推出三则内容不同但是有密切联系的广告，最初是以明星方明的宣传打出"康必得，得必康"的牌子，然后又在夏季雨天、冬季的雪原上告诫人们"康必得，治感冒，常备很重要"，从而加深了观众对商品的记忆和印象。美的空调在每个电视广告中的片尾词都是"美的空调，原来生活可以更美的"，这样的重复不仅给观众留下了深刻印象，而且还使他们产生了美好的遐想。

（3）记忆量

联想和反复主要是电视广告从形式上给消费者的外部刺激，从内容上电视广告材料数量的选择也是不能忽视的。现代认知心理学把记忆系统看成是由感觉记忆、短时记忆和长时记忆所组成。电视广告提供给观众的便是短时记忆，在这样的传播系统中，人类的视觉和听觉系统所能经受的强度在很大程度上取决于大脑的接受和存储能力，在短暂的时间里，大脑能够接受的信息是有限的。米勒通过试验研究表明，短时记忆的容量大约为 $7+2$ 或 $7-2$。意思是在短暂呈现的条件下，大脑能接受的信息至少 5 个，至多 9 个，平均为 7 个。当大脑接受的刺激超过 7 个的情况下，短时所接受的量一般为 7 个。因此，成功电视广告的诉求点一般都比较单一、简单，容易记忆。

资料3

令人叹为观止的两则广告

电视广告"美的风扇——听音篇"中，一男子听音猜谜，轻而易举地听出了码表的滴答声，落沙的流淌声，甚至是落在盘中的一根针的声音，唯独无法辨出"只有风，没有声"的美的风扇。用特技夸张成的如扇大耳把美的风扇的最大卖点——静音，传达得淋漓尽致。香港百工电熨斗的电视广告也相当精简：画面中是一位女性的手在熨衣服，突然背景音响中出现了尖利的东西摔碎声和小孩子的哭泣声，熨衣服的手匆忙离开，这时电熨斗则跌落在地，在其与地毯接触的一刹那，电源自动切断，地毯特写——地毯安然无恙。整则广告极其简洁，但却把百工电熨斗的安全性能表达得很清晰。也正是这些小而单纯的诉求重点使观众在短时间内有效地接受了广告传达的信息，瞬时刺激了他们对产品性能的信赖，增强了他们对广告的记忆程度。

（四）网络广告

20 世纪末，随着互联网在全世界的飞速发展，网络广告异军突起，成为 21 世纪最有活力的新兴广告形式。

1. 网络广告的心理优势分析

相对于传统媒体，网络广告具有以下一些独特的优势。

1）交互性强。网络广告主要通过"Pull（拉）"方法吸引受众注意，受众可自由查询广告信息。

2）具有灵活性和快捷性。在互联网上打广告能按照需要及时变更广告内容。网络广告的信息反馈也非常快捷。

3）广告成本低。网络广告每 CPM（每条显示 1000 次）的费用是报纸广告的 1/5，是电视广告的 1/8。

4）传播范围广。网络广告的传播范围极其广泛，不受时间和空间的限制。

2. 网络广告的心理策略

为增强网络广告的效果，更好地顺应受众的心理，一般可采取以下宣传策略。

（1）增加广告条幅的吸引力

广告条幅的吸引力最为重要。广告条幅必须在几秒钟之内抓住访问者的目光，否则访问者很快就会进入其他的页面。在广告条幅设计中应注意以下几方面的问题。

1）主题。主题应别致、幽默，或者郑重承诺的内容。

2）文字。文字必须能够引起访问者的好奇和兴趣。例如，最值得使用的词是"免费"、"有奖"等词语，而且条幅还应加上"Click"或"请点击"等字样，否则访问者会将条幅当作装饰。

3）色彩。色彩搭配要有视觉冲击力，最好使用黄色、橙色、蓝色和绿色。

4）形式。动态的条幅比静态的条幅更有优势。有统计表明，动画的吸引力比静止的画面高三倍。但如果动画应用不当，则会产生相反的效果。

（2）提供访问者感兴趣的利益

访问者面对广告有两种选择：若点击，他可能获得有价值的东西；若不点击，他会失去获得某种特殊产品或服务的机会。因此，提供访问者感兴趣的利益是网络广告的价值所在。

（3）使广告靠近网站最主要的内容

通常，综合网站都有发布本站自编新闻的位置，这往往是一个网站中最吸引人的部位，因此，广告如果放在这一位置会吸引更多访问者的注意。

（4）经常更换广告图片

即使创意再好的图片，也要经常更换。研究表明，广告图片放置一段时间后，其点击率会逐步下降，但更换广告图片以后，点击率又会提高。所以，保持新鲜感是吸引访问者的一个好办法。据统计，一般应在两周左右更换一次广告图片。

三、广告创意中的心理策划

中国古代兵法中有攻心为上一说，广告好做而创意难得。难就难在攻心上。心理策划即针对消费者最为敏感的心理领域，挖掘和引发人情、人性因素，用适宜的广告形式和手段表现出来，达到宣传和促销产品的目的。

1. 人性化广告的特点

（1）变"商业化"为"人情味"

传统的广告是"在商言商"，所以给人以"王婆卖瓜"的感觉，容易引起消费者本能的反感心理。人性化广告将商业目的诉诸人的情感，体现人性和人情，往往会唤起人们内心的记忆和想象，从而引发情感的波动。

（2）变"推销式"为"服务式"

强力推销所带来的负面影响是粗俗、浅薄、令人生厌，而运用人性化的广告方式，有助于改变消费者对产品的感觉，由被动接受推销为主动寻求服务，消费者心理需要的满足，导致了整个营销模式的改变。

（3）变"灌输式"为"诱导式"

不厌其烦地宣传产品和企业如同一种居高临下的说教，它常常无视消费者的心理感受，是广告效果大打折扣的一个重要原因。而人性化的广告，则是从人的内在需要、欲望和想象出发，不仅出售产品，更主要的是满足消费者的心理体验，正如美国一位广告学家说，要想卖牛排，先卖吱吱声。

2. 广告创意的心理原则

一则广告的创作和一段文案的撰写，从创意筛选到遣词造句都会涉及营销心理学的问题。创意不仅是新、奇、特，而文稿也不单纯是美和雅，更重要的是能否抓住消费者的心。一个好的广告制作是应用心理学的原则而产生的创意精华，它必须能使潜在顾客对广告内容产生良好的反应，激起意识的迸发和流动，才能达到产品广告的目的。广告创意中常用的心理原则有以下几种。

（1）同情心理

同情心是人类普遍共有的一种心理。广告中适当运用同情心会取得很好的效果。例如，"第一次不来是你的错，第二次不来是我的错"；"如果你不进来吃，我们俩都要挨饿"。

（2）逆反心理

在广告泛滥、无孔不入的情况下，消费者的感觉渐趋麻木。采取与众不同的表现手法，欲迎还拒、正话反说就是为了迎合这种逆反心理。

（3）求美心理

爱美之心人皆有之。广告不仅是技巧，更是一门艺术，所以一则成功的广告，所有要素都要能激发人们的美感，创造优美的意境，使受众感觉身心愉悦。

（4）好奇心理

人人都有好奇心，利用消费者好奇、猎奇的心理来进行广告创作，就要别出心裁、另辟蹊径，而不能拾人牙慧，落入窠臼。

（5）名人心理

利用消费者对社会名人的崇拜和对名人生活方式的向往，进行产品的宣传。名人广告是一种屡试不爽、常用常新的手段。

广告创作是一门综合性的艺术，这些原则的运用需要有扎实的文学功底和艺术创作技巧，而且还需要我们不断地在实践中得到锻炼和提高。

第二节　广告设计的心理策略

一、广告定位心理

1. 广告定位的心理要求

广告定位是销售环节中使顾客认定这一商品与众多商品不同，使商品对目标顾客形成吸引力。广告定位的心理要求包括以下几个方面。

（1）满足顾客的需要

广告定位首先要考虑顾客的需要是什么，怎样通过商品广告加以满足。

资料4

产品功能决定广告定位

电子词典与函数型计算机同样都是以学生为主要销售对象，但在功能上有明显的不同。前者主要用于英语学习，后者主要用于代数、三角函数等数学运算。广告定位要充分展现它能满足学生英语学习或数学运算的特殊要求，使他们一目了然。

（2）面向特定的人群

广告定位的基础是市场细分，它把目标市场按一定要素分成若干个总体需求不同、购买习惯与行为有异的组成部分，有针对性地构思，向特定的人群推介适合他们的产品，以占有这部分市场为最终目的。广告定位不仅要把商品本身蕴含着的市场定位的思想加以展露，而且要把特定人群的特定愿望加以融合，才有可能实现既定目标。

（3）强化在顾客心目中的相对优势

在浩如烟海的商品市场中，占有绝对优势的商品毕竟只是少数，广告定位要着眼于相对竞争者的优势。

中国移动的广告定位

2002 年中国移动在遭受中国联通 CDMA 的进攻时，召开 24 小时会议讨论怎样应对联通的低价策略，但是没有找到一个更高明的办法。直到中国移动把它的聚焦点从联通身上移到顾客身上，去发现公司是否能比联通提供更高的消费者价值时，才找到更好的策略。中国移动用写真的手法做广告，说一条海船出事了，幸好有一个乘客带着全球通，使全船的人得救了。"打通一个电话，能够提供的最高价值是生命"，"关键时刻，信赖全球通"，"网络好其实很重要"，成为电信行业做得最好的广告之一。

广告定位并没有改变产品，只是要改变产品在顾客心目中的形象。广告定位将商品的复杂特征化为简单的符号，定位在顾客的心中，印入顾客的脑海里，以期当购买欲望产生时，迅速发生反射作用。

2. 广告定位的心理策略

不同厂商根据自己的不同市场地位，可采取不同的广告定位心理策略。

（1）卓越超群，舍我其谁

这种方法常为市场领先者所采用。这类厂商原有商品已在市场上占有难以动摇的地位，在顾客心目中留有无可挑剔的美好印象。通过广告要在顾客心目中加深这种印象，保持领先地位；同时要利用在人们心中已经拥有的地位，以新的产品来取胜，或以更广的产品范围来保持自己的地位。

"舍我其谁"——大气磅礴的广告定位

美国可口可乐公司以"只有可口可乐，才是真正的可乐"来暗示顾客，可口可乐是衡量其他可乐的标准，使它在顾客心目中占据了"真正的可乐"这样一个独特的心理位置。上海大众公司在桑塔纳取得成功不久，研制推出桑塔纳 2000 型，随后又推出了帕萨特新型轿车，在不同档次轿车市场上占据了稳固的地位。

（2）攀龙附凤，增强号召力

这种方法常为市场追随者采用。在尚不为人熟悉或未引起人们足够重视寻找市场的时候，一般采用类比的手法，以已在人们心目中有不可动摇地位的商品或品牌为参照，努力强调诉求商品的重要性。

资 料 7

商务通，才是真的不能少

20世纪90年代，北京恒基伟业的商务通全中文掌上手写电脑寻求其在信息产品领域中的地位和市场，曾以"呼机、手机、商务通，一个都不能少"为标题，提出"跑生意，呼机不能少，因为呼机可以让别人找到你；谈业务，手机不能少，因为手机可以让你找到别人；干事业，商务通不能少，因为商务通可以把你的工作安排得井井有条，无论是出差旅行还是开会谈判，随时随地把握全局"的口号。

（3）寻找空隙，突出包围圈

这种方法旨在寻找人们心目中（而不是厂商）的空隙然后加以填补。比如人为地对同类商品进行分类，以在激烈的市场竞争领域转移人们以往对其他商品的注视，转而关心广告所宣传的商品。

资 料 8

七喜成功突围

在20世纪60年代美国竞争异常激烈的可乐市场上，可口可乐、百事可乐和荣冠可乐分割了绝大部分市场份额，七喜汽水公司（Seven up）的处境十分尴尬。1968年七喜汽水运用广告定位的心理方法，把自己生产的柠檬和柠檬果饮料定为非可乐饮料，并不断强调，可口可乐是可乐型代表，七喜汽水是非可乐型代表，以此方法把自己的产品塑造成为与强大竞争对手相并列的另一种类型，巧妙而有力地使自己从硝烟弥漫的可乐战场中摆脱了出来，成为非可乐型饮料中首屈一指的品牌。

（4）区别对象，找准切入点

这种方法适用于首次进入人们心目中空白领域的情况。厂商对商品主张的内涵可以是多方面的，但对于受众来说，在他们心中第一次感知的信息会留下最深的印象。广告定位要区别自己产品的特定对象，以最为他们所关心的、所注重的内容作为切入点。

资 料 9

宝洁成功的本土化广告定位

美国宝洁公司在进入中国内地市场时，从内地受众尚未接触到的一些概念出发，对原有产品进行本土化改良。例如，根据中国的水质和顾客发质的不同，将产品的成分作了调整，设计出符合受众心理需求的新概念：海飞丝洗发精——去头屑；飘柔洗发液——洗发、护发二合一，令头发飘逸柔顺；潘婷洗发液——含有维他命原 B_5，兼含护发素，令头发健康、加倍亮泽。这些手法征服了受众的心。宝洁公司于 2004 年、2005 年连续两年在央视黄金段位广告招标中竞标夺魁，以其强劲的势头来巩固和发展其在中国日用消费品市场的强势地位。据权威机构公布的相关数据：2009 年，跨国化妆品公司品牌（不包括大宝）在华市场占有率高达 59.7%。

二、广告创意心理

广告创意是指在广告定位的基础上，在一定的广告主题范围内进行广告整体构思的活动。在广告创意的基础框架内，运用艺术性的手法，实施广告的具体制作。

1. 广告创意的心理素材

广告作品的构思建立在众多具体素材的基础上，这些素材包括两类：一类是客观事物中的实物或图片，另一类是创作者头脑中业已存储着的客观事物的形象。这一形象可以是对当前事物直接反映的知觉映象，也可以是对以往感知事物在头脑中再现的记忆表象。在广告构思中，作为创作的心理素材积累起来的，是留在脑海中的记忆表象。

表象来自于知觉，又高于知觉。表象不仅具有直观性的特点，而且具有概括性的特点。比如长城的表象，它是在万山丛中蜿蜒起伏的由砖块砌成的建筑，同时又是雄伟的、壮观的、古老的、带有某种特定含义的建筑。通过表象，人们可以形成丰富的想象。

资 料 10

"奇瑞 QQ" 的广告创意

微型车"奇瑞 QQ"巧借了在网络行业中早已被人熟知的"腾讯 QQ"的概念，读起来既朗朗上口，又轻松亲切。奇瑞 QQ 在广告宣传中提出了"年轻人的第一辆车"、"个性"、"快乐"、"秀我本色"的口号，树立了鲜明的个性化产品形象。"年轻人"明确了主要目标群体的年龄范畴；"第一辆车"表明目标的消费者属于较低收入阶层；"快乐"的概念又表明了群体的生活态度。消费者只需对号入座，就可以直奔 QQ 而来。而当驾驶着 QQ 汽车招摇过市时，则更能体验到"秀我本色"的真正含义。由此，它在 2003 年营销推广大战中占据了明显优势。

2. 广告构思中的创造想象

在构思过程中，不仅仅是要回忆和再现相关表象，更主要的是对这些表象进行整理加工、改造更新，形成新的形象。这种创造新形象的过程就叫作想象，是广告构思中最重要的心理活动之一。新形象的创造可以通过以下途径获得。

（1）创造性综合

创造性综合是将不同形象的有关部分组合成一个完整的新形象，这个新形象具有自己独特的结构，并体现了广告的主题。这里不同形象的组合是经过精心策划的、有机的结合，而不是简单的凑合或机械的搭配。

资料 11

"一毛不拔" 的 "梁新记" 牙刷

旧上海"梁新记"牙刷广告描绘了一个用钳子拼命拔一把巨大牙刷上的毛的小孩，小孩费了九牛二虎之力，仍然"一毛不拔"。这一广告中的小孩与牙刷形成了有机的结合，组合成一个"一毛不拔"的新形象。这一成功的创意使"梁新记"以"一毛不拔"的盛名越传越广。

（2）跳跃性合成

跳跃性合成是把不同物体中的部分形象，通过设计者跳跃性的思维方式进行合成，形成一个以往不曾有过的、全新的形象；或把两件并不相关的物品融合在一个画面里，使人们产生视觉失衡的冲击感。

资料 12

视觉冲击广告案例

三星洗衣机广告采用了众所周知的名画《蒙娜丽莎》，只是把蒙娜丽莎的衣服除去，标题是"Gone Washing"（拿去洗了）。摩托罗拉一个新型手机的广告，在画面主体人像的面部约1/3的位置上，嵌入该手机的正面图像，手机的显示屏恰好位于被遮住的人像的另一只眼睛处，给人造成强烈的视觉冲击。

（3）渲染性突出

渲染性突出是为使人们对广告推介的商品加深印象，利用各种手段进行渲染，以突出其所具有的某种性质，在此基础上塑造出崭新的形象。有时对原有形象中的局部，可以进行带有夸张性的处理。

资料 13

大卫·奥格威的广告创意

被誉为现代广告之王的美国广告大师大卫·奥格威（David Ogilvy）创立的奥美广告公司在为罗斯-罗伊斯汽车做的广告中，使用的广告标题是"这辆新的罗斯-罗伊斯汽车以时速60英里行使时，最响的是它的电子钟"。在策划哈撒韦牌衬衫（Hathaway Shirt）的全国性广告活动方案时，大卫·奥格威想了 18 种方法，其中第 18 种方法是给模特戴上一只眼罩，表示穿上这种衬衫，可以显示自己与众不同，具有独特个性。后来这一形象应用在不同的场景，引起较大反响。

（4）想象性留白

在某些广告中，常使用在画面上一定空间留出空白的手法，即留白。这一空白虽非形象色塑造，却能给人依据画面的其他部分展开想象的空间，进而感受空白之处所没有直接表现的内容。

资料 14

喜力啤酒广告

李奥贝纳广告公司为喜力啤酒创造的《情人节篇》，整个画面只有中间一个心形的啤酒瓶盖及右下角的广告语"Green Heart"和商标，其他部分都是空白，给人留下想象空间。

三、广告诉求心理

广告诉求是指在广告的策划和设计中，通过对人的知觉，情感的刺激和调动，对人们观念、生活方式的影响，以及对厂商、商品特点的宣传，来迎合和诱导人们，以最终激发顾客购买动机的过程。广告诉求的基本目标是唤醒或激发顾客对自身潜在需求的意识和认知。在广告诉求的各项内容中以情感的诉求尤为重要，更受到人们的重视。

1. 顾客对广告的情感反应

顾客对广告的情感反应有两种类型：一类是积极的反应，如愉悦、兴奋、主动、激昂等；另一类是消极的反应，如气愤、懊丧、焦虑、压抑、厌烦等。情感的影响有以下几方面。

（1）影响认知

当情感同广告的内容相一致时，人们的记忆、认知和回忆均比不一致时要好一些。一个亲切感人的广告，可以使人在对其产生好感的同时，愿意重复接受，进一步了解有关的内容，加深其印象，从而获得较多的认知。

资 料 15

十万个为什么

少年儿童出版社出版的《十万个为什么》图书的广告词是："十万个为什么，一辈子用得着，几代人忘不了。"简短的用几个数字打头的语言，使看过原作品的中年人产生美好的回忆和认同，未看过作品的年轻人也会感觉亲切和新奇。

（2）影响态度

由广告引起的情感会影响对该广告的态度，并进而同其商品联系起来，影响到对该商品的态度和商品的选择。

资 料 16

让我们做得更好

飞利浦广告词"让我们做得更好"含有自豪、鞭策、奋发向上、永不停歇的深刻内涵，使人感觉它虚怀若谷、含而不露，增加了人们对它的好感。

（3）影响体验

生活情感还会影响使用中的体验。人们受广告中惹人喜爱的主人公的积极情感影响，并通过重复使用体验，就会产生同感。

资 料 17

杉杉西服，不要太潇洒

"杉杉西服，不要太潇洒"的广告词，再配以亚洲飞人、奥运冠军刘翔做产品的形象代言人，使人感觉若自己穿上这种品牌的服装也会像刘翔那样优雅飘逸、风度潇洒。

2. 情感诉求因素

马斯洛需要层次理论把人们的需要分为五个层次，包括生理需要、安全需要、社交需要、尊重需要和自我实现需要。广告情感诉求往往与人类较高层次的需要建立密切联系。广告创意中如能在充分体现广告主题的基础上，利用情感诉求来唤起人们较高的情感因素，将会收到很好的宣传效果。情感诉求因素主要有以下几种。

（1）关爱感

关爱感是常用的情感诉求因素。人们希望获得亲人的关爱、朋友的关爱、社会的关爱。

资料 18

百服宁，保护您

感冒药百服宁的广告，以妻子给出差的丈夫备好药品并留下温情关爱的纸条这样动人的画面，配以"百服宁，保护您"的广告词，融入了亲人深深的关爱，顿时使人感受到一片浓浓温情。

（2）美感

爱美之心人皆有之。从某种意义上来讲，美也是人们获得尊重的一个重要因素。以美感进行情感诉求，非常容易为人们所接受。

资料 19

今年二十，明年十八

白美丽香皂"今年二十，明年十八"的广告词虽然夸奖得有点过头，但还是深深获得了爱美女性的喜爱和对产品的青睐，它使一个默默无闻的香皂变成了一个全国闻名的品牌。

（3）成就感

成就感是人的最高层次需求，广告诉求中常用象征的手法暗示人们，某某成功男士、白领丽人使用这一产品，那么，其他购买使用这一产品的人也会像他们一样成功。

资料 20

充满成就感的广告词

"奋斗，成就男人！" ——劲霸男装广告词。

"煮酒论英雄，才子赢天下！" ——才子男装广告词。

"驾驭现代，成就未来！" ——现代汽车广告词。

"引领时代！" ——奥迪 A4 汽车广告词。

3. 广告元素的情感因素

广告设计中，色彩、图案、文字和音乐都可能与一定的情感体验和社会文化的长期积淀有关，或具有一定的象征意义，并能引发某种情感体验和某些联想。

（1）色彩

资 料 21

箭牌口香糖的色彩包装

箭牌口香糖有四种口味，分别以四种色彩包装；以绿色包裹薄荷香型，称为"清新的箭"，其口味清新香醇，令人清爽舒畅；以红色包裹玉桂香型，称为"热情的箭"，使人散发持久的热情；以黄色包裹鲜果香型，称为"友谊的箭"，让人缩短相互间的距离，打开友谊的心扉；以白色包裹兰花香型，称为"健康的箭"，并提醒你，运动有益于健康，每天嚼白箭口香糖，运动你的脸。

（2）图案

图案是广告设计中最形象化的元素，它能以其对人们感官的直接刺激，使人受到感染。

资 料 22

图案在广告设计中的应用

中国银行的系列电视广告中有一个是以麦田为主要画面的设计：辛勤的农民、金黄的麦田、人与麦田的呼应……随着这些画面的流动，中国银行的商标出现在画面上。这一系列的图案，形象化地向人们展示了"丰饶"、"勤奋"、"富而不骄"的主题和意境。

（3）文字

广告中的文字包括标题、广告词和文案。标题、广告词言简意赅，可起到画龙点睛的作用。文案可以有一定的篇幅，以使表述更具有感染力。

资 料 23

和 酒 广 告

和酒广告的标题是："理解与沟通，饮用黄酒新概念"。它的广告词为："相互理解，促进沟通是和酒的品牌观念。抱着不断创新的开拓精神，华光人创造出更营养、醇美的黄酒，让大家在喜庆的一刻，充分享受理解的欢乐，在沟通中，创造个性的自我。品和酒，交真朋友。"文字中充满了感情色彩。

（4）音乐

在视听媒介中，音乐能在优美而富有感染力的旋律中，深深地打动听众，发挥其他广告元素难以发挥的独特作用。

资料 24

太阳神广告

太阳神广告曾在那段时日里深深打动了人们的心，其中"当太阳升起的时候，我们的爱天长地久"这一激越而又深情的广告歌曲旋律起到了重要的作用。音乐既可配以歌词来表现广告主题，又可以作为背景来渲染气氛，增强效果。

4. 广告诉求方式

广告诉求是通过各种艺术的手法表达广告信息，当然也包括广告创意所表达的结果。广告的表达过程要借助于种种素材，并将这些素材艺术地组织在一起。广告诉求主要分成两大类，一类是所谓的理性诉求方式或理性广告，另一类是所谓的情感诉求方式或情感广告。

（1）理性诉求广告

理性诉求广告是指为消费者提供商品事实、消费理由或消费根据的一类广告，通常是展示商品的特性、用途、使用方法等关于商品事实性的信息（有人称为"理由广告"、"理论广告"或"说明广告"）。美国人 Resnik 和 Stern 于 1977 年提出了一个分类标准，认为一个广告包含以下 14 条关于产品的事实性信息线索中的一个或一个以上时，该广告就被认为是理性广告，否则就是情感广告。这些线索包括：①价格；②质量；③性能；④成分；⑤购买时间与地点；⑥特价销售；⑦品尝商品；⑧营养；⑨包装；⑩对用户的保证；⑪产品安全特点；⑫独立研究（即由独立研究机构进行的研究）；⑬公司研究（即由广告主进行的研究）；⑭新产品概念。

（2）情感诉求广告

情感诉求广告是指刺激消费者的情绪或情感反应，进而传达商品信息、满足情绪上需要的一类广告（有人称为"情绪广告"或"感性广告"）。由于人们对感情种类及定义没有一致的认识，所以一直没有一个普遍接受的情感广告的分类标准。Palsmaker 和 Geuens 于 1997 年提出过一个分类标准，认为一个广告包含以下情感诉求手段中的一个或一以上时，该广告就是情感诉求广告，无论广告中是否含有产品特性的信息。这些情感诉求手段包括幽默、热情、怀旧、性、愤怒和恐惧，若没有这些情感诉求手段，就是理性广告。

广告可分出五种类型，即高度理性型、混合-理性型、混合型、混合-情感型、高度情感型。下面两则广告，分别是典型的情感诉求和理性诉求方式。

资料 25

航空公司的经典广告词

悉尼的岸边，阳光明媚，难忘美丽的倩影，却不知何处寻您的芳名？马尼拉街头，您接过老妇人的鲜花，轻轻拨动的心弦，笑容却又温柔娴静。

今天再次登机出国，尚未呼唤您已端来清凉冷饮，柠檬味飘香四溢，绿油油的橄榄，青翠欲滴。

波音飞跃千山万水，您守卫的客机恬静安宁，飞向北美，飞向欧洲和中东，但我仍未结识您，在坎布亚的旅途上没有解开这个谜，新加坡的姑娘，何处寻找您芳名？何年何日再见您？

航空服务案例中以乘客的身份和消费体验，综合情感式的诉求方式，暗示航空公司的优质服务，用语含蓄、内容健康、回味无穷。

资料 26

成功车接受"考验"的艰难"路程"

一辆××车在售出之前，其考验的路程是艰难坎坷、阻碍丛生的，有的车成功地经受住了，那些成功的车要接受 8397 个检验员的严格检查（其中有 807 位十分挑剔的妇女检查员），汽车在一个特殊的实验点试开 3 英里的路程，每一台发动机都要经过调试，每一个变速器也同样如此，然后，许多汽车调离生产线，它们生命中唯一的任务是接受检查，而不是被卖掉。我们把这些汽车置于水中，以确信它们不会渗漏，让这些汽车穿过泥泞和盐水以确信它们不会生锈，它们还要接受爬山实验，以检验它们的刹车和离合器性能，接下来是可怕的风道和 8 种路面的旅程，以检验行驶性能，操纵杆要经过 100 000 次扭转实验，以确信它们能正常工作，钥匙要被转动 25 000 次，以确信它们不会断裂，这样严格的检验，还有许多，每天有 200 辆 Volkswagen 牌汽车被淘汰，但它们是坚韧不屈的。

汽车案例中以产品检验过程的各种数据来传达产品信息，以无可挑剔的理性描述，证明了产品的优质性能。

在现实生活中，理性与情感是交织在一起的，没有严格的界限。广告界已经发布的广告，多数兼有理性特征和情感特征，如上述那样典型的例子并不普遍。

5. 广告诉求的理性心理方法

广告诉求除了情感的、感性的方法以外，还常使用理性的方法。理性心理方法根据人们的心理，充分说明商品的好处，以促进顾客购买。这类广告方法重视证据，逻辑性强，以理服人，常采用权威机构或专家的鉴定或赞许来使人们信服。理性诉求有时与感性诉求结合在一起使用。

（1）证实的方法

这是指用事实证明广告所介绍的商品性能可靠、质量优越的方法。证实的方法一定要实事求是，不能夸大其词。

资 料 27

"超级3号胶"，几滴就见效

美国一家制胶厂商为了打入法国市场，为"超级3号胶"强效黏胶设计的电视广告画面是：一个人的鞋底点上四滴"超级3号胶"，然后把他倒黏在天花板上，保持10秒钟。结果广告播出后6个月内，销售量达到50万支。

（2）摆证据的方法

广告诉求若不适宜采用证实的方法，可采用摆证据的方法，即通过提出使用或实验的证据来证明商品的特性。

资 料 28

去头屑，"海飞丝"更胜一筹

画面中可爱的孩子好奇地对母亲说："妈妈，你的肩膀上有一粒粒白点。"头皮屑使年轻的母亲十分烦恼。接下来的画面是："还好，我看到了海飞丝"。然后在用图像证实的同时继续介绍：四个星期以后，用普通洗发水这边还有头皮屑，用海飞丝这边就完全没有了。告诉你：海飞丝"护发去头屑，更胜一筹"。

（3）主张的方法

这是一种阐明厂商经营宗旨和经营目的的方法。

资 料 29

"信谊"、"排毒"广告

一直以来，信谊药业不懈努力制造优质药品。"信谊，除了好药，还有信誉和友谊。"2000年8月信谊药厂推出的这一广告词巧妙地将品牌名称拆开，组成另外两个词，恰到好处地阐明了企业的宗旨。芦荟排毒胶囊原有的广告语为"排毒肠动力，美颜新主张"，给人大而空的感觉。为击中消费者内心最需要的那个"点"，商家围绕"深层排毒"的销售主张，最终从100多条广告语中选出"一天一粒，排出深层毒素"作为广告诉求语，果然取得了较好的宣传效果。

（4）论证的方法

这是用说理向人们诉求的方法。

资料 30

宝洁妙用专家赢信赖

宝洁公司在中国市场上取得了辉煌的业绩，其电视广告最常用的方法之一就是论证中的专家法。首先指出你面临的一个问题来吸引你的注意，然后，便有一个权威的专家来告诉你，有个解决的方法，那就是使用宝洁的产品。最后，你听从专家的意见以后，问题就得到了解决。

四、广告词的设计

创造一条优秀的广告词，广告就成功了一半。优秀的广告词念起来抑扬顿挫，朗朗上口、过目不忘，这样的广告词不仅会给听过的人留下鲜明的印象，还会自然而然地传播给其他消费者。下面这些广告词正是取得了这样的效果。

"味道好极了！"（雀巢咖啡的广告词）。这条平平常常而又十分动情的广告词已经成为中国人表达一种美好事物的口头禅。

"白天吃白片不瞌睡，晚上吃黑片睡得香！"（白加黑感冒药片广告词）。这一广告词的最大好处，在于清楚明了地表达了商品的使用方法，不用再添加其他语言，也表达了这种药片的好处。

"以心传递，畅达天下"（远成集团广告词）。朗朗上口，听者舒心，易读、易记。

一些幽默性的广告词也经常出现在各类广告中，除了给人留下生动活泼的印象外，还增加了广告的人情味和生活的情趣。

资料 31

你见过秃了顶的绵羊吗？

你见过秃了顶的绵羊吗？你见不到秃顶的绵羊，因为绵羊体内有一种防止秃顶的激素，现在我们把这种激素提炼出来制成药品。你用了之后，秃顶的问题就解决好了。

点评：资料中所提到的"药品案例"是大师级的广告词，是美国广告专家奥格威的杰作，这个广告十足地体现了美国人的幽默，虽然有些人笑过之后并不真正购买这种含有绵羊激素的药品，但这则广告让每一个阅读过的人从此难忘。

资料 32

经典广告词点评

名人，送给天下有情人。（名人牙膏）评：朗朗上口，情感诉求、迅速建立亲和力。

钻石恒久远，一颗永流传。（戴比尔斯钻石）评：这个就不用说了，除了意境还是意境。

女人的问题女人办。（乌鸡白凤丸）评：用女人的声音说女人的诉求，自己的问题还得靠自己。

排除毒素，一身轻松。（排毒养颜胶囊）评：带着毒素，哪能轻松，原来养颜需要排毒，典型的恐惧营销手法。

今年爸妈不收礼，收礼只收脑白金。（脑白金）评：之所以恶俗，那是因为走得是俗文化路线，中国人最大的特点：不能免俗。

康师傅方便面，好吃看得见。（康师傅方便面）评：废话都绕出生产力。病句造就想象力。都吃了能没看见吗，把好吃这种感觉都看出来了，魅力不小。

遗臭万年，流传百世，香飘万里。（王致和腐乳）评：够狠，够夸张，考验观众的极限思维，拉开对品牌的韵味联想。

小时候，一听见芝麻糊的叫卖声，我就再也坐不住了……一股浓香，一缕温暖——南方芝麻糊。（南方芝麻糊）评：带你入境，引你上套，馋你没商量。

果冻布丁喜之郎。（喜之郎）评：捆绑品类，现在人们都以为果冻就是喜之郎，而喜之郎就是果冻。

华龙面，天天见。（华龙方便面）评：要是天天见了，那日子过得多差啊，开玩笑。广告传递了一种大众化、经济型方便面，营造了一种亲和力。

第三节 广告心理效果的测定

一、广告心理效果测定的作用

广告心理效果测定通常具有下列作用：

1）预先检测能确定广告的有效性和被接受程度。

2）确定广告信息是否已被宣传对象接收到。

3）弄清楚广告信息是否已被宣传对象准确地理解。

4）了解有多少人真正准确地理解了广告所传达的信息。

二、广告心理效果测定应遵循的原则

对广告心理效果的测定应遵守三项原则。

1. 有效性原则

有效性原则即要看测试是否真正达到了目的，这就要求选取真正有效、能确切代表效能答案的变量。

2. 可靠性原则

可靠性原则即要保证多次测试结果一致。

3. 相关性原则

相关性原则即要做到测试内容必须与研究的问题、寻求的答案有关。

三、广告心理效果测定的内容

1. 感知程度的测定

这一般应在广告发布的同时或在其后不久进行，以求其测定的准确性，不致受遗忘的干扰。对感知程度的测定方法主要有机械调查法、日记式调查法和访问法等。测定感知程度需要调查的内容主要是电视收视率、广播收听率和报刊阅读率的高低，以及播出广告后广告企业或产品在消费者中知名度的大小。

2. 记忆效率的测定

广告的累积刺激对消费者的消费行为影响很大。记忆效率是指消费者对广告内容的重点诉求的保持和回忆水平。记忆效率的作用在于消费者产生需求时，往往会无意识地回忆起值得信赖的或有好感的商品，由此而影响其购买决策。影响记忆效率的因素有广告媒介、广告内容、广告技巧和广告时间，以及消费者的年龄、个性等。记忆效率的测定方法包括回忆法、再认法和学习法等。

3. 思维状态的测定

思维状态是指消费者对广告观念的理解。对思维状态的测定一般采用询问调查法，采取"剥笋式"设问方式，如意思是什么—为什么会这样—结果会怎么样，逐层进行分解，由此掌握消费者对广告的理解程度。

4. 情感激发的测定

情感激发的测定是判断广告效果必不可少的依据，可采用对比实验或询问来进行。

5. 态度转变的测定

广告的功效在于改变消费者对某个企业、某个商标或某项产品的态度倾向，增强其购买信心并促进其购买行为。因此，对态度转变的测定是一项很重要的测定。

四、广告心理效果的测定项目

广告心理效果的测定指标有以下几项。

1. 注意度

了解广告播放后消费者是否接触到广告或广告作品的吸引力如何。

2. 知名度

了解消费者中有多少人知道广告产品的品牌和品质。

3. 收视、收听率

了解有多少消费者通过特定的媒体认知了该广告产品。

4. 记忆度

了解接触到广告的消费者对广告印象的深刻程度。

5. 理解度

了解接受广告的消费者对广告作品的熟悉和理解程度。

五、广告心理效果的测定方法

对广告心理效果的测定可以分为事前测定和事后测定。事前测定是广告作品未经正式传播之前的预测，主要是对印刷广告中的文案，广播、电视广告中的脚本以及其他广告形式信息内容的检验与测定，收集消费者对广告作品的反应，以便修改广告作品或从多个广告作品中选择较好的样本，也可以及时纠正在广告策划和传播战略中的不当之处，起到预审、预防的作用。事后测定是在广告正式投放之后，对其效果的最终评定，也是对整个广告活动是否达到预定计划与目标的测定。它可以总结经验和教训，为下一个广告活动提供"前车之鉴"。

1. 事前测定

事前测定主要有下列四种方法。

（1）等级法

将关于同一商品但主题或形式不同的广告播放给被测试者，请他们判定最感兴趣的广告、最具说服力的广告和最能促成购买的广告，并用数字 1～5 评价每一则广告的等级，取平均等级最高的为优，再吸收其他广告的优点对之加以补充、完善。这种方法投资小、速度快。

（2）评分法

邀请有一定评判能力的消费者和专业人员，给广告打分。可将广告各要素排列表，当面发给被测试者进行评分或邮寄给被测试者。广告内容在表格中可分为主题、创意、语言、品牌与商标、布局五个项目，也可按另一角度分为吸引力、有用性、清晰度、感染力、敦促力五个项目，每个项目最高分为 20 分，满分为 100 分。按照各个项目分别给每则广告打分，取最高分者选定为正式传播广告。

（3）试验法

对重要的、投放规模较大的广告，一般应先通过小型试验来观察效果，效果好再正式推出。例如，在小试验场地陈列或播放广告，待消费者作出肯定评判后，再大规模地发布。这种方法比较科学，但时间长、成本高，受外界环境因素的影响较大。

（4）态度法

请被测试者在没看到广告之前试用产品及同类产品，并作出评价。然后，请他们在看过广告之后，再对产品重新评价，看看他们的态度有何转变以及转变的方向。总结反映出的问题。

2. 事后测定

事后测定的主要方法有以下三种。

（1）认知测定法

当给被测试者看一则广告，问他是否看见过或听到过时，若回答是肯定的，说明他对这个广告有认知。在这种方法的运用中，最著名的是美国斯塔夫阅读率调查。斯塔夫将被测试者分成三类：第一类是看过该广告但不曾留心广告内容的人；第二类是关心过该广告，对广告宣传的商品和企业大致了解，其他则不甚了解的人；第三类是精读过该广告，能知道并记忆该广告中 50%以上内容的人。斯塔夫计算出这三类人占读者总数的百分比，并统计、分析出这三类人在单位广告费成本中每类人所占的人数，即

$$广告的阅读效率 = \frac{杂志（报纸）销量 \times 每类读者的百分比}{所付的广告费用}$$

以此来体现该广告的认知效果。

（2）回忆测定法

这种方法主要用于测定广告心理效果中的理解记忆程度，可以利用询问或问卷了解消费者对看过的广告是否留存了印象，能回忆起多少广告信息。在提出问题时，可以笼统地问"还记得某则广告吗，记得多少内容"，也可以具体地问"某则广告的主题或口号是什么"，或提示被测试者该广告中的商标或厂商名称后，询问广告的其他内容如插图等。项目越具体，反馈的信息越多，越能够查明消费者对商品或创意等内容的理解与联想能力，乃至查明消费者对广告的确信度。

（3）认知实验测定法

认知程度是衡量广告认知与记忆的一项标准。在这方面有许多科学的测试方法，其目的是针对广告的外在特征，如设计、版式、颜色和印刷术的不同，测试所产生的不同视觉效果。这些方法大多是每次在距离、亮度和时间均有变化的情况下多次将广告向被测试者发布，试探广告所产生的认知程度的大小，从而可以灵活掌握广告的发布方式。

总之，任何一种测定方法都不是尽善尽美的，心理活动本身的复杂性使测定工作存在一定的困难。但是，心理效果测定能确实说明广告的真实效果，并能提供广告创作应遵循的消费者心理活动规律。因此，努力做好广告的事前测定和事后测定很有必要。

小　结

通过对本章的学习，使学生初步了解广告的心理功能，灵活运用广告媒体；掌握广告定位心理、广告创意心理、广告诉求心理，对产品进行广告词、广告方案的设计；掌握对广告心理效果的测定。

实 训 练 习

将全班的学生分成 6~8 人一组，成立一个模拟公司，以公司为单位进行本公司产品的服务促销，拟定广告词、广告设计方案（可参照书中情感诉求和理性诉求方式），组织现场实施，销售相关产品，并向顾客调查广告效果。

复习思考题

1. 简述广告的心理功能。
2. 报纸广告应采取哪些心理策略？
3. 杂志广告应采取哪些心理策略？
4. 电视广告应采取哪些心理策略？
5. 为增强网络广告效果，应采取哪些心理策略？
6. 简述广告定位的心理策略？
7. 如何进行情感诉求和理性诉求？
8. 简述广告心理效果测定的测定方法。

第八章　营业推广和营销公共关系心理

☞ **本章导读**

　　当今社会商品的营销方式越来越趋于多元化，折扣、赠送、有奖销售和销售竞赛等营业推广销售策略以及直销、邮购、电话订货、网上购物等无店铺销售方式层出不穷。另外，公共关系在商品营销中所产生的效果越来越明显，也越来越引起人们的重视。本章讲解如何在营销活动中巧运用营业推广和营销公关来影响消费者心理及其购买行为。

☞ **关键词**

　　营业推广心理（the mentality of management and spread）
　　折价与折让（cut-rate price and allowances）
　　营销公共关系心理（the mentality of marketing public relations）
　　公共关系决策（public relationship decision）

"老板喝涂料" 一场经典的炒作

　　2000 年 10 月 8 日，《北京晚报》打出一则通栏广告：10 月 10 日上午，在北京市建筑展览馆门前开展"真猫真狗喝涂料"活动，以证明该公司生产的涂料无毒无害。刊登广告的是北京市一家名不见经传的富亚装饰材料开发公司。

　　适逢北京市"宠物热"方兴未艾之际，广告一出，即在市民中间引起轩然大波。展台前已经拥满了观众，其中不少是跑来"抢新闻"的媒体记者，几位激奋的动物保护协会成员发誓要阻挠此事。

　　富亚公司总经理蒋和平向围观者宣传：1998 年，中国预防医学科学院就用小白鼠为富亚牌涂料做过无毒实验，结论是："实际无毒级。"开展这次活动，是请大家亲眼见识一下，毕竟"耳听为虚，眼见为实"嘛。

　　蒋和平的解释并不能说服动物保护协会，中国环境科学学会动物救助分会的吴会长在现场慷慨陈词："就算富亚涂料没毒，也不应该给动物喝。因为涂料是工业产品，是一种乳胶漆，会腐蚀肠胃。"这位以爱护小动物为职业的北京老大妈向观众呼吁："不要残害动物！"10 日这天，吴大妈特意起了个早赶到活动现场，准备阻止小动物受罪。要求立即停止动物喝涂料的实验，几次试图强行要把正准备喝涂料的小动物带走。

现场秩序很乱，围观者越聚越多，眼见"真猫真狗喝涂料"就要泡汤了。骑虎难下之际，蒋和平左右为难：活动不搞，广告费就白花了；要让猫狗真喝了涂料，也会极大地损害富亚公司的公众形象。

时间已经是 9 时 30 分了，蒋和平摆出一副豁出去的架势，大义凛然地宣布："考虑到群众情绪，决定不让猫狗喝，改为人喝涂料，我亲自喝。"

话音刚落，场内顿时鸦雀无声。在两名公证员的监督下，蒋和平打开一桶涂料，倒了半杯，又兑了点矿泉水，举在眼前停了停。在四周观众直勾勾地注视下，蒋和平咕咚咕咚喝下手中一大杯。喝完后一擦嘴，干脆利落，面带笑容。人群中立刻唏嘘不已，有人起哄："再来一杯！"用做实验准备喝涂料的一只猫和三只狗，早已经被观众带走了。

故事一波三折，并没有以蒋和平"悲壮"地喝下自己的富亚涂料而告终。当时，新华社播发了一篇 700 字的通稿《为做无毒广告，经理竟喝涂料》。此后，媒体纷纷跟风，"老板喝涂料"的离奇新闻开始像野火一样蔓延。北京市各大媒体《北京日报》、《北京晨报》、《北京晚报》、《北京青年报》、北京电视台竞相报道。不同之处只是在于：你正话反说，我就反话正说。最后有人做了一下统计，全国竟然有 200 多家媒体报道或转载了这则消息。无论如何，事件本身的轰动效应是"造"出来的。北京电视台评选 10 月份十大经济新闻，"老板喝涂料"赫然跻身其中，与"悉尼奥运会"等同列。

真的是一个突发的经济新闻？非也。"老板喝涂料"，在街头表演的虽是富亚公司总经理蒋和平，躲在幕后的却是策划人秦全跃。曾有策划人评价，老秦在策划圈内的招牌一向是"点子刁钻古怪"。出道之前，秦全跃曾开过一家建材企业，专卖地板砖，对装饰材料市场比较熟悉。据了解，事前，富亚总经理蒋和平找到秦全跃，寻求点石成金之术。秦全跃问："你说你那涂料环保，你敢喝吗？"蒋和平一拍胸脯："敢！"于是双方痛快地达成协议。最后，北京街头便上演了"老板喝涂料"的一幕，以及紧随其后的轰炸性新闻炒作。

（资料改编自：http://blog.sina.com.cn/hejunfeng01）

第一节　营业推广的心理研究

一、营业推广的含义及特点

1. 营业推广的含义

营业推广是一种适宜于短期推销的促销方法，是企业为鼓励购买、销售商品和劳务而采取的除广告、公关和人员推销之外的所有企业营销活动的总称。营业推广是广告和人员推销的一种辅助手段，是一种不经常的、无规则的促销活动，它一般在较大的目标市场中使用。

2. 营业推广的特点

营业推广具有如下特点：营业推广促销效果显著；营业推广是一种辅助性促销方式；营业推广有贬低产品之意。

（1）营业推广促销效果显著

在开展营业推广活动中，可选用的方式多种多样。一般说来，只要能选择合理的营业推广方式，就会很快地收到明显的促销效果，而不像广告和公共关系那样需要一个较长的时期才能见效。因此，营业推广适合于在一定时期、一定任务的短期性的促销活动中使用。

（2）营业推广是一种辅助性促销方式

人员推销、广告和公关都是常规性的促销方式，而多数营业推广方式则是非正规性和非经常性的，只能是它们的补充方式。也就是说，使用营业推广方式开展促销活动，虽能在短期内取得明显的效果，但它一般不能单独使用，常常配合其他促销方式使用。营业推广方式的运用能使与其配合的促销方式更好地发挥作用。

（3）营业推广有贬低产品之意

采用营业推广方式促销，似乎迫使顾客产生"机会难得、时不再来"之感，进而能打破消费者需求动机的衰变和购买行为的惰性。不过，营业推广的一些做法也常使顾客认为卖者有急于抛售的意图。若频繁使用或使用不当，往往会引起顾客对产品质量、价格产生怀疑。因此，企业在开展营业推广活动时，要注意选择恰当的方式和时机。

二、营业推广的目标

1. 消费者营业推广目标

每一项特定的营业推广方案都应有明确的目标，同时，还应制定一定时期内营业推广的细分目标以及明确推广的对象。营业推广的目标应该具体、尽需要量化，同时还应与促销组合的其他方面结合起来考虑。

（1）促使消费者试用、购买新产品

制造商或中间商为了打开新产品销路，常采用让消费者试用新品牌的产品，如肥皂、牙膏等产品就常以这种方式促销。这种方式虽然费用较高，但宣传效果很好。

（2）对付竞争，扩大销售

为了吸引顾客长期购买本企业的产品，有些厂商采取减价赠券或减价、包装等办法。

（3）加深顾客对企业的印象

公司在产品上标上公司名称、地址、电话号码、公司宗旨等简短的促销信息，这样能够给消费者或用户留下较深的印象，增强对公司的了解和好感。

2. 交易推广目标

（1）引诱中间商购买

制造商对首次购买或购买数额大的零售商进行降价或免费提供一定数额的产品。制造商还可以组织销售竞赛，奖励购货领先的零售商，以诱使中间商来采购本企业的产品。

（2）鼓励中间商积极推销产品

这是中间商在产品销售过程中多于制造商的促销活动。

（3）帮助中间商有效地开展经营

对于技术结构复杂的产品，制造商向中间商提供使用手册，示范影片，并派专人咨询或进行培训，资助促销。

总之，企业为达到促销目的，可采用多种营业推广手段，但在选择时需要考虑以下几方面的因素：①哪些推广手段可以影响中间商或消费者？②推广的目的是什么？③产品的市场特点怎样？④竞争对手有哪些手段？⑤推广费用需要多少？

三、营业推广的方式

营业推广按照推广对象和推广目的不同，大致分为以下几种。

1. 针对消费者的营业推广方式

针对消费者的营业推广，是为了有效地激励消费者的购买欲望，增加顾客数量并提高他们的购买水平。营业推广最佳方案就是善于揣摩和满足顾客的心理，善于沟通企业与顾客之间的情感，用情感来维系促销效果的持续性、长久性。具体来说，主要有以下几种方式。

（1）赠送促销

向消费者赠送样品或试用品，赠送样品是介绍新产品最有效的方法，缺点是费用高。样品可以选择在商店或闹市区散发，或在其他产品中附送，也可以公开广告赠送，或入户派送。

资料 1

巧用"赠送"，打开销路

畅姿牌美容护肤品是由广州畅姿生物科技有限公司与香港白兰国际有限公司合作研发的一款高端保健护肤品，产品富含"油松花粉小肽"和"油松花粉精"，具有保湿、滋润、修护、营养等多重功效，产品的定位为中高端消费群体，在产品上市初期，由于是新产品，市场推广存在一定难度，如何让消费者认知，并有效占领市场成为营销困扰。此时老板的一则建议化解了危机，他建议以政府或相关单位组织的会议为契机，作为礼品赠送，同时在老板所参加的各种活动或朋友圈中进行赠送试用，由于这些群体人员消费能力普遍较高，而且社交面广、影响力大，往往能达到"以一传十"的带动作用。通过一段时间的赠送试用，果然效果显著，很多获得过赠品的人员变成了最好的榜样和宣传销售人员，很快就使得消费人群不断壮大，市场也获得了扩张，由于营销商有效把握住了消费者对赠品、奖励、折扣的心理而不断推出试用装和赠品，以吸引更多的消费者，从此，畅姿牌美容护肤品在化妆品市场也逐渐站稳了脚跟。

（2）折价券

在购买某种商品时，持券可以免付一定金额的钱。折价券可以通过广告或直邮的方式发送。

（3）包装促销

以较优惠的价格提供组合包装和搭配包装的产品。

（4）抽奖促销

顾客购买一定数量的产品之后可获得抽奖券，凭券进行抽奖获得奖品或奖金，抽奖可以有各种形式。

（5）现场演示

企业派促销员在销售现场演示本企业的产品，向消费者介绍产品的特点、用途和使用方法等。

（6）联合推广

企业与零售商联合促销，将一些能显示企业优势和特征的产品在商场集中陈列，边展览边销售。

（7）参与促销

通过消费者参与各种促销活动，如技能竞赛、知识比赛等活动，获取企业的奖励。

（8）会议促销

通过各类展销会、博览会、业务洽谈会，在会议现场进行产品介绍、推广和销售活动。

（9）提供信用

常见的操作方式是消费者信贷，通常用于高价值产品的销售活动中，一般采取赊销、分期付款等形式。

资料 2

宾至如归——咖啡店的专用咖啡杯

某地一家咖啡店老板为了吸引住顾客，推出了一条独具匠心的促销举措，即为每位经常光临该店的顾客设置专用咖啡杯，而且每个专用杯上都绘上顾客自己的肖像漫画。这既是一种标记，又是一种纪念品。此方法一经实施，该店立即名声大振，回头客越来越多，生意越做越旺，销售额也直线上升。当今市场产品之间的差异越来越小，你能做到的，其他企业也能做到。因此关键在于谁先赢得了消费者的心，谁就是赢家。

2. 针对经销商的营业推广方式

针对经销商的营业推广，是为了激励经销商大量进货，赢得他们的忠诚合作。从心理学角度讲，营业推广方法是利用经销商对以下几个方面具有特殊敏感性而设计的。

（1）批发回扣

企业为争取批发商或零售商多购进自己的产品，在某一时期内给经销本企业产品的批发商或零售商加大回扣比例。

（2）推广津贴

企业为促使中间商购进企业产品并帮助企业推销产品，可以支付给中间商一定的推广津贴。

（3）销售竞赛

根据各个中间商销售本企业产品的实绩，分别给优胜者以不同的奖励，如现金奖、实物奖、免费旅游、度假奖等，以起到激励销售的作用。

（4）扶持零售商

生产商对零售商专柜的装潢予以资助，提供 POP 广告，以强化零售网络，促使销售额增加；可派遣厂方信息员或代为培训销售人员。生产商这样做目的是提高中间商推销本企业产品的积极性和能力。

3. 针对内部员工的营业推广方式

这种方式主要是针对企业内部的销售人员，鼓励他们热情推销产品或处理某些老产品，或促使他们积极开拓新市场。一般可采用的方法有：销售竞赛、免费提供人员培训、技术指导等。

四、推广方式的控制及评估

1. 营业推广的控制

营业推广是一种促销效果比较显著的促销方式，但倘若使用不当，不仅达不到促销的目的，反而会影响产品销售，甚至损害企业的形象。因此，企业在运用营业推广方式促销时，必须予以控制。

（1）选择适当的方式

大家知道，营业推广的方式很多，且各种方式都有其各自的适应性。选择好营业推广方式是促销获得成功的关键。一般说来，应结合产品的性质、不同方式的特点以及消费者的接受习惯等因素选择合适的营业推广方式。

（2）确定合理的期限

控制好营业推广的时间长短也是取得预期促销效果的重要一环。推广的期限，既不能过长，也不宜过短。这是因为，时间过长会使消费者感到习以为常，降低刺激需求的作用，甚至会产生疑问或不信任感；时间过短会使部分顾客来不及接受营业推广的好处，收不到最佳的促销效果。一般应以消费者的平均购买周期或淡旺季间隔为依据来确定合理的推广方式。

（3）禁忌弄虚作假

营业推广的主要对象是企业的潜在顾客，因此，企业在营业推广全过程中，一定要坚决杜绝徇私舞弊的短视行为发生。在市场竞争日益激烈的条件下，企业的商业信誉是十分重要的竞争优势，企业没有理由自毁商誉。本来营业推广这种促销方式就有贬低商品之意，如果再不严格约束企业行为，那将会产生失去企业长期利益的巨大风险。因此，弄虚作假是营业推广中的最大禁忌。

（4）注重中后期宣传

开展营业推广活动的企业比较注重推广前期的宣传，这非常必要。在此还需提及的是不应忽视中后期宣传。在营业推广活动的中后期，面临的十分重要的宣传内容是营业推广中的企业兑现行为。这是消费者验证企业推广行为是否具有可信性的重要信息源。所以，令消费者感到可信的企业兑现行为，一方面有利于唤起消费者的购买欲望，另一个更重要的方面是可以换来社会公众对企业良好的口碑，为企业树立起良好的形象。

此外，还应注意确定合理的推广预算，科学测算营业推广活动的投入产出比。

2. 营业推广的评估

为了不断完善推广方法和方案，需要对实施情况进行估价。其方法有以下四种。

1）将推广前、推广中、推广后的营业情况进行比较。

2）对那些在推广时购买这个商品，而后又转向购买其他品牌的顾客进行调查分析。

3）了解有多少顾客还记得这次营业推广活动，他们的看法如何，多少人从中得到了好处，以及本次推广对于他们以后选择品牌起了什么作用。

4）对不同地区、不同时间所采取的推广活动的作用进行比较，总结经验，调整策略，完善方法，提高效果。

五、营业推广的管理

一个企业运用营业推广进行促销，首先必须确定推广目标，并以此为前提，选择合适的营业推广工具，制订周密的营业推广方案并付诸实施，最后还应对营业推广的效果进行评价。

1. 确定营业推广的目标

营业推广的对象不同，其推广目标也存在差异，就消费者而言，推广的目标主要有：鼓励顾客提高某产品的购买水平；争取更多的消费者成为某产品的新顾客；出于竞争的目的着眼于夺取竞争者品牌的顾客等。就中间商而言，推广的目标主要有：鼓励中间商经销新的产品和增加存货水平；促使他们为某种产品增加营销努力；激励他们提前订货等。就推销人员而言，其目标包括：促使他们加大推销力度以完成较多的销售量；激励他们发现并掌握更多的潜在顾客等。

2. 选择营业推广的工具

关于推广工具，每一类都有不同的指向，其适用性也各不相同。在不同的背景条件下，即使同一种工具也会有不同的使用成本和收益水平。企业的促销计划人员在选择推广工具时，必须以调查预测为基础，比较不同工具达到预期目标的程度及预算和收益水平，然后才能加以确定。

3. 制订营业推广的方案

制订营业推广方案实际上就是做出一系列决策的过程。首先要确定推广刺激的程度，这里要考虑刺激程度与消费者反应敏感程度的关系。其次要固定推广的接受者范围，亦即决定参与者的条件。接下来就是要确定促销措施的分配方法，尽可能以较低的传送成本保证最大的推广涵盖面。另外，推广方案还要对推广的时间做出安排，并就推广的时机做出决策，因为推广次数的多少及持续时间的长短以及推出时机的选择，对最终的推广效果有着巨大的影响。最后，作为一个完整的营业推广方案的组成部分，还需要促销计划人员做出营业推广的总预算，以便对推广活动的成本支出做到心中有数。

4. 方案的实施与控制

在营业推广方案正式实施前，一般应对其进行小范围试验以确认方案中的各项决策是否得当，并考察实施的方法效率，然后才可将其付诸实施。为确保实施过程的顺利进行，需要企业对每一项工作都制定详尽的实施计划，并在实施过程中进行控制和调整。

5. 评价推广效果

可以使用消费者样本数据或消费者调查的方法来评价营业推广的效果，但最常用的方法是把推广前、推广中和推广后的销售情况进行比较，然后再评判。

一般来说，如果推广期间市场份额大幅度上升，或者在推广结束很久一段时间市场份额都保持在高于推广前的水平，则说明推广的效果是良好的；若推广期间市场份额变动不大或变动虽大但推广结束一段时间后又回复到推广前的水平，则推广效果是不尽如人意的，需要有关人员进行分析总结、查找原因。

第二节 营销公共关系心理研究

一、公共关系的含义

公共关系（Public Relation）简称"公关"，是指某一组织为改善与社会公众的关系，促进公众对组织的认识、理解及支持，达到树立良好组织形象、促进商品销售目的的一系列公共活动。

随着公共关系的迅速发展，社会上各界人士普遍认可了公共关系的价值和意义，并在多个方面，多重角度上使用了公共关系这个概念，从而也就使这个词语包括多重含义。既可以把它理解成一种状态，也可以把它理解成一种活动；既可以把它理解成一种观念，也可以把它理解成一种职业。而研究这一切问题，则构成了一门科学。

通过对国内外公关定义的借鉴以及对公关特征的概括，人们可以给公共关系下一个比较有概括性的定义："公共关系是一门管理科学，主要通过组织与公众之间的双向传播，协调关系、处理危机、塑造形象，在满足公众利益的基础上求得组织自身的发展。"

二、公共关系决策

1. 公共关系决策的内容

（1）形象调研
通过调查各界公众，确立自己的形象位置，并找出差距。
（2）确定公共关系目标
根据营销目标和形象差距，制定企业的公关目标。
（3）决定公共关系对象
企业的公关对象包括内部的和外部的两类，前者包括企业员工和股东等，后者包括供应商、销售商、竞争者、顾客、消费者、营销服务机构、金融企业、社区、群众团体、大众媒介、政府部门以及社会名流等。

公共关系离不开人际传播，人际传播就要非常注意个性化设计，无论是一个电话、一个信函、一个卡片，都要非常有针对性地设计，这种设计来源于你对传播对象的了解，所以企业公共关系人员要建立公共关系档案，且不断更新，一旦需要时，就可检索个人档案，对其进行针对性设计，会收到非常好的效果。

资料 3

好口碑比什么都重要

某市一家大企业的销售部经理 A 先生到天津谈生意，下榻在天津某宾馆。这天晚上，奔波了三天的 A 先生回到自己的房间，洗漱之后打开电视机想稍事休息。这时，房间内响起了节奏性的调皮门铃声。随着 A 先生的一声"请进"，走进来一位宾馆的礼仪小姐。她彬彬有礼地对 A 先生说："请问，您是来自某市的 A 先生吧？" A 答道："是我。"礼仪小姐说："我们经理找您有事，请随我来一下，好吗？"

A 先生很疑惑：天津我没有熟人，也没有亲戚，谁会找我呢？难道是家中有什么事……可当他随礼仪小姐步入大厅时，却惊呆了：宾馆的礼仪小姐、部分服务员已整齐地站成两排，微笑地打着节拍，大厅中间大圆桌上放着一个生日蛋糕，上面点满了生日蜡烛。公共关系部经理走到 A 先生面前，微笑着对 A 说："从您登记时用的身份证上，我们得知今天是您的生日。我代表宾馆的全体员工祝您生日快乐、身体健康！" A 先生这才想起今天是自己的生日。他怎么也想不到，酒店能为自己举办这么隆重的生日庆祝晚会。A 先生被感动得热泪盈眶，不知如何是好。此时一名礼仪小姐走过来递上餐刀，并祝 A 先生生日快乐。A 先生一口气吹灭了 40 支蜡烛，切开蛋糕后分给大家共享。大厅内响起了欢快的"祝你生日快乐"的歌声。

从此，A 先生走到哪里便讲到哪里，成了该宾馆的义务宣传员。天津这家宾馆的美誉，随着 A 先生的足迹，遍及大江南北，很多外地顾客来天津都慕名投宿在这家宾馆。

（4）选择公共关系方式

公共关系具体方式灵活多样，大体可分为以下几种。

1）宣传性公共关系，如大众媒介的各种报道、宣传等。

2）交际性公共关系，如招待会、联欢会等。

3）社会性公共关系，如社会公益事业赞助。

4）服务性公共关系，如各种咨询活动。

5）建设性公共关系，如开业典礼、新产品报道介绍等。

6）维系性公共关系，如与公众平时的沟通活动。

7）矫正性公共关系，如危机要件出现后的各种补救宣传活动。

资料 4

"椰菜娃娃"的由来

在美国的玩具市场上，首屈一指的就是"椰菜娃娃"。这个身长 40 厘米的"椰菜娃娃"，使得人们在圣诞节前后，冒着寒气逼人的北风，在玩具店前排起长龙，竞相"领养"。

原来，这是奥尔康公司的总经理罗勃所创造的一个别出心裁的推销术。

几年前，一场"家庭危机"的潮流扫荡了美国社会，破碎的家庭越来越多，父母离异给儿童造成了心灵创伤，也使得不能抚养子女的一方失去了感情的寄托。为了弥补这方面的感情空白，罗勃决定开发"椰菜娃娃"，要让这种娃娃成为人们心目中真正的婴儿。

为了让"椰菜娃娃"达到更逼真的境界，奥尔康公司每生产一个娃娃，都要在娃娃身上附有出生证、姓名、脚印，臀部还盖有"接生人员"的印章。在顾客"领养"时，要庄严地签署领养证，以确立"养子与养父母"的关系。

饶有兴趣的"领养"首战告捷之后，罗勃对"椰菜娃娃"采取全速前进的市场策略。一方面公司不惜巨款在电视上广泛宣传，在每周六早上儿童最受欢迎的卡通片时间里密集播映，使儿童对"椰菜娃娃"产生了特别的感情。另一方面，罗勃亲自出征，周游各地，在各大城市，亲自或派代表主持儿童博物馆举行的"集体领养椰菜娃娃"的仪式。

为了能够长久地保持"领养"的狂热，罗勃继续千方百计地了解顾客的心理需求，根据顾客情感上的需要，他又作出了一系列创造性的决定。首先，公司在美国各地开设了"娃娃总医院"，由公司的职员装扮成医生或护士。"椰菜娃娃"问世以后，放在摇篮里等待"收养"，造成了一种娃娃真正有生命的感觉。"椰菜娃娃"被领养后，公司还建立了生日档案，每当娃娃的生日时，娃娃的"领养父母"或"养护人"都会收到一份公司寄来的生日贺卡，以进一步联络公司与顾客的感情。

绝妙的是奥尔康公司还销售与"椰菜娃娃"相关的商品，例如：娃娃用的床单、尿布、推车、背包和各种玩具。既然顾客"领养"娃娃时，把它作为真正的婴儿和感情上的寄托，当然要购买娃娃必不可少的用品。

从这些独特的创新中，奥尔康公司赚取了高额利润，仅在 1984 年一年中，销售额就超过 10 亿美元。

（5）公共关系的组织与实施

公共关系的组织与实施即对每一种公关方式进行策划、制订具体方案，然后有计划地组织实施。

（6）公共关系评估

公共关系评估即对公关活动的效果进行评估，包括数量评估和质量评估两方面。前者如总结企业一年内的见报次数、上电视次数；受表扬次数等；后者主要了解公众对企业的评价或企业的形象是否提高了，以及对营业额有何影响。

2. 公共关系的原则

（1）内外结合的原则

内外结合的原则即内部自我完善与对外宣传相结合。

（2）远近结合的原则

远近结合的原则即长远计划与近期活动相结合。

（3）会员 PR 原则

PR 是英文公共关系 "Public relation" 的缩写。企业所有员工都应具备公关意识、形象意识，并以此来规范约束自己的行为。

（4）公众利益原则

公众利益原则即开展公共关系活动必须以公众利益为基础，达到平等互利。

三、公共关系的作用

公共关系具有多方面的作用，具体表现在以下几个方面。

1. 公共关系起着传递和沟通的作用

传递与沟通是指社会组织与公众之间互相传递和交流信息的行为。传递与沟通对现代组织的发展具有重要的作用。由于现代商品经济和传播媒体的迅速发展，组织与组织之间的竞争日趋激烈，一个社会组织若想在激烈的竞争中立于不败之地，就必须通过传递和沟通，使自己的优良商品、优质服务和优秀组织机构的良好形象获得公众的了解和支持。

传递和沟通是公共关系的核心，是树立组织和商品形象的基本手段，是联结组织与公众的桥梁。有了传递和沟通，公共关系才能成为一种独特的管理行为方式。因此，公共关系起着传递、沟通组织与组织之间、组织与公众之间的信息的作用。

公共关系的传递与沟通又具有真实性。在公共关系中所传递的信息情况要实事求是、具有可靠性，只有这样的信息才能具有决策参考价值，才能有效传递和沟通。要做到这一点，企业必须分析和研究传递与沟通的时效、技巧和方式，并要分析研究传递与沟通信息的可靠程度和可提供的价值。公共关系在传递与沟通信息作用的基础上，还起着在组织与组织、组织与公众之间进行联络和协调的作用。

资料 5

做生意就是做朋友

承德地区因钒钛资源丰富而吸引了很多商家竞相来投资，如何在众多竞争者中脱颖而出，是摆在河北畅达矿业公司面前首要的问题。树立"以质量求生存，以诚信求发展"的理念，采取"品位最高端，配货最快速"的方式，吸引了众多客户的加盟，与多家客户企业形成了朋友般的长久合作关系。以这种"做生意就是做朋友"的信条与客户精诚合作，企业赢得了长足的发展。

2. 公共关系起着联络与协调的作用

联络与协调是指组织与组织、组织与公众进行交往、处理矛盾与协调关系的行为。

在社会化大生产条件下，组织与组织、组织与公众之间联系很密切，互相构成了一个大系统，因而客观上要求组织与组织之间、组织内部之间、组织与公众之间、组织与社会之间、公众与社会之间、组织与各方面环境之间，要保持协调平衡发展。只有这样，组织系统才能成为一个结构稳定、运行有序、功能良好的有机整体。要使这个系统或整体有序地、有效地运转，必须要有联络和协调。联络即交往，通过组织与组织之间、组织内部、组织与公众、组织与社会之间的联络活动，培养情感，互相谅解，互相支持，发展合作，为组织建立广泛而友好的社交联系，为争取更多的公众谅解和支持创造良好的条件。

协调是指社会组织与组织之间，组织内部各种关系之间，组织与公众之间，组织与社会之间在互相交流过程中，为了避免、减少和化解一些不必要的摩擦和冲突，创造和实现组织内和谐的环境，以求得组织内部的团结和外部的统一，达到组织兴旺发达的目的。

3. 公共关系起着咨询和引导的作用

咨询和引导是公共关系组织人员一方面向组织决策层积极提供可信的咨询和建议、参与决策，另一方面要对组织与公众提出的问题进行细心地解释、说服、教育和诱导。因为在瞬息万变、竞争激烈的市场经济条件下，组织与公众要在千变万化的市场竞争中求生存、求发展，除了自身有较高的声誉和优质商品、优质服务外，还必须及时了解和掌握市场的行情。公共关系组织和个人要及时搜集，了解市场的信息以及公众的舆论、意向和要求，担负着向组织决策部门提供情况和建议，上通下达，参与决策。所以说，公共关系还起着咨询和引导的作用。

4. 公共关系起着树立与激发的作用

树立，即树立本企业及其商品的良好形象，扩大其声誉；激发，即激发消费者对商品的购买兴趣和购买欲望。

5. 公共关系起着增强和提高的作用

公共关系的宣传活动，不仅激发了消费者的购买兴趣和购买欲望，同时又反过来激励了本企业的激情，增强了本企业对社会的责任感及信心，进而提高了本企业的素质，同时也提高了企业的经济效益。

四、公共关系与市场营销

1. 公共关系与市场营销的紧密联系

公共关系和市场营销的关系是紧密的。但它们之间的区别也是明显的。公共关系工作在企业中，几乎与市场营销融合在一起。换言之，企业的公共关系工作几乎完全为市场营销活动服务。因此，公共关系可以涉及市场营销的各个角落。它们的联系主要表现在以下几个方面。

1）共同的产生条件——商品生产的高度发展。

2）共同的指导思想——用户第一，社会效益第一。

3）相似的传播媒介——大众传播媒介。

4）市场营销把公共关系作为组成部分。

2. 公共关系与市场营销的区别

公共关系与市场营销的区别主要表现在以下几个方面。

（1）范围不同

市场营销仅限于企业生产流通领域，最多不过是经济领域内，但公共关系所涉及的是社会任何一种组织与公众的关系。除企业外，公共关系还涉及政府、学校、医院等各种组织，远远超过了经济领域。公共关系比市场营销有更广泛的社会性，学科应用范围也更为广阔。

（2）目的不同

市场营销的直接目的是销售产品，从而进一步扩大赢利，产生企业效益；公共关系的目的是树立组织形象，产生良好的公众信誉，从而使组织获得长足的发展。

（3）手段不同

市场营销所采用的手段是价格、推销、广告、商标、包装、产品设计、分销等。这些手段都紧紧地围绕着产品销售的目的。而公共关系所采用的手段是宣传资料、各种专题活动，如社会赞助、典礼仪式、危机处理等活动。

（4）目标不同

市场营销是在一个长期的基础上，吸引和满足客户的需求，以便赢得一个组织的经济目标，其基本责任是建立和维护一个组织的产品或市场；公共关系通过长期努力，赢得组织的良好形象，而并非仅仅是经济利益，还包括社会方面的利益，其基本责任则是建立和维护组织与公众之间的互惠互利的关系。

（5）聚焦不同

市场营销主要聚焦于顾客的交换关系，其基本过程是通过交换既满足顾客需要又赢得经济利益；而公共关系涉及范围广泛的各类公众，包括客户公众和非客户公众，如雇员、投资者、政府。

（6）范围不同

公共关系和市场营销在范围上也不存在谁包含谁的问题，有效的公共关系通过维护和谐的社会关系和政治环境促进市场营销工作；而成功的市场营销同样有助于建立和维护组织与公众之间的良好关系。

资 料 6

广告用语须谨慎

2003 年 2 月,南京的个别消费者发现自己购买的中电通信 CECT928 手机屏幕上竟出现一句问候语 "Hello Chow",翻译成中文的意思是 "你好,中国种的狗",消费者随即向新闻媒体反映。此事经媒体曝光后,立刻掀起轩然大波。许多人认为这是对民族尊严的伤害,是对中国人的侮辱,该手机的众多用户欲向厂家讨说法。

事件发生当日,中电通信市场总监飞赴南京,并与首先发现问题的用户取得联系。随即,中电通信公司发表公开声明:第一,中电通信作为国内重要的手机供应商之一,一直以发展民族企业为己任,本着 "用户至上的原则",绝无伤害国内用户民族尊严的想法与行为。第二,CECT 928 是 2002 年 8 月推出的产品,以性能卓越和价格合理而赢得消费者喜爱。"Hello Chow" 是手机问候语,意为 "你好,可爱的宠物狗",是该手机人性化的开机界面。第三,本着对国内购买者负责的原则,购机用户如不喜欢该界面,CECT 可提供免费软件升级,并公布售后服务中心的地址和电话。

点评:一则非常简单的声明是很难解决问题并令人信服的,中电通信对这起公关危机的处理是不到位、不成功的。其根本原因是中电通信单方面把责任归结为是消费者对问候语的 "误解",而没有主动地与消费者、媒体进行真诚的互动交流,并向消费者赔礼道歉,以求得消费者的原谅和理解。

小　　结

通过对本章的学习,使学生初步了解营业推广心理和营销公关心理的知识以及对顾客心理的影响作用,从而学会在实际营销中巧妙运用这些基本理论去指导营销实践,以获得更好的营销效果。

实 训 练 习

以模拟公司为单位,寻找学校所在城市的商场、专卖店、餐厅等,运用营业推广心理的知识进行分析,为其制定营业推广方案。

复习思考题

1. 营业推广的含义是什么？
2. 营业推广有哪些特点？
3. 营业推广对经销商有何心理影响？
4. 营业推广有哪些方式？各有什么特点？
5. 公共关系的含义是什么？
6. 简述营销公关的心理功能。
7. 营销公共关系有哪些作用？
8. 如何认识企业公共关系的策略及其心理效果？

第九章　营销场景及营销服务心理

☞ **本章导读**

　　营销场景、营销服务等对消费者心理与购买行为有着重要的影响。对商场外观与商场内部合理设计可以减轻消费者心理压力和其他因素的干扰，在自由接触商品中形成轻松愉快的情绪感受；营销服务可以使消费者感受到商家对自己的尊重和信任，获得较大的自尊感和成就感。这些都会进一步激发消费者的购买欲望、促成购买行为。本章主要讲解商场外观设计心理，商场内部设计心理，研究服务营销的心理策略和售前、售中、售后服务的心理策略。

☞ **关键词**

营销场景心理（the mentality of marketing scene）
招牌设计心理（sign design psychology）
标志设计心理（logo design psychology）
营销服务心理（the mentality of service marketing）

■ 开篇案例

三尺柜台前的精神"富翁"

　　他，没有参加荒野变良田的开拓，也没有参加"天堑变通途"的建设，更没有"不用国家一分钱，白手组建大公司"的业绩。他只是长年累月守在普通的三尺柜台前，但他在这里创造的却是一笔巨大的精神财富。他，就是全国劳模、全国商业特级劳模、上海市第一百货商店营业员马桂宁。他的业绩体现在他所创立的独特的"马派"商业服务技艺之中。他对记者说：天生我才必有用，我的人生价值就是为顾客服务。一天，有位60多岁的老人，来到马桂宁的柜台，围着呢料看了又看，明显有购买之意。马桂宁主动向他打招呼，老人说儿子白天上班，晚上读夜大，没有时间逛商店，因此想代他买一块西装料，又怕买回去儿子不喜欢。马桂宁详细询问了他儿子的身高、体形、爱好等，得知他的儿子是个高个子黑皮肤青年，便介绍一块藏青色全毛华达呢给这位老人。为了打消他的顾虑，马桂宁对老人说，如果你的儿子不满意，我负责退换，老人这才放心地买了。几天以后，这位老人专门带了两包香烟来谢马桂宁，虽然马桂宁没有接受这位老人的"礼品"，但老人当时激动的神态深深地留在马桂宁的印象中。马桂宁对记者说，我从中悟出一个道理，只有真心诚意地为顾客服务，才能体现一个营业员的价值。

随着市场经济的发展，人们在寻找、实现自身价值的同时，更希望自身价值的"增值"。但人生价值的高低取决于自身的知识和技术含量。用马桂宁的话来说，真心实意为顾客服务，不只是个态度问题，更需要建立在科学基础上的一流服务技艺作支持。马桂宁在不断积累实践经验的同时，利用业余时间系统地学习了《商业心理学》、《普通心理学》、《消费心理学》等心理学专著，他把学到的理论知识灵活地运用到柜台服务实践中，认真探索顾客购物的心理活动规律，并提供相应的销售服务。有一次，在营业员换班吃饭的时候，来了一位女顾客，她横挑竖摸，还对着光反复照看，马桂宁马上意识到，今天碰到了一位典型的选择型顾客。半个多小时过去了，女顾客还没有走，马桂宁主动对女顾客招呼："请你不要着急，买东西就是要买个称心。"女顾客一听如遇知己，反而加快挑选速度，爽快地买走了一块裤料。

上海市百一店位于繁华的南京路，该店每天接待来自全国各地的顾客达 20 多万人次。营业员都有体会，要脸带微笑，热情服务，接待好一笔生意不难，而要不走样地接待好 10 笔、100 笔生意，包括营业员自身心情不愉快时，也要面带微笑，这就不容易了。马桂宁的想法是，我每天上柜就做好了"角色转换"，假如我是顾客，我对营业员会怎样要求。因为，我对顾客的真情实意是事先做好心理准备的，是超越了自我的为顾客服务。马桂宁在呢绒柜每天接待的顾客最多时达 200 位以上，在这样繁忙的接待中，马桂宁仍能坚持做到脸上笑容不消，嘴上招呼不断，手上展示不停。现在社会上"追星族"众多，在一位普通商店营业员马桂宁的身后也有很多"追星族"，那就是信赖他的顾客，马桂宁服务到哪里，顾客就跟他到那里买他推销的商品。马桂宁真的是一位名副其实的商业明星。

（资料改编自：www.cnki.com.cn）

第一节　营销场景心理

一、外观设计心理

商场的外观包括商场建筑物、商店门面和出入口等商场的外部形象，是决定能否引起顾客良好心理反应的重要因素。

1. 建筑结构设计心理

（1）商场建筑的心理功能

建筑是一种艺术，是物质和精神的统一。商场建筑不仅具有形态功能，也具有心理功能。从形态功能来讲，它应满足作为购物场所的空间需要；从心理功能来讲，它应能给人以形式美感，产生美的愉悦，由此吸引顾客，促成良好的购物情绪氛围。

（2）不同的建筑结构和材料形成不同的商业形象

不同的建筑结构和材料可以营造不同的环境氛围，给人带来不同的心理体验，树立企业不同的商业形象。

资料 1

"水晶宫"的设计心理分析

1851年伦敦为第一次世界工业博览会建造的展览馆"水晶宫"，以预制铁件安装成架，表面全部镶上玻璃，内部宽敞明亮，外观晶莹轻灵，使人耳目一新，后来被许多追求高雅、新颖的商业场所争相效仿。上海豫园商场的成片仿古建筑，犹如形态各异的亭台楼阁，古色古香，具有浓郁的民族特色，让人感觉仿佛是置身于百年以前的老城厢。加上众多闻名遐迩的传统商店和特色商品，吸引了大量国内外的游客前往旅游、购物。

（3）现代商场建筑的趋势与顾客需要

现代商场建筑结构有向高大、挺拔、宽敞方向发展的趋势，可以给人以舒适感。与此同时需要注意的是，进入商场主营业厅的阶梯不能多，以免顾客因爬楼梯而产生不便之感。有些商场在设计中为突出建筑物的气势，把主营业厅安排在二楼，并在街面与主营业厅之间高高的阶梯旁安装自动上下的电梯，方便顾客进入商场。商场建筑也不一定追求高大，总体上建筑形式要服务于经营内容，应与主销商品的品种与营销氛围相协调。

2. 招牌设计心理

招牌是商店的名字，是用以识别商店、招揽生意的牌号。设计精美、具有高度概括和吸引力的商店招牌，不仅便于消费者识别，而且可以形成鲜明的视觉刺激，对消费者的购买心理产生重要影响。随着市场经济的发展，流通领域企业的招牌与商品品牌一样，具有越来越重要的地位和作用。一个深受消费者信赖的商店品牌相当于对消费者作出的一种承诺，使消费者在购买时有安全感、信赖感。消费者在购物时通常会选择具有一定知名度和美誉度的商店，以求减少购物风险。

在商店招牌的设计上，可以从以下两方面来考虑。

（1）招牌命名的心理要求

招牌的首要问题是命名。好的店牌命名是便于消费者识别、注意、上口易记，要适应和满足消费者方便、信赖、好奇、慕名、吉利等心理需要，以便吸引众多的消费者。

资料 2

不同商店命名的特点

以商店主营商品命名，使消费者产生直观方便感。这种命名方式，通常能从招牌上直接反映出商店经营商品的类别，如"雪亮眼镜店"、"亨得利钟表店"等。

以商店经营特点命名，唤起消费者的信赖感。例如，北京老字号"六必居酱园"突出了该店商品用料必精、加工必细等特点，"精时钟表店"可使人联想到钟表的精确和准时。

以新颖、奇特的表现方式命名，引起消费者的好奇心理。日本大阪有一家专售妇女内衣的"芳迪商店"，招牌上写着"芳迪挑选顾客"。这在奉行"顾客就是上帝"的日本商界，自然耸人听闻，因而引起人们的好奇心。尽管店内各种苛刻规定，如顾客挑选商品时，不准乱翻；试穿后的衣服必须叠好放回原处等，但人们仍然受好奇心的驱使，纷纷光顾。

以寓意美好的词语和事物命名，投合消费者的喜庆吉祥心理。受民族文化传统影响，我国消费者历来把吉祥喜庆作为一种重要的心理需求。以寓意美好的词语、数字或事物命名，可以给消费者以吉祥如意的心理感受，平添一分对商店的好感。例如，北京的"全聚德"、"同仁堂"、"盛锡福"、"祥泰义"、"稻香村"等老字号，因其美好的命名而给几代消费者留下了美好的印象，且经久不衰。

（2）招牌的艺术表现形式

确定了招牌的命名之后，还必须配以良好的艺术表现形式。表现形式较之命名给消费者的视觉冲击更为强烈，因而是招牌设计中不可忽视的重要内容。招牌形式的表现手法有多种，如请名人或书法家题写店名；字体与背景的对比鲜明醒目；采用立体化的艺术造型；使用霓虹灯、灯箱、电子显示牌等新型材料；招牌与人流方向相切侧向悬挂等。

3. 标志设计心理

所谓标志，是以独特造型的物体或特殊设计的色彩附设于商店建筑上而形成的一种识别载体。

（1）标志的心理功能

1）标志是一家商店与其他商店的区别所在。由于标志通常设计独特，个性鲜明，为一家商店或企业所独有，因而成为商店的主要识别物。消费者仅从标志上即可对各种商店加以辨认和区别。尤其在由多家商店组成的连锁经营方式中，标志更成为连锁组织的统一代表物。

2）标志是商店或企业形象的物化象征。标志往往蕴含着丰富的内涵，是企业或商店经营宗旨、企业精神、经营特色、代表色等理念与识别形象的高度浓缩和象征。通过标志的视觉刺激，可以向消费者传递有关企业理念的多方面信息，使消费者获得对商店形象的初步了解，并留下深刻印象。

3）标志具有广告宣传功能。标志如同招牌、橱窗外观要素一样，具有重要的广告宣传功能。它通过不断地强化消费者的视觉感受，以引起过往以及一定空间范围内众多消费者的注意和记忆，从而成为招揽顾客的有效宣传手段。

（2）设计标志的基本要求

为充分发挥标志的心理功能，在设计标志时，应充分适应消费者的心理特点，体现以下基本要求。

1）独特。避免相似是标志设计最基本的要求。独具特色、别具一格的标志可以将本企业与其他同类企业明显区别开来，使消费者形成正确而清晰的企业认知。

2）统一。不言而喻，连锁店或企业集团内各个分店或分支机构的标志必须是统一的。不仅如此，标志的字体、造型、色彩等还应与企业的形象识别系统（CIS）相统一。不仅要与其中的视觉识别系统如标准色、标准字等保持一致，而且应尽可能体现理念及行为识别系统的内涵与要求，以使消费者从标志中感知到企业或商店的整体形象。

3）鲜明。标志的色彩反应力求鲜明，以便形成强烈的视觉冲击效果，给消费者留下深刻的印象。如麦当劳快餐店的红黄对比；肯德基快餐店的红白对比；7-11连锁店的白绿对比等，都因对比鲜明而产生良好的视觉效果。

4）醒目。标志在形状大小和位置设计上还应做到醒目突出，能够为消费者迅速察觉。设置位置一般应矗立在建筑物顶端或商店门前。例如：日本的大百货商店建筑物顶端常竖有葵花、和平鸽等巨型标志，数公里之外清晰可见。

4. 出入口设计心理

出入口是从店门到货架、进出商场的通道，在设计上应以方便顾客出入、形式大方、宽度足够、能吸引顾客的视线为基本考虑点。大型商场进出人流较多，出入口也要相应地开设数个以满足顾客从不同方位方便进出通道的要求。如果出入口的位置和宽度设置不合理，造成拥挤的现象，会使人望而却步，造成客源流失。从出入口开放程度来看，可以设计成以下几种类型。

（1）封闭型

店门出入口较小，临街的一面有时用橱窗或有色玻璃遮蔽。这种类型的出入口适用于经营金银首饰、名贵工艺品、艺术瓷器等高档商品和特殊商品，以及经营西餐、咖啡饮料等商店。顾客进入这类商场可以因其封闭的出入口产生神秘、幽雅、高贵的感觉，这类商场的主体顾客为具有特定消费意向的人群，客流量不多，故不会影响顾客的出入。

（2）半开型

出入口占门面的一半左右，出入口两翼临街的一面常设橱窗，陈列各式新颖而形象生动的样品。这种出入口布置适宜于经营时装、化妆品、医药用品、文化用品等某一类或几类大众化商品的商店，顾客可以通过橱窗和店门看清店内的大体布局，比较方便地进出，以浏览和购买商品。

（3）全开型

临街的一面全部开放，出入口尽可能大些，顾客在路过时很容易看清商场内部的商品摆设。这种设计适宜于经营食品、水果、蔬菜等商品的商店，顾客进出商店无任何障碍。此类商场销售的商品是人们最直接的生活必需品，面向的顾客面很广，因此出入口设计较简捷，能满足顾客方便、实用、经济的心理需要。

（4）畅通型

常设有两个以上的店门，有的还明确区分和标明出口、入口位置。这种类型的出入口适用于规模宏大、客流量众多、经营品种繁杂的商场，比如百货商店、超级市场、大型商场等，可给人以方便、气派之感，能最大限度地适应人们进出商场的需要。

二、商场内部环境设计心理

内部环境是商场内部建筑、设施、柜台摆放、商品陈列、装饰风格、色彩、照明、音响、空气等状况的综合体现。就消费者心理而言，内部环境的设计在整体购物环境中起着主导作用。

1. 柜台设置心理

柜台与货架是陈列商品的载体。柜台与货架的设置直接影响消费者的购买心理。

（1）按照售货方式不同，选择开放式和封闭式的货架陈列

1）开放式柜台采取由消费者直接挑选商品的方式。消费者可以根据自己的需要和意愿任意挑选商品，从而可以获得较大的自主感和成就感；可以减轻心理压力和其他因素的干扰，在自由接触商品中形成轻松愉快的情绪感受；还可以使消费者感受到商店对自己的尊重和信任。这些都会进一步激发消费者的购买欲望、促成购买行为。书店、鲜花店、家具店、超级市场、专卖店等大多数采用开放式柜台。现在，一级大商场也在采用开放式货架陈列，如服装区、儿童玩具区等。顾客可自由地从货架上拿取、选择和比较商品，从而最大限度地缩短与商品的距离，增强亲身体验和感受。

2）封闭式柜台是依靠售货员向消费者递拿、出售商品的设置形式。这种形式增加了消费者与商品相联系的中心环节，扩大了距离感，降低了个人的行为自主性，同时增加了与售货员产生人际关系摩擦的可能性，使消费者心理的负担和影响较多。但在诸如珠宝首饰、钟表、化妆品、电器、副食等不宜或无法直接挑选的商品销售中，封闭式柜台仍不失为较为妥当的柜台形式。

（2）按照排列方式不同，可以采用直线式和岛屿式两种方式

1）直线式柜台是将若干个柜台直线排列。这种方式便于消费者通行，视野较开阔和深远，但不利于迅速寻找和发现目标。一般常用于小型商店的柜台设置。

2）岛屿式柜台是将一组柜台呈环状排列，形成一个"售货岛屿"。这种排列方式可以增加柜台的总长度，扩大商品陈列面积，还可以按经营大类划分和集中陈列商品，以便于消费者迅速查找和发现所要购买的商品。这种方式还有利于营业现场的装饰和美化，通常为大型商场采用。

资料 3

重视商品区位设计

按照经营商品的特点及消费者的购买习惯，可以选择不同的设置区位。在柜台的摆放地点或区位设计中，应以经营商品的性质及消费者的需求和购买习惯作为主要依据。对于人们日常生活必需、价格较低、供求弹性小、交易次数多、无售后服务的便利商品，如香烟、糖果、电池、饮料等柜台，应摆放在出入口附近，以满足消费者求方便、求快捷的心理；对于一些价格较高、供求弹性较大、交易次数少、挑选性强、使用期较长的选购商品，如时装、家具等，应相对集中摆放在宽敞明亮的位置以便让消费者观看、接近、触摸，从而满足消费者的选择心理。对于一些高档、稀有、名贵、价格昂贵的特殊商品，如彩电、照相机、工艺品、珠宝首饰、古董等柜台，可以摆放在距出入口和便利品柜台较远、环境幽雅的地方，以满足消费者求名、自尊、私密等特殊要求。

2. 商品陈列心理

商品陈列是指柜台及货架上商品摆放的位置、搭配及整体表现形式。根据国外的成功经验，通过顾客购买行为调查，按照需求取向，灵活配置商品布局比例，是目前最有效的办法。应根据消费者的心理特征讲求商品摆布艺术，使商品陈列做到醒目、便利、美观、实用。

（1）层次清楚，高度适宜

顾客进入商场后，无论其是有意购买特定商品，还是无计划地进行浏览，大多要对陈列的商品进行环视扫描，以作出所看到商品的属类判断。当发现自己感兴趣的一类商品后，就会停下来仔细寻找、观察和挑选。因此，商品的陈列要有层次感，同类商品应尽可能地陈设在邻近的位置上，以减少顾客寻找的时间。我国台湾万客隆商场中，并不总是将商品以类型分类，而是以顾客导向来分类。对于有较高品牌忠诚度的商品，例如运动鞋、奶粉等，按品牌分类。

商品陈设的高度要使商品能比较容易地进入人们的视线。研究发现，普通身高的顾客无意识展望的高度为 0.7～1.7 米，上下幅度为 1 米左右。仰起头来观看陈列过高的商品或蹲下去俯视过低的商品，往往会引起不舒适和不悦感，是人们不愿意做的事情。

（2）适应习惯，便于选购

对不同种类的商品，人们有不同的购买习惯。为顺应顾客的购买习惯，商品的陈列应体现一定的规律。

1）"低值易耗"商品。这类商品是人们日常生活中消耗量大、需求弹性小、价格比较低廉、一般没有明显消费层次的商品，诸如牛奶饮料、烟酒糖果、蔬菜瓜果、清洁用品、油盐酱醋等。这些商品使用频繁，同类商品性能接近，选择余地小，人们希望购买方便、交易便利，因此，可以陈列于最明显、易于速购的地方，如商店的底层、过道和出入口。据国外资料统计，85%的口香糖和糖果是在无计划的冲动型购物中购买的。所以在超级市场中，往往把口香糖摆放在收银（付款）处附近。

2）衣着出行用品。这类商品是人们生活中用于穿着打扮或使用的物品，显示一个人的气质、审美特点和消费层次，比如时装、皮鞋、手提包、手表、眼镜等。这些商品有一定使用期，款式、价格差异比较大，人们在购买时往往要进行仔细的比较，常要对价格、款式、色彩、质量等进行综合性的思考，才会作出购买决定。这类商品陈列于商场内比较宽敞、光线比较充足的地方，便于顾客接触或接近商品，进行比较和思考，从容地进行决策。

3）家用贵重商品。这类商品属于人们居家使用的高档生活消费品，体积比较大、使用寿命长，诸如电视机、电冰箱、空调器、组合音响、高档家具等。此类商品的规格、性能、质量差异常常很大，价格较高。因其使用周期长，占用空间大，售后服务要求高，人们在购买前必然要花较长的时间进行比较，考虑购买的时机、商家和品牌。因此，商场应选择店内比较深入、冷僻、优雅的地方，设立专门的区域，提供咨询服务，以满足顾客慎重决策、求信誉、求放心的心理要求。

（3）清洁整齐，疏密有致

商品的陈列不仅要讲究层次、部位，而且要给人以干净、整洁之感。货物上如有积灰应随时清除，否则会使人"倒胃口"。

要注意商品陈列与货架的疏密得体、错落有致。货架上商品的陈列必须丰满，随时填补货物销售后留出的空间，给人以丰富、充实的感觉，但也不能塞得严严实实，以免使人感觉沉闷、压抑。货架之间的通道应畅通，宽窄要适宜，以给人留下思索的余地和想象的空间。有关统计分析，自由市场中 2/3 的购买决定是在通道里作出的。如果商品陈列合理，可以使冲动型购物增加 10%。

3. 色彩设计心理

色彩指商场内部四壁、天花板和地面的颜色。在商场内部环境设计中，色彩可以用于创造特定的气氛，它既可以帮助顾客认识商店形象，也能使顾客产生良好的记忆和心理感觉。不同的环境色彩能引起顾客产生不同的联想和不同的心理感受，激发人们潜在的消费欲望，同时还可以使顾客产生即时的视觉震撼。

色彩在营销场所具有特殊的心理如下。

（1）冷暖感

色彩可以改变人们对特定场所的感觉。在赤、橙、黄、绿、青、蓝、紫的光谱中，越是居于前面的色调温暖感越强，越是处于后面的色调寒冷感越明显。赤、橙、黄为暖色调，青、蓝、紫为冷色调。同样是一种以红色基调为主布置的儿童物品专营区，寒冷的冬天进入后感到温暖如春，吸引人慢慢游览商品，而如果夏日里进去，又无空调，则更加感到热浪滚滚，不禁使人觉得要赶快离去。

（2）大小感

明亮度高的色彩具有放大感，而明亮度低的色彩具有缩小感。同样尺寸的黑白两件物品放在一起，可使人感觉白色物品较大，而黑色物品显得相对较小些。

服装商场内男性模特儿的服装应搭配不同的颜色，如果裤子是深色的，那么上衣最好配浅色的，因为这样可以显示男士健与美的感觉。

（3）抑扬感

空间小的营业场所一定要使用浅色作为周围环境颜色，这样可让人感觉场所并不小。暖色调中的红橙等颜色具有兴奋作用，能使人心情兴奋，活跃，但也会使人神经紧张，引起不安。在红色的照明下从事工作可使动作反应加快，但效率则不会高。冷色调中的青色、蓝色能使人精神受到抑制，产生镇静、肃穆的感觉。

（4）象征感

不同的色彩还能引起人们不同的联想，具有某种象征感。黑色是严肃、悲哀的象征，给人以庄重、雅致之感；白色是纯洁、朴实的象征，给人以神圣、恐怖之感；红色是喜庆、热情的象征，给人以热烈、危险之感；绿色是青春、生命的象征，给人以恬静、新鲜之感；黄色是富贵、华丽的象征，给人以明快、跳跃之感；蓝色是安静、智慧的象征，给人以幽雅、寒冷之感。另外，各种颜色的不同组合，也会使人产生不同的联想，引起不同的感觉。有的茶室基调以淡绿色为主，使人联想到绿色的茶林，产生一种回归大自然的闲适之感。

4. 照明设计心理

照明直接作用于消费者的视觉。营业厅明亮、柔和的照明，可以充分展示店容，宣传商品，吸引消费者的注意力；可以渲染气氛，调节情绪，为消费者创造良好的心境；还可以突出商品的个性特点，增强刺激强度，激发消费者的购买欲望。

灯光照明是对商场的软包装，体现着商家在一定时期内销售主体的诉求意向，也是向顾客传递信息的媒介。店内的照明光源一般分为两大类：一类是为了保持整个商店空间亮度基本照明光源，又称为总照明。另一类是以装饰功能为主兼作照明的装饰光源，又称附加照明，包括特别照明和装饰照明，前者是为增加柜台光度配置的，多采用聚光灯、探照灯等照明设备定向照射；后者的配置一般要视主要商品的特性而定，大多采用彩灯、壁灯、吊灯、落地灯、霓虹灯等照明设备。不同光线、不同光源能使环境形成不同气氛。

店内的照明应与消费者通过视觉所反映的心理感受相适应，这样才能增强感官刺激强度，渲染店内气氛，激发顾客的购物情绪。店内灯光照明的科学化、艺术化可以渲染烘托整个商店的气氛，突出商品格调和商品的特性，对顾客产生强烈的诱惑，同时也会给顾客带来舒适、愉悦的心理感受。

针对经营商品的不同，在灯光的应用上也采取不同的方案。为吸引消费者的注意力，对消费者挑选性强的商品，如妇女用品、结婚用品、各式服装等，照明度要强一些；对消费者挑选不细的商品，如日用杂品、化学用品等，照明光度可以弱些。珠宝首饰、工艺美术品、钟表眼镜等贵重、制作精密的商品，可用定向光束直射，以显示商品的灵秀、华贵、精细，使消费者产生稀有、珍贵的心理感受。

5. 音响设计心理

声响也是商店气氛的重要组成部分，用音乐来促进销售，可以说是古老的经商之术。早在传统商业时期，叫唱或敲击竹梆、金属器物等就成为小商小贩招揽生意的独特形式。

心理学研究表明，人的听觉器官一旦接受某种适宜音响，传入大脑中枢神经，便会极大地调动听者的情绪，造成一种必要的意境。在此基础上，人们会萌发某种欲望，并受到欲望驱使而采取行动。但是，并不是任何音响都能唤起消费者的购买欲望。相反，一些不合时宜的音响会使人产生不适感。店内的各种声响一旦超过一定限度，不仅使顾客心情烦乱，注意力分散，还会使顾客反感。一些轻松柔和、优美动听的乐曲能抑制噪声并创造欢愉、轻松、悠闲的浪漫气氛，使店内顾客产生一种舒适的心情，放慢节奏，甚至流连忘返。一项调查结果表明：有77%的调查对象在购物活动中偏爱有背景音乐的伴随。

商店背景音乐的选择一定要结合商店的特点和顾客特征，以形成一定的店内风格。同时还应注意音量高低的控制，既不能影响顾客用普通声音说话，又不能被店内外的噪声淹没。音乐的播放也要适时有度，以免使顾客产生不适感，甚至厌烦而达不到预期的效果。

6. 气味设计心理

宜人的气味也通常对人体生理有积极的影响。空气污浊有异味的商店顾客不会久留，无味的商店使顾客感到疲劳。而清新的、令人心旷神怡的购物环境则使顾客得到美的享受。商店内部如能根据所经营的商品特征适宜地散发一些宜人的气味，能使顾客在购买活动中精神愉快、心情舒畅。

有的食品零售店利用气味对消费者的影响来诱发消费者的购物动机，以此增加销售。像一些糕饼店人为地制造诱发人食欲的气味，吸引过往行人的注意，并刺激其购买行为。一些出售小装饰品、礼品的精品店使用轻淡的花香型香料，营造店内温馨、雅致的氛围，可以与其陈列的精美商品相呼应，给消费者以美的享受，进而激发其购买欲望。

第二节　营销服务心理

一、服务营销与顾客心理

1. 服务营销中的顾客心理

（1）对服务质量的评估标准差异大

购买服务之前，顾客只有少量线索可用于判断服务质量，对许多服务来说，顾客只能根据售价和服务型企业的有形证据评估服务质量。

在购买管道修理、建筑物清扫、草坪修剪等服务之前，价格可能是顾客评估服务质量的唯一标准；在购买理发服务、律师服务、美容服务等方面，顾客会根据有形证据判断服务质量；对于旅游服务、宾馆服务等，顾客可能会观察这类服务型企业的办公室、服务人员、服务设备、服务工具和服务环境，这些对他们的选择有较大的心理影响。

（2）在选择服务型产品时随意性大

购买服务时，顾客想起的服务型企业较少，顾客只能在同一地区找到一两个服务型企业（如银行、干洗店、理发馆）。在购买服务之前，顾客很难获得足够的信息，由于不易收集信息，顾客可能挑选第一个可能满足自己需要的服务型企业，而不会去考虑和比较所有同类服务型企业，再做出自己的选择。在购买非专业服务之前，顾客购买的随意性较大，顾客可自己做家务，也可雇保姆；可自己做饭，也可到餐馆吃饭。顾客对许多其他服务，如理发服务、浴室服务、叫车服务等，也是如此。

（3）接受创新过程较难

服务是无形的，服务型企业很难介绍、显示或比较各种服务的特点，并根据不同顾客的要求提供不同的服务。服务型企业很难向顾客传递信息，通常，顾客无法使用或检验服务，因为服务较难分割，顾客每次消费经历不可能完全相同，所以服务往往比实物产品更加复杂。此外，某些服务可能不符合顾客目前的价值观念和行为方式，如果新服务要求顾客改变习惯、行为方式、价值观念，顾客就可能拒绝使用。

（4）感觉购买风险大

购买产品和服务时，顾客都会面临一定程度的购买风险。但是，由于服务的无形性、质量不一致、销售时不实行"三包"（包用、包修、包退），顾客认为购买服务的风险较大。这表现在：第一，服务是无形的，以体验性属性为主，顾客只能根据较少信息选购服务。许多研究结果表明：信息量少、质量差，顾客感觉中的购买风险就会增大。因此，顾客认为服务购买风险比实物产品购买风险要大。第二，由于服务质量不一致，购买服务时，顾客就会感觉风险比较大。即使顾客曾多次购买某种服务，但每次购买之前，顾客仍然无法肯定自己能得到什么样的服务。第三，除少数情况之外，服务型企业（如理发馆、浴池等）不实行"三包"。失望的顾客无法"退货"，因为当顾客感到不能满足时早已完成了对服务的消费。第四，许多服务（如医疗服务、律师服务）专业性较强。消费这些服务之后，顾客往往因缺乏必要的知识和经验而无法判断服务质量。

2. 服务营销心理策略

（1）向顾客提供信息，减少顾客的风险感

顾客在购买服务之前大多使用私人信息来源，较少使用非私人信息来源。因此，服务型企业可以减少促销组合中的广告数量。服务营销人员可使用鉴定性广告或使用谈话式广告引导顾客。如果顾客在购买服务后寻找更多服务信息，服务营销人员就应集中精力，向顾客提供有关信息，减少顾客的购后不安之感。

（2）充分利用有形证据，提高自己的质量形象

由于价格和有形设施可能是服务质量的象征，服务型企业应充分利用这些有形证据。如果服务型企业希望树立优质高档的市场形象，就应制定高于竞争对手的售价，并设法使有形设施符合优质高档市场形象的要求。

（3）顾客是竞争对手

顾客经常不去服务型企业消费，而是自己为自己提供非专业性服务（如自己洗衣服，不去洗衣店；自己染发而不去理发店），因此，提供这类服务的企业应意识到顾客是自己的竞争对手。顾客对专业性服务的要求往往很高，服务营销人员应深入了解顾客对这类服务的期望和要求。

（4）鼓励顾客接受新服务过程

推出新服务项目时，营销人员应集中精力鼓励消费者试用。由于服务性企业很难有效提供有关无形服务的信息，营销人员不必考虑顾客接受新产品过程中知晓、兴趣和评估等阶段。要加速顾客接受服务的过程，营销人员可向顾客提供折价券、免费服务，鼓励顾客试用。

（5）减少顾客感觉中的购买风险

服务型企业应采取各种措施，减少顾客感觉中的购买风险。如果可能，服务型企业应努力做到让顾客满意。服务型企业应强调员工培训和服务程序，并在可能的范围之内提供标准化服务，使顾客对服务质量形成合理的期望。

（6）增强品牌忠诚感

服务型企业不仅应设法增强顾客的忠诚感，而且应尽量争取对手的顾客。营销人员应向竞争对手的顾客提供各种信息，强调本企业的属性和优点，指出竞争对手无法提供同样的服务，促进竞争对手的顾客改变原来的印象而接受本企业的服务。

资料 4

"环球嘉年华"的商业奇迹

现在，娱乐休闲业正成为人们新的消费领域。巨大的摩天轮在旋转，跳楼机一次次"惨烈"地坠落，震耳欲聋的快节奏音乐和高分贝的尖叫声不绝于耳，铺天盖地的毛绒玩具，视觉、触觉全方位的出击……这是欧洲历史最久的游乐园家族掌门人威廉姆·史蒂文斯（William F.Stevens）的"环球嘉年华"。它已发展成为与迪斯尼、环球影城并列的世界三大娱乐品牌之一。它依靠的是巡回移动加低成本运行，创作了商业模式。环球影城嘉年华让你体验一种极限刺激和狂欢气氛。它每次开园最多两个月，来了又走，促使你不要错过机会。在中国娱乐业 70%亏损、20%持平、仅有 10%赢利的今天，环球嘉年华于 2003 年进入上海以后，创下了平均每天游客 4.3 万人、夏秋两个季节 2.2 亿元营业额的商业奇迹。

二、商品销售服务心理

1. 售前服务心理

（1）售前顾客心理分析

顾客由于需要而产生购买动机，这种购买动机受时空、情境等因素的制约，存在着各种各样的心理取向。

1）顾客的期望值。顾客在购买以前，总是对自己要购买的商品有所期望，这种期望可能指向品牌、价格、性能，也可能是其他因素，可能是单一的因素，也可能是多因素的组合。这种期望的大小就是所谓的期望值。随着市场的进一步发育、顾客对产品的要求越来越高，现代市场经济中顾客的心理需要往往比物质需要更为重要。企业在满足顾客物质需要的同时，必须要满足顾客的心理需要。

2）顾客认知商品的欲望。售前，顾客最关注的就是有关商品的信息，他们急需了解商品的品种、规格、性能、价格、使用方法以及售后服务等，这是决定其是否购买的基础。

3）顾客的价值取向和审美情趣。随着时代的发展，人们的价值取向和审美情趣往往表现出社区消费趋同的现象。所以，了解顾客的价值趋向和审美情趣并以此为标准来细分市场是很有必要的。通过市场调查会获得社区顾客的价值取向和审美情趣。

4）顾客的自我意识。自我意识并非生来就有的，它是个体在社会生活过程中与他人相互作用、相互交往、逐渐发展所形成的。顾客希望在购买商品的过程中实现自我价值、促进自我意识的培养。所以，了解顾客的自我意识，将为进一步开展营销活动奠定基础。

（2）售前服务心理策略

研究了售前顾客的心理需求及特征之后，就可以有针对性地采取相应的心理策略。

1）建立目标市场服务档案，把握顾客心理需求。市场经过细分以后成为各种各样的细分市场，相同的细分市场具有同质性，不同的细分市场具有异质性。企业深入研究目标市场顾客的心理需求，可以为做好更有针对性的服务提供依据。

2）促使顾客接受商品。顾客接受商品需要一个过程。消除顾客的戒备心理，使顾客接受销售的商品，需要做到以下三点：第一是帮助顾客树立新的消费观念，不断引导顾客学习新的知识和技术，正确选购和使用商品。第二是利用广告宣传与咨询服务等手段，增强顾客注意力，利用广告，促进学习，并通过店堂布置、商品陈列、美化购物环境使人得到艺术上的享受。第三是售前进行商品质量检查，确保售出商品的质量，消除顾客戒备心理，增强其对商品和商家的信任感。

3）最大限度满足顾客相关需求。顾客的需求往往不是单一的，有时除了主要需求以外，还有许多相关需求。最大限度地满足顾客相关需求，让顾客产生一种意外惊喜的感觉，会促使其购买商品。

在竞争日益激烈的市场上，企业应把售前服务看作是企业成败的关键和企业商品得以畅销的最重要一环，这就要求以独特、新颖、与众不同的形式来吸引顾客的注意，并引导其完成购买活动。

资料 5

精深营销，胜过泛泛宣传

A 公司是香港某集团在大陆从事保健品经营的子公司，一直从事"促进生长发育"类保健品的研发、生产和营销。到了 2002 年，他们突然发现，公司没有品牌。招商难、市场运作难，营业额大幅下降。为了在市场中保住一席之地，他们放弃了 18 至 22 岁 B 类年龄段消费者，而主攻 10 至 18 岁年龄段 A 类消费者，决定展开"健康咨询"营销战术。他们不再做一般的产品广告，而是向目标消费者传播生理学知识，邀请消费者到固定地点的"健康咨询中心"进行深入的健康咨询。健康咨询中心的功能不是产品销售，而是提供健康咨询服务。对健康咨询师并不进行销售考核，而是让他们对前来咨询的青少年做专业体检，分析其继续生长的潜力，知道生活习惯，提出个性化的"健康成长方案"。2003 年 3 月健康咨询中心开始营业，5 月初即传来捷报，在上海中心城区开设的 4 家健康咨询中心中，即使是交通最不便的一家都实现了销售率 40%、顾客满意率 98% 的业绩，远比传统的广告轰炸效果要好。2003 年公司在上海市场实现了 2200 万元销售额的良好业绩。

2. 售中服务心理

（1）售中顾客心理分析

做好售中服务，要求营业员必须掌握购买过程中的心理活动，提供有效的服务，使顾客高兴而来，满意而归。顾客在接受售中服务的过程中，大致有以下几方面的期望。

1）希望获得详尽的商品信息。顾客希望营业员能对顾客选购的商品提供尽可能详尽的信息，使自己准确了解商品，解决选购的疑惑与困难。而且，营业员提供的信息必须真实可靠，不能为了推销而提供虚假信息，提供的信息要够用、具体、易于掌握。

2）希望寻求决策帮助。当顾客选购商品时，营业员是他进行决策的重要咨询者和参谋，特别是当顾客拿不定主意时，会希望营业员提供建议，帮助顾客作出正确的购买决策。顾客希望营业员能站在顾客的角度，从维护顾客利益的立场上帮助他们作出决策；能提供令顾客信服的决策分析；能有针对性地解决顾客的疑虑与难题。

3）希望受到热情接待与尊敬。顾客对售中服务的社会心理需要，主要是能在选购过程中受到营业员的热情接待，受到尊敬。顾客期望：营业员以礼相待；营业员满腔热忱，拿递商品不厌其烦，回答问题耐心温和；维护顾客的自尊。

资料 6

你今天对客人微笑了吗？

希尔顿酒店创立于 1919 年，在 90 多年时间内，希尔顿始终如一地坚持"你今天对客人微笑了吗？"的座右铭。如今，希尔顿的"旅店帝国"已伸延到全世界，吞并了号称"旅馆之王"的纽约华尔道夫的奥斯托利亚旅馆，买下了号称"旅馆皇后"的纽约普拉萨旅馆，成为蜚声全球的酒店业。

4）追求方便快捷。顾客对售中服务期望的一个重要方面是追求方便、快捷。具体表现在：减少等候时间，尽快受到接待，尽快完成购买过程，尽快携带商品离店；方便挑选，方便交款，方便取货；已购商品迅速包扎递交，大件商品能送货到家。

资料 7

人们需要的不仅是房子，还有生活环境

上海某房地产有限公司董事长、总经理张某于 2006 年向银行贷款 3000 万元，建造首期 20 栋房、10 万平方米的"×苑"。但时值上海房地产市场的淡季，房子造好，无人问津。张某为吸引买主，替住户考虑，借钱开饭店，开超市，买车接送小区学童上学，尽一切可能打造便利的生活空间。半年后大见成效，购房者踊跃前来，至 2010 年初夏，该小区一座楼盘平均日销 4 套住房，而此时整个上海一天不过售房 40 套，张某独占全市售楼数量的 1/10！该小区的居民出行乘地铁，要用 15 分钟绕一个很大的圈子。有的居民不愿意绕圈子，就翻铁栅栏，横穿马路，非常危险。张某决定再造一座天桥，预算 1200 万元人民币。虽然当时兴盛集团的资金紧张，但张某认为这是比造房子还重要的一项工程。天桥造好以后，受益的不只是该小区，周围其他楼盘也会受益，这等于做了个广告。如果把 1200 万元摊到当时小区房子的售价中，大概每平方米楼盘价格要上涨 50 元。而事实是因为小区居民出行方便了，小区楼房每平方米的售价上涨了 200 多元，而楼房销售趋势却有增无减。

了解顾客的心理对于售中服务至关重要，顾客是企业销售过程中的核心因素，只有顾客对服务特别满意，销售活动才算成功。

（2）售中服务的心理策略

针对上述顾客心理，销售员应采取如下心理策略。

1）积极有效地推荐商品，多渠道地提供顾客所需信息。为满足顾客对有关信息的需求，企业与销售员要做好以下几个方面的工作：①通过多种途径摸清顾客所需信息，并对这些信息进行搜集与整理，进而掌握。②多渠道地向顾客提供信息，包括各种广告宣传、商品陈列与展示，特别是销售员的现场介绍、实物推介与演示，也包括顾客用后的信息反馈等，要注意提供信息的有效性，要以鲜明的形式吸引顾客的注意，要确保顾客对信息的有效接受。③要以诚恳的态度，向顾客提供真实的信息，并使顾客确信提供的信息真实可靠。

2）细心观察顾客的购买心理，适时提供咨询建议。首先通过对顾客的外表服饰和言行举止，观察判断顾客的职业、阶层、个性特点、购买类型；然后再观察与分析顾客购买的目标、期望与偏好、对所选商品的满意程度，特别是尚存的疑虑（购买障碍）；另外还要在适宜的时机、以适宜的方式，真诚耐心地提供咨询，强化其满意度，排除其疑虑，提出适宜的决策建议。绝不可操之过急，令其产生"强卖"之感，而应站在顾客的角度，帮助顾客分析并谋取顾客利益最大化。

3）充分尊重顾客，热情周到地为顾客服务。具体做法如下：①销售员要树立"顾客至上"的理念，真心实意地把顾客当作"惠顾""本店之客"。②在顾客购买的过程中，要通过热情周到的服务使顾客满意。③要特别注意在与顾客交往过程中的言谈举止，保持礼貌，以示尊敬，使顾客在购买商品的过程中获得受人尊敬的满足感。

4）提高营销员的业务技术素质，为顾客提供高效便捷的服务。具体做法如下：①销售员要把为顾客着想作为出发点，把方便顾客购买、节省顾客的购买时间看作提高商品质量的重要因素，想顾客之所想，急顾客之所急，做顾客之所需。②提高销售员自身业务技术素质，为便捷服务提供技术支持。③改革和完善服务规范、服务方法及服务程序体系，实现高效便捷服务，确保顾客满意。

3. 售后服务心理

（1）售后顾客心理分析

顾客在完成购买以后，无论是要求退换商品，还是询问使用方法，或是要求对商品进行维修等，他们的心理活动是各不相同的，其心理状态表现在以下几个方面。

1）求助心理。这种请求商场给予帮助的心理状态较多地出现在顾客要求送货安装、维修商品、咨询使用方法和要退换商品的时候。比如顾客在购买商品时会考虑安装问题和大件商品的运输问题，他们希望商家能提供安装或运输服务，如果企业在这方面的工作做得让顾客满意，可以提高企业的投资回报率。

2）评价心理。顾客在购买到商品后，会自觉不自觉地进行商品购买的评价，即对所购商品是否满意进行评估，进而获得满意或后悔等心理体验。对于一些高价值商品，顾客在购买后常常会产生后悔心理，这是商家必须注意的。

3）试探心理。由于主观和客观的多种因素，在购买初期顾客对所购商品会出现不确定是否满意的情况，尤其以大件和新产品居多，甚至有些顾客希望退换商品。但他们来到商场提出退换问题时，往往具有试探的心理状态，先试试商场的态度，以便做出决断。

4）退换心理。这种心理状态常会较多地出现在顾客要求退换商品或进行商品维修的时候，当购买的商品被他们确定为购买失误或产品质量出现问题时，这种要求退换商品的心理状态就会出现。

资料 8

"小天鹅"空调的二元定价策略

"小天鹅"空调于 2004 年 3 月在进行的一次名为"自选服务"的试点营销活动中，改变了以往空调售后"免费服务"的惯例，意外地引起了整个行业和媒体的关注，也引起了部分消费者的误解。实际上，小天鹅此举打破了空调售价中已经捆绑了维修费的"一元制"定价模式，而改为销售价格和服务价格相对独立的"二元制"定价，明明白白地告诉消费者什么是服务，什么是真正的服务，什么是个性化服务。

（2）售后服务心理策略

售后服务的基本心理策略，就是要针对售后顾客心理状况，调节顾客的心理平衡，努力使其建立信任感与满足感。

1）提供良好的售后服务，提供企业信息，以解顾客后顾之忧。许多顾客挑选商品，在其他条件相同时，售后服务往往成为决定成交与否的关键。对于高档耐用消费品尤其如此。在国外，许多商家为减少顾客的后顾之忧，在商品包装纸上印着该商家的电话号码、地址和名称，如果不满意可以凭包装退换。售后服务周到，不仅使顾客放心满意，而且还可以争取更多的潜在购买者。

资料 9

竭诚为您服务

日本某家用电器销售公司非常重视售后服务，公司里各员工按商品销售区域分区包干，建立用户档案，定期访问。具体的做法有：①商品出售后 1 个月内实行用户家庭访问。访问内容是安装是否妥当，使用是否满意，并向顾客表明"竭诚为您服务"的态度。②在售后 3 至 6 个月内进行访问。随带清洁、修理工具，将商品清洁得光亮如新，检查各部位的运行状况，指明平时保养的注意事项。③在售后 1 至 2 年内进行访问。对商品功能进行全面检查，发现问题及时修理；对商品性能进行评价。其主要目的是为了巩固和顾客的关系。④在售后 3 至 4 年或更长时间进行访问，评价商品性能，推荐新产品，激发其更新的购买欲望。

2）运用 CS 经营理念，进一步完善企业服务工作。CS 是顾客满意的英文 "Customer Satisfaction" 的缩写。顾客满意作为现代企业的一种经营手段，常被称为顾客满意战略，其基本指导思想是：企业的整个经营活动要以顾客满意为指针，从顾客的观点而不是企业的观点来分析考虑顾客的需求，针对顾客需求个性化、情感化的发展趋势，尽可能全面维护顾客的利益。

在 CS 理论中，顾客满意是指顾客在消费了企业提供的产品和服务之后所感到的满足状态，这种状态是个体的一种心理体验；顾客满意是以顾客总体为出发点的，当个体满意与总体满意发生冲突时，个体满意服从总体满意；顾客满意是建立在道德、法律、社会责任基础上的，有悖于道德、法律、社会责任的满意行为不是顾客满意的本意；顾客满意是相对的，没有绝对的满意，企业应该不懈地追求，努力向绝对满意靠近；顾客满意有鲜明的个体差异，因此，不能追求统一的满意模式，而应该因人而异，提供有差异的满意服务。

小　结

通过对本章的学习，使学生初步掌握商场外观设计（如商场建筑物、商店门面和出入口等）如何影响顾客心理，知道并运用商场内部设计（柜台摆放、商品陈列、色彩、照明、音响等）怎样影响顾客心理，理解服务营销心理策略，掌握售前、售中、售后服务的心理策略。

实 训 练 习

以模拟公司为单位，寻找学校所在城市的商场、餐厅等，对其招牌、门面、橱窗等外观设计，以及其内部设施、柜台摆放、商品陈列、装饰风格、色彩、照明、音响等环境的设计，运用营销场景和顾客心理的知识进行分析，并提出一些调整的建议方案。

复习思考题

1. 招牌命名时有哪些心理策略?
2. 寻找学校附近企业的"标志",分析其特点。
3. 商场外观设计如何影响顾客心理?
4. 商场内部设计是怎样影响顾客心理的?
5. 商品陈列在实践中如何应用?
6. 你常去的商场音响效果如何?
7. 简述服务营销心理策略。
8. 简述售后服务心理策略。

第十章　中间商的心理

☞ **本章导读**

　　中间商，是指产品和劳务从生产者向消费者转移的过程中所要经过的商业企业。这些商业企业是通过购买和销售商品，转移商品的所有权而从中获利的。从中间商的营销角度分析，对于消费者来讲，中间商是卖方，即通过他们的销售，消费者的需要才得以满足。有人说中间商的经营特点是"先买后卖，买为了卖，贱买贵卖，连续买卖，快买快卖"。本章讲解中间商的分类、作用，通过对中间商的行为、心理进行分析，从而找出激发中间商潜能的方法与激励措施。

☞ **关键词**

　　中间商（middleman）

　　批发商（wholesaler）

　　零售商（retailers）

　　激励制度（incentive system）

开篇案例

别克汽车中国市场营销：比顾客更关心顾客

　　"别克"虽然是美国通用的五大轿车品牌之一，在国际市场上有着一定的影响力，但在"通用"来到中国以前，中国的消费者并不了解"别克"，所以"上海通用"还担负着在最短时间内迅速提升别克品牌的重要任务。

　　上海通用非常注重经销商在销售上是否与上海通用一样具有市场的理念——以顾客为中心的理念。上海通用90多家经销商，几乎都是三位一体的，网络分布和数量也是根据市场的需求和容量而言的，在科学地估计合作伙伴投资回报的基础上来确定的。这些都使经销商得以全面贯彻"以顾客为中心"的理念。

上海通用强调建立与客户之间的长久对话，即通常所说的 CRM（客户关系管理）系统，这在国内汽车厂家中是第一个建立的。与众不同的是，通用不但最早建立 CRM，而且最早建立比较规范的客户支持中心，在整个汽车工业中是第一个用因特网和客户交流的厂商。CRM 的建立，也是上海通用在激烈的市场竞争中的感悟。由于上海通用基本是按订单生产，因此物料计划、生产计划、销售订单信息都是打通的。开始时由于客户订单经常改变，如座椅真皮的颜色由黑色改成米黄色，导致供应商总是每种颜色都准备一些，但经过一段时间之后发现米黄色供不应求，出现缺货，而黑色无人问津，不仅造成库存积压，还耽误了生产。因此，进一步的信息化已是势在必行。上海通用按照美国通用公司全球战略的部署以及在中国的具体情况，选用了 Siebel 的 CRM 系统，并请在实施 CRM 方面非常有经验的 IBM 公司提出解决方案并负责项目的整体实施。2001 年美国最具权威性的独立调查机构针对中国市场上绝大部分进口和国产的轿车所作的调查中，上海通用的销售满意度名列第二位，售后服务满意度居第一位。

2002 年上海通用还启动了中国汽车的第一个售后品牌——Buick Care（别克关怀）。上海通用启动的这个服务品牌不仅有规范的标识系统，还有完善服务理念——以"比你更关心你"为核心，强调售后服务的主动性，要求售后服务人员比车主更关心他的车，主动担当车主的义务汽车保养顾问，并重视车主在体验整个服务过程中的心理感受。品牌化的进程，使售后服务更为具体化、专业化，并将原先阶段性、季节性的服务活动标准化。"别克关怀"的推出，突破了售后服务在形象上从属于销售的现状，更将汽车售后服务从传统的被动式维修服务带进主动关怀的新时代，同时将增强别克品牌的市场竞争力。

为了将全新的售后服务理念落到实处，并让每位车主都体验到别克关怀，上海通用汽车推出了 6 项标准化"关心服务"，包括：①主动提醒问候服务，主动关心；②一对一顾问式服务，贴身关心；③快速保养通道服务，效率关心；④配件价格、工时透明管理，诚信关心；⑤专业技术维修认证服务，专业关心；⑥两年或四万公里质量担保，品质关心。上海通用一系列的营销策略和举措在国内汽车市场上是领先的，这些营销战略的制定和实施在很大程度上与成功的产品策略相得益彰，并进一步提升了别克的品牌竞争力。

中间商是指在制造商与消费者之间"专门媒介商品交换"的经济组织或个人。中间商的任务是将产品和劳务从生产者一方转移给消费者，通过购买和销售商品，转移商品的所有权而从中获利的。在市场上，中间商集买方与卖方双重身份于一身，对生产商而言，中间商是买方，具有购买者的一般特征；但对于消费者而言，中间商又是卖方，具有卖方企业的一般特征。按照中间商是否拥有商品所有权，可将其划分为经销商和代理商；按照销售对象的不同，中间商分为批发商和零售商。

第一节　中间商的心理与行为特征

中间商是将企业的产品销售给消费者并获得利润的营销中间渠道。其作用决定了在整个市场营销过程中它是不可缺少的重要环节，同时其营利的本质又决定它必须选择市场上消费者需求的产品，质量有保障，价格合理，有利可图的产品是中间商的选择。

中间商的购买，通常被称为采购。由于其购买的目的及购买商品的用途与消费者明显不同，因而，中间商的购买心理与购买行为同消费者比较也有很大差异；同样都是中间商，批发商与零售商相比较，也存在较大差别。

一、批发商的心理与行为

1. 批发商购买行为的特点

（1）购买的规模较大

由于批发商的经营目的是以销售所购商品来获得盈利，因此，必须要有相当的规模才能弥补经营费用从而使利润达到最大化并赚取利润。同时，批发商通过大批量的商品购买，集中了市场上重要的商品货源，并可将货源分割成小批量转售给零售商，从而解决了生产商不愿小批量销售和零售商无力大批量购买的矛盾，保证商品流通的连续进行。

（2）购买对象比较稳定

批发商的经营活动，是从生产企业或商业企业购买商品再转售给零售商或生产企业。通过批发商来组织生产企业与零售企业之间的产品流转，是由于客观上存在着生产和消费的矛盾。市场上销售的商品，存在着常年生产季节消费或季节生产常年消费，本地生产外地消费或外地生产本地消费的矛盾。在这种情况下，生产企业不能将商品直接销售给消费者，而需要通过批发商的转售，来满足消费者的需求。批发商所选择的生产企业往往是生产同类产品比较固定的生产企业，进货途径比较稳定。

（3）购买频率比较均衡

批发商的购买大多以签订采购合同的方式进行。为了解决商品常年生产季节消费和季节生产常年消费的矛盾，批发商同生产企业签订较长期的购销合同，批发商通过采购合同掌握商品主要货源。为了适应生产企业生产均衡性，批发商多采取均衡购买方式，保持较稳定的购买频率。

（4）购买的理智性较强

批发商的购买是其经营活动的重要内容之一。为了获利，采购行为必须十分冷静、理智，完全从利益的角度考虑问题和作出决策，较少掺杂个人感情因素。

（5）重视商品的获利能力

批发商的购买是为转卖，因此，批发商在购买商品时，主要看该商品在市场上是否有较好的销售前景，是否能获利。批发商绝不会购买没有销售前途和获利潜力的商品。

（6）购买者的经验丰富

批发商的采购员一般对产品的特性、功能、价格等非常熟悉，长期的采购经历使得他们变成了这方面的专家，在同生产企业的交易洽谈中他们具有熟练的谈判技巧和较高的判断商品能否获利的能力。

（7）注重购买时机

批发商要尽量减少购买与销售的风险，同时还要尽量降低商品的储存、运输费用。因此，十分注重购买的时机。

2. 批发商的购买心理

从批发商的行为分析，可以看出批发商的心理有以下特点。

（1）规避风险的心理

由于批发商购买的规模较大，所承担的商业经营风险也大，因而他们在购买心理上有强烈的追求零风险的意识。具体表现为批发商格外关注制造商的交易方式，力求降低交易风险，保证自己获取较好的经济效益。为此，对有销售前景的商品，批发商愿意采取经销方式，当批发商预测到某种商品的销售会有巨大的市场需求时，则希望获取这种商品的独家经销权，并形成向其他中间商转批的垄断权。而对自己摸不准销路的商品，则希望采取代理的方式，既不占压资金，也不承担该商品经营的风险。

（2）高质量心理

批发商购买商品的目的在于转卖，购进的商品质量如何，关系到商品是否能够售出，并直接影响到批发商的信誉和实际利益。如果商品质量不好，不仅批发商会遭受其他中间商的退货、索赔等经济损失，还可能受到有关法律的制裁。为此，批发商非常重视产品质量，希望所购产品质量高、性能稳定。

（3）名牌商品心理

批发商从自身经济利益和销售成本核算的角度出发，往往非常重视供应商的产品品牌形象。为此，他们非常关注产品评选和其他促销措施等，为了树立企业和产品形象，他们在产品广告和促销活动上舍得投入，有一定知名度和美誉度的生产企业或产品是批发商的关注目标。

（4）货源稳定心理

批发商的进货特点是购买批量大、次数少，为保证其正常运转，批发商在购买商品时，除了注重商品质量，包装、品牌、价格等方面外，还非常看重供应商的供应能力（即供货数量、供货时机、运输工具等）。

二、零售商的心理与行为

1. 零售商购买行为的特点

由于零售商是将商品直接卖给最终消费者或用户的中间商，是商品销售系统中数量最多的中间商，且地理分布比较分散，商品储存能力和检验能力与批发商相对较弱。所以，零售商购买行为同批发商比较，既有某些相同的特点，又具有不同的特点。

（1）商品购买次数多、品种多、数量小、周期短

这是由零售商经营特点所决定的。相对于批发商来说，零售商资金量小，经营内容综合，从而决定零售商只能是小批量、多品种的采购，以有限的资金为众多需求者服务。"勤进快销"是零售商采购的总原则，切忌"半年一进货，进货销半年"。

（2）季节性强，变化性强

零售商处于商品流通的最终环节，它的销售对象是众多的消费者，消费者的购买行为往往缺乏计划性，且主观性较强，变化较大。在零售商确定现有库存水平和选择消费者所欢迎的商品价格、颜色、款式和规格方面存在较多困难。因此，商品采购变化性强。同时，消费需求的变动性和消费时间的规律性，决定了零售商购买的季节性，商品采购必须反映各种自然季节和时令的消费需求。

2. 零售商的购买心理

零售商的购买心理主要表现在以下六个方面。

（1）注重商品的特色，讲求商品的"全"、"专"、"新"、"精"、"特"

零售商的这一心理现象是由零售商在商品流通过程中的地位所决定的。零售商是直接为广大消费者服务的，消费者作为消费品市场的行为主体，不仅人数众多，而且需求、欲望、偏好、购买习惯等千差万别，各有不同。消费者对商品的选择性越来越高，越来越挑剔，零售商的商品购进必须与消费者需求的变化相适应，购进的商品只有具备"全"、"专"、"新"、"精"、"特"的特点，才会受到消费者的欢迎，取得较好的经营效果。

1）"全"。全是指经营的商品在花色、品种、规格方面以"全"著称，不仅能满足消费者的一般性需要，还能满足其特殊需要，在全面满足消费者需要的基础上获利。

2）"专"。专是指专门经营某种适合特定消费者群需要的商品，如重点经营珠宝、服装、名优产品、某些特定生产企业的产品等，多以专卖店或专卖柜台的形式出现，这些零售商的经营能使那些具有特定需要的消费者群如愿以偿。

3）"新"。新是指购进的商品在性能、规格、款式等方面讲求新颖，"领导消费新潮流"，能满足追求流行、"消费先驱"者的需要，即满足具有求新购买动机的消费者群的需要。

资料 1

消费者的求"新"心理

　　年轻的消费者求新求奇，他们对新时尚和新产品有强烈的追求欲望，而且他们不把这种欲望藏在心里。因而中间商在选购商品时，总是希望自己购进的产品是最新颖的，而且具有特色，从而满足年轻顾客的求新心理需求。

　　4)"精"。精是指购进的商品质量精细，做工考究或是名牌产品，在众多消费者心目中有较高的知名度和美誉度。

资料 2

消费者的求"精"心理

　　有的消费者在选购商品时，特别重视商品的威望和象征意义。商品要名贵，牌子要响亮，以此来显示自己地位的特殊，或炫耀自己的能力非凡。也有的消费者购物时特别挑剔，对商品的做工有很高的要求，不允许商品有半点瑕疵，为了满足这类顾客的要求，中间商在进货时，就要选择做工精良、质量优、有品位的商品。

　　5)"特"。特是指满足消费者的特殊需要，不仅购进的商品有特色，而且在销售方式和服务方式方面也有鲜明的特色。

资料 3

消费者的求"特"心理

　　有些消费者因生理或生活习惯等原因（如特体型、左撇子或有部分身体障碍等），对商品提出特殊要求；也有的顾客在选购商品时不以使用价值为宗旨，而是注重商品的品格和个性，强调商品的艺术美，讲究"装饰"和"漂亮"。中间商在进货时，要作出特殊考虑来满足这类消费者的要求。

　　(2) 注重商品的中包装和内包装，追求商品包装的附加价值

　　零售商在出售商品时，一般都将商品放在柜台内或货架上展示。为了便于消费者挑选，吸引消费者的注意，零售商进货时，在心理上对商品的中包装和内包装非常重视，不仅希望商品的包装要便于商品的携带与保管，更重视包装的促销作用和增加商品价值的作用。事实证明，包装作为营销传播中的重要因素，作用越来越大。在营销传播中，产品包装是企业营销活动中真正的"终端"，因为它是厂商与消费者"面对面接触"的地方，是能诱发消费者"掏钱"的地方。包装心理学认为，适当的包装能使消费者产生"六感"：①新鲜感。包装应力求新颖别致，不流俗模仿，使人耳目一新。②高贵感。贵

重商品或礼品包装应华丽高雅，并与产品身价一致，切忌名不符实。③便利感。包装应便利消费者选择和使用，适应不同的消费需要，要有不同的规格和分量。④艺术感。包装设计应力求赏心悦目，给人以美的享受。⑤直观感。挑选性强的产品应使消费者透过包装看到花色、款式、质地等特点。⑥信任感。包装的形状、尺寸等应符合产品实际，使购买者不至于产生误解，并且还应在包装上注明产品成分、使用方法、分量、生产日期及有效期限等。

（3）注重供应商的供货方式，讲求"勤进快销"

零售商的商品销售在很大程度上取决于消费者需求的变化。因此，零售商在心理上希望供应商的供货方式方便、灵活，服务周到，能定期送货上门。而且，希望供应商在供货数量上能适应零售商购买行为的特点，以小批量、长流水、不断档的供货方式为零售商进货提供方便。

（4）注重商品的季节性

零售商由于没有批发商那样庞大的销售网络、雄厚的资金、良好的仓储设备，而对供应商提供商品的季节性要求很高。对应季的商品，零售商进货积极性较高；对过季的商品，就缺乏进货积极性。并且，季节性商品即将而尚未到过季的时候，零售商就显得极为谨慎，担心进货数量过多造成积压。

（5）注重商品交易的实际利益

零售商同批发商一样，要考虑自身的利益，但在追求方式上略有区别。零售商对那些通过预测没问题的商品，愿意经销；对那些畅销的商品，愿意包销；对认为销路不好的商品，则希望供应商能赋予他们代理权，如果销路有转机，他们会进一步要求独家代理。对进货商品的价格、经销方式一定时，他们追求以较低的价格购进。对于新上市的产品，零售商愿意代销。总之，无论何种方式，都以保证零售商获取一定的利润为前提。

（6）注重供应商的促销活动——广告和营业推广

零售商一般以经营日用消费品为主，广告和营业推广是这类商品最有效的促销方式。但是，一些小本经营的中小零售商一般没有资金去支付广告促销费用和营业推广开支，他们对那些既能提供优质商品，又能辅以合作广告与营业推广措施的供应商往往比较感兴趣。

第二节　调动中间商积极性的心理策略

大多数生产商都要与中间商加强联系，目的就是为了使自己的产品更加广泛地被消费者所接受，以加快商品流通，获取经济效益。因此，企业要获得销售的成功，就必须认真研究分析中间商的心理特征，并采取相应的措施调动其积极性，从而实现中间商与生产企业的双赢。

一、对批发商、零售商促销的心理策略

1. 强化信息的心理策略

批发商和零售商也可统称为经销商，经销商的购买心理状态和购买动机的形成，是与其对有关信息的了解、认识和分析判断分不开的。因此，要诱发经销商的购买动机并促使其采取购买行为，就要采取强化信息的策略。

强化信息有两层含义：一是要扩大信息的广度，即信息的数量和范围。作为推销员应尽可能地向经销商提供一切有助于引起购买兴趣和动机的有关信息。二是增加信息的透明度、可信度和感应度。透明度是指所提供的信息必须内容具体，褒贬分明，清晰无误，重点突出，绝不能模棱两可，含糊其辞。可信度是指信息要源有出处，证有实例，合情合理，令人信服。感应度是指所提供的信息应具有明确的针对性和较强的吸引力，能对经销商产生心理刺激引起心理反应并影响其购买情绪和动机。

信息强化的主要内容有以下几个方面。一是强化产品的信息，如产品质量、性能、特点等；二是强化生产厂方的信息，如厂方信誉、售后服务、技术实务等；三是强化市场信息，如产品在市场上的地位，受欢迎程度，与同类产品的竞争状况等。

2. 价格鼓励的心理策略

由于经销商购买批量大，对产品价格极为敏感，因而适当调整价格可以有效地调动其购买的欲望，具体方式有以下几种。

1）提高价格折扣。如经销商连续或一次性购买商品数量达到一定数额时，则可提高价格折扣率。

2）跌价保障。规定在某一时期内如所购商品的价格跌至某一水平以下时，厂方则按市场价格给经销商以价格补偿。

3）惠顾优待。对于关系稳定，经常购买的中间商给予一定的价格优待。

3. 限期优惠的心理策略

厂商可根据市场的供求形势、竞争状况和产品推销的需要（如有大量积压产品或某产品急于脱手），采取限期优惠的办法来吸引经销商订货。例如，宣布从×月×日至×月×日为优惠订货期，在此期间前来洽谈订货者可在价格或销售服务等方面得到优惠待遇。

4. 推销竞赛的心理策略

为了促进产品销售，厂商可选择适当时机组织经销商展开推销竞赛，规定在一定时期内，如推销该厂产品达到一定数额或推销数量最多者，给予优厚的奖励或在以后订货

中给予某些优待，以此来调动中间商推销的积极性。

5. 联络情感，同舟共济的心理策略

与中间商建立起一种密切合作、同舟共济的伙伴关系，使经销商产生一种向厂商倾斜的心理态势。如厂商经常对经销商举行各种招待会、联谊会，组织经销商到工厂参观和考察，征求经销商意见，出资组织经销商去名胜古迹观光旅游，派人为经销商提供咨询服务和技术服务，以及为经销商解决各种推销方面的困难等。厂商的这种热情、诚恳的关照和帮助，必然会引起经销商对厂商的情感变化。"投之以桃，报之以李"，经销商一定会在订货与推销方面作出积极反应，用真实行动来回报厂商的这种友善。

资料 4

真心承诺，有效促销

承德天成印刷器材有限公司是中国较早专业生产预涂感光版的厂家之一，公司拥有国内一流的全自动、全封闭连续卷筒数控 PS 版生产线，公司以"产品质量过硬、稳定性强和价格合理"为招牌进行宣传推销，同时向经销商承诺："如发现质量问题，公司愿无条件退货退款。"另外，公司还制定了一系列限期优惠和销售奖励政策，并诚挚邀请经销商代表来公司参观指导，同时游览承德名胜。上述的多项举措，既打消了经销商对天成印刷产品的诸多顾虑，还密切了公司与经销商之间的感情，有效调动了经销商的销售积极性，营销业绩也骤然大增。

二、对中间商的激励制度

中间商激励也叫渠道激励，对不同层次的中间商可以采取不同的激励措施。

1. 渠道激励的内容

（1）对总代理、总经销进行促销激励

1）年销售目标奖励。厂家事先设定一个销售目标，若客户在规定的时间内达到了这个目标，则兑现约定的奖励。为兼顾不同客户的经销能力，可分设不同等级的销售目标，其奖励额度也逐渐递增，使中间商向更高销售目标冲刺。

资料 5

促销激励的典型案例

有的啤酒生产厂家制定了这样的促销激励措施：若批发商全年销售达到 10 万箱，在年底结算货款的基础上，厂家给予实际销量的 3%作为奖励；达到 15 万箱并全部结清货款，则给予 4%的奖励；不足 10 万箱者只给基本工资，而不给予奖励。

还有些厂家的奖励品种更加丰富多彩：例如，"嘉士伯"啤酒允许在某年的一个季度内，向完成规定销量者提供两个新、马、泰旅游名额;"贝克"啤酒则提供赴德国考察的机会;"百威"啤酒的奖励为美国旅游考察……这些出国考察对国营经销商的经管人员更具吸引力,有时可能比纯金钱的奖励更受中间商的欢迎。此外,为批发商们提供实用工具的奖励,如货车、电脑、管理软件、人员培训等,对帮助其提高竞争力是更具价值的支持。

2)阶段性促销奖励。为了提高某一段时间内的销量或特定目标,厂家可开展阶段性的促销奖励。如在销售淡季期间,为刺激批发商进货,给予一定的优惠奖励;或在销售旺季来临之前采取这种促销,以得到最大的市场份额。

（2）对二级批发商进行促销激励

有实力的厂家除了对一级批发商设计促销奖励外,还对二级批发商进行短期的阶段性促销,以加速产品的流通和分销能力。为避免阶段性促销可能带来的混乱,应尽量将奖励考核依据立足于"实际销货量",在活动开始之前对各批发商的库存量进行盘点,再加上活动期间的进货量,最终减去活动结束时留存的库存量,以此计算出该客户活动期间的实际销量。但有时该法并不能解决客户"转移"商品的行为,他们可能会以低价将产品抛售到未开展促销的市场上（此称之为"窜货"）,这将直接导致价格混乱,厂家必须设法避免此类问题的发生。

（3）对终端售点进行促销激励

除了要鼓励批发商的经销积极性,还应该激励零售商,增加他们进货、销货的积极性。如提供一定数额的产品进场费、货架费、堆箱陈列费、POP张贴费、人员促销费、店庆赞助、年终返利、商店DM的赞助等。为了吸引消费者的注意,还应借助于售点服务人员、营业员的主动推荐和推销,以扩大消费者的购买数量。

资料 6

啤酒的促销激励策略

例如某品牌啤酒于×年×月×日～×月×日开展了针对酒店服务人员的促销奖励活动,只要服务人员向消费者推荐售卖了该品牌啤酒后,可凭收集的瓶盖向啤酒公司兑换奖品。如12个瓶盖可换价值5元的超市购物券一张,"瓶盖愈多,收获愈丰富",此方法的确有效地调动了服务人员的推销积极性。后来,"瓶盖换物"已成为很多啤酒厂家常年的销售补贴项目。

另外,有计划地把促销产品直接分配到各个零售店,一方面可将货源直接落实到终端售点,另一方面可以人为造成有限数量的促销气氛,也不失为一个策略性的措施。而且,通过销售人员将促销、铺货数量直接落实到各零售店,不但使厂家促销运作直接得以贯彻,还能有效地掌控促销投入和产出的效果,这将比通过批发商推广更为有利。

资 料 7

"荷兰乳牛"的促销激励策略

　　全球食品贸易（上海）有限公司在销售"荷兰乳牛"奶粉时，曾经推出超值礼品装的产品，不但价格优惠，而且内含礼品，并且声明数量有限、按配额供应：A级店，可进货8箱；B级店，可进货4箱；C级店，可进货2箱；D级店，可进货1箱。实践证明，收到了较好的促销效果。

　　（4）配合开展对消费者的促销活动

　　如果不做针对消费者的促销，厂家在渠道投入力度再大恐怕也难有成效，渠道成员会要求厂家多做广告，甚至以广告的投放量作为标准来衡量是否经销你的产品。这实际上给新品牌的市场导入带来了很大的困难。不少大型零售商场对缺乏知名度的品牌并不欢迎，即使肯付进场费也未必同意进货。工商之间交易谈判耗时冗长，甚至会打乱厂家原定的上市计划，使其处于极为被动的局面。事实上，除非厂家的竞争对手不是很强大，而且自己有足够的营销费用能摆脱中间商开展直销，否则厂家的针对消费者的促销活动仍需要得到渠道成员的配合。

　　2. 渠道激励三大法宝

　　渠道激励有三大法宝，他们是目标激励、渠道奖励和工作设计。

　　（1）目标激励

　　目标激励是一种最基本的激励形式。厂家每年都会给分销渠道成员制定（或协商制定）一个年度目标，包括销量目标、费用目标、市场占有目标等，完成目标之分销商将会获得相应的利益、地位以及渠道权利。所以，对于分销商来说，目标既是一种巨大的挑战，也是一种内在动力。在目标的制定时，切忌过高或过低，过高遥不可及，过低轻而易举，都达不到激励的目的。因此，所制定的渠道目标必须科学合理。

　　（2）渠道奖励

　　渠道奖励是制造商对分销商最为直接的激励方式。渠道奖励包括物质奖励和精神奖励两个方面。其中物质奖励主要体现为价格优惠、渠道费用支持、年终返利、渠道促销等，实际上就是"钱"，这是渠道激励的基础手段和根本内容。而精神激励的作用也不可低估，因为经济基础决定上层建筑，上层建筑也反作用于经济基础，渠道成员同样有较高的精神需求。精神激励包括评优评奖、培训、旅游、"助销"、决策参与等，重在满足分销商成长的需要和精神的需求。

　　（3）工作设计

　　工作设计是比较高级的激励模式。工作设计的原意是指把合适的人放到合适的位置，使他们能够充分发挥自己的才能。这一思想用在渠道领域，则是指厂家合理划分渠道成员之经营区域（或渠道领域），授予独家（或特约）经营权，合理分配经营产品之品类，恰当树立和定位各渠道成员的角色和地位，互相尊重，平等互利，建立合作伙伴关系，实现共进双赢。

小　结

中间商是指产品和劳务从生产者向消费者转移的过程中所要经过的商业企业，包括经销中间商和代理中间商。中间商为生产商减少了交易次数，提高了工作效率，节省了时间和人力耗费，降低了成本，增加了效益；同时又为顾客提供了方便、经济的产品。他们是生产商与消费者之间的桥梁与纽带。许多中间商往往比生产企业自己销售产品做得更专业、效果更好。研究中间商的心理，既可以使企业的产品更具生命力，又能让消费者更加放心地选择产品。

实 训 练 习

在当地选择一家商品生产或经营企业，对它的批发商和零售商进行研究，运用所学的知识分析他们在销售中各自的优势与不足，指出存在的问题，并提出改进意见。

复习思考题

1．什么是中间商？
2．中间商在市场营销过程中起什么作用？
3．中间商有哪些类型？
4．批发商的购买行为有哪些特点？
5．零售商的购买行为有哪些特点？
6．批发商的心理特征是什么？
7．零售商的心理特征是什么？
8．调动中间商积极性采用的心理策略有哪些？

第十一章 现代营销方式及心理策略

☞ **本章导读**

　　随着社会的不断进步，商品营销的方式也在悄然发生着变化，以超市营销和网络营销为代表的现代营销方式逐渐为广大消费者所熟知和接受，而且未来社会现代营销方式所占的比重将会越来越大，因此，有必要对现代营销方式和消费者心理进行分析和研究。本章主要对超市营销、超市管理、网络营销及其营销策略的选择以及对应的消费者心理进行研究。

☞ **关键词**

超市管理（supermarket management）

超市营销（supermarket marketing）

网络营销（network marketing）

促销策略（promotion strategy）

渠道策略（channel strategy）

网站策略（the website strategy）

▌ 开篇案例

赈灾英雄"王老吉"

　　赈灾英雄"王老吉"是整合网络营销极成功的案例。2008年5月18日晚，在CCTV2捐款晚会上，生产罐装王老吉的加多宝公司向地震灾区捐款一亿元，此举一鸣惊人，因其成为捐款最多的企业而为社会广泛了解。几乎从未在公开场合露过面的公司老板阳爱星，手持一张硕大的红色亿元支票，在节目将近结束前短暂出现在央视直播画面上。一直隐身于公众媒体的加多宝顿时引起电视机前网友的极大关注。10分钟后，一网友在天涯社区上贴帖子：广东加多宝集团官网，由于网友拥挤"瘫了"。

就在加多宝出人意料地以巨款捐助感动公众的社会心理下，次日晚，国内一知名网络论坛上出现了一个叫嚣要"封杀王老吉"的帖子，帖子标题为《让王老吉从中国的货架上消失！封杀它！》。这个引人注目且不合时宜的标题吸引了足够多的眼球，并激起了被加多宝义举所感动的公众的愤怒。但打开帖子看，发帖者是在故意耸人听闻，他所指的"封杀"，其实是要表达"买光超市的王老吉，上一罐买一罐"的意思。正话反说产生的强烈反差刺激了无数公众跟帖留言，"今年夏天不喝水，要喝就喝王老吉"；"加多宝捐了 1 亿，我们要买光它的产品，让它赚十亿"，类似这样的跟帖出现在众多网站的论坛上。

网络上数量惊人的讨论、转载和点击量，使这一事件引起众多传统媒体的关注和跟进报道。许多人相信，"封杀王老吉"的帖子及其产生的巨大影响，只不过是一名受加多宝捐款所感染的网友无心插柳的举动。

诚然，灾难时期的人们盼望着"英雄"的诞生。而加多宝在赈灾中的表现，自然为它赢得了广泛的社会尊敬。然而，逐渐有人怀疑这一给王老吉及加多宝带来美誉的"封杀"事件，并非是网民的无心之举，实际上是有意的"人为炒作"。

一位网络营销界人士说，她的一位朋友参与了这一事件的运作。她说："加多宝找了公关公司和专业发帖团体策划运作了此事，由这些公司和团队将帖子扩散到各大论坛上，并通过大量跟帖掌握着网络的舆论导向和延续影响。"

另一位有过网络营销经历的业内人士也在网上称，王老吉从 2007 年就开始重视网络营销的传播效果，并在该领域有所投入，"常规时期在论坛上每个月的投入数额都比较大"。他认为，正是因为有此前的资源和经验积累，加多宝才能在捐款后的关键时刻快速、高效地开展网络营销。"一个公众瞩目的企业行为、一条引人关注的帖子、一群高效有力的网络推手，以及最终引发的一个广受关注的社会新闻，这些重要因素都天衣无缝地融合在一起，可以说是一个网络营销的经典案例。"

（资料来源：http://baike.baidu.com）

第一节　超市营销与消费者心理

一、超市的产生与发展

超市即超级市场，1930 年产生于美国纽约，在世界零售业的发展史中，超市被当作继百货商店之后的第二次零售革命。第二次世界大战后，特别是二十世纪五六十年代，超级市场在世界范围内得到较快的发展。

超级市场被引入中国大陆始于 1978 年，当时被称作自选商场。1983 年 1 月 3 日，中国第一家超级市场在北京市海淀区开业，当时购买者几乎都是外国人。30年后的今天，人们去超市购物已经成为生活中不可缺少的部分。

眼下随着网络的普及和电子商务的发展，人们将现实中的超市模式运用到网络上，即在网络上销售产品，由此便出现了网络商城和网络超市。虽然网络超市还存在诸多不足之处，但随着网店的不断改进和完善，这种现代营销方式将越来越得到消费者的信任和认可，并进一步普及。

二、超市的定义及特点

关于超市的定义，各国所给的具体概念不一。但核心定义可表述为：超市是实时性自助服务和集中式一次性付款的销售方式，以销售食品和生活用品为主，满足消费者对基本生活用品一次性购买需要的零售商场。

除了经营品种外，超市的特点还主要表现在以下几个方面。

1）超市的商品均事先以机械化的包装方式，分门别类地按一定的重量和规格包装好，并分别摆放在货架上，明码标价，顾客实行自助服务，可以随意挑选。

2）超市广泛使用电子计算机和其他现代化设备，便于管理人员迅速了解销售情况，及时保存、整理和包装商品，自动标价、计价等，因而提高了工作效率，扩大了销售数量。

3）超市内的商品品种齐全，挑选方便，人们可以在一个商场内购买到日常生活所需的绝大部分商品，免除了许多麻烦。自动标价、计价、结算效率高，也节省了顾客的时间。而且由于商场的经营效益好，降低了成本，所以商品的价格相对也较低廉，受到广大顾客的欢迎。

资料 1

中国的超市文化

中国内地是在世界上引入超级市场比较迟的国家，在超市进入内地之前，中国内地的消费者多数在一些杂货店购买日常生活用品，但在20世纪90年代初期，超市文化渐渐"入侵"中国内地，外国的超市开始进驻经营，如法国的家乐福超市。在随后几年的时间里，已有中国内地的独家超市公司，如在广州天河首次开业的好又多量贩等，而回归后的香港很早就已兴起超市文化，如百佳等超市亦有北上开设分店。中国内地的超市多数为大型式，与香港的小店不同。中国内地超市的货品多有电器的售卖，一般有1~3层，人们已经习惯逛方便的超市，而少去街边的杂货店。然而，为了"绿色奥运"而执行的"零胶袋措施"曾一度影响了人们去超市购物。

三、超市营销策略与消费者心理

超市营销策略要想获得成功就必须符合消费者的心理特点。消费者购买超市商品的行为通常具有以下心理特点：第一，经常需要，希望能随时随地得到满足；第二，选购时间很短，购买时常不加思考；第三，购买有习惯性，经常重复购买某一产品；第四，在保证质量的前提下，力求价格便宜。

1. 超市选址与消费者心理

零售业是"地点位置产业"，讲究"天时地利人和"，这里的地利非常重要。在筹建超市时，做好商圈分析和市场细分是非常必要的，其主要目的还是选定适当的开设地点。超市选址的首要原则是便利顾客，节省顾客的购买时间。

> **资料 2**
>
> **肯德基选址**
>
> 肯德基对快餐店选址是非常重视的，选址决策一般是两级审批制，通过两个委员会的同意，一个是地方公司，另一个是总部。选址前首先要做聚客点的测算，应考虑以下几个方面的问题：①要确定这个商圈内，最主要的聚客点在哪？古语说"一步差三市"，即开店地址差一步就有可能差三成的买卖。②要考虑人流的主要动线会不会被竞争对手截住。③聚客点的选择影响商圈选择。由于肯德基遵循了科学的选址原则，所以，其选址成功率几乎是百分之百，这也是肯德基的核心竞争力之一。

2. 目标市场定位和消费者心理

确定超市的目标消费者是超市营销策划的前提和基础。只有对目标市场有了明确的定位，营销定位中的商品定位、商品品牌定位、价格定位等才能够明确下来。零售概念的本质就是需要零售商比竞争者能够更大程度、更高效率地满足顾客的消费需要。因而，任何一家超市只有准确预计消费群体的深刻变化，并朝着变化的方向调整自己，才可能在市场上站稳脚跟。

超市可以根据一个或多个细分群体确定其目标市场。比如可以以未独立的人群为目标市场，选择他们需要的商品及喜爱的品牌，创造具有吸引力的购物环境和广告；还可以以低收入家庭为目标市场，以一般性品牌为主，低成本、低价位售出商品。

定位好目标市场后，超市应该定期进行消费者心理调研，了解消费者对超市的满意程度，一般常用的超市调研的指标包括：①店址离家近，还是离家远？②商品价格高，还是价格低？③商品质量好，还是质量差？④购物环境整洁，还是不整洁？⑤商品品种齐全，还是品种有限？⑥接待顾客友好，还是不友好？⑦服务种类多，还是种类少？⑧购物效率高，还是效率低？

需要注意的是，对于不同的目标消费者，以上各种因素的程度也会不同。商品的价格高是大众消费者的弃选因素，而服务差可能是高档消费者的弃选因素。

3. 商品结构与消费者心理

商品结构是指符合公司市场定位及商圈顾客需要的"商品组合"。商品的宽度和深度以及产品的质量共同组成商品的结构。大型超市从食品、药品、日用品、玩具、衣物、运动器材直至家电一应俱全，娱乐、餐饮、修理等服务也应有尽有，鼓励消费者一次性完成购物。

超市商品的陈列也很有讲究。据研究，超市购物者更易回忆起临四周货架摆放的商品的位置，却较难回忆起中间货架上摆放的商品的位置。回忆的正确率与消费者光顾的次数成正比，与商场的大小成反比。超市营销者应把最具盈利性的产品放在四周货架上，因为这些地方更易引起消费者的注意。大型超市或货架较为拥挤，因而消费者视线易受阻的超市最好要有醒目的指示牌来提醒消费者，因为没有哪位消费者愿意在超市里来回寻找商品。此外，商品的摆放也应注重逻辑和有序。

只有符合消费者心理的商品结构策略，才能更大限度地提升超市的营销效果。

4. 价格决策与消费者心理

对于当今的部分生产商，定价的关键不是卖方的成本，而是买主对价值的认知，是卖方利用营销组合中的非价值变量在消费者心目中建立起来的认知价值。而对于零售业形式之一的超市，则不能以认知价值定位法为主，因为其所售的并非单个商品，而是商品的组合。

超市为吸引消费者，对某些商品标价低以招徕消费者，或者对周转慢的商品标价低，或者采取季节性的全面折价，使消费者产生物超所值的感觉以赢得大量消费者。薄利多销带来的巨额销售量使得超市能继续以低价向更大量的消费者销售商品。

最终的价格还需要以一种有效的心理形式来表达。华联超市将其商品的价格尾数定为 5 分，麦德龙将商品价格尾数定为 0.9 元，目的是给消费者造成一种便宜的印象。超市这种让利比起由此导致的消费者心理上的价格差别知觉可能要少得多。

5. 促销决策与消费者心理

超市的促销组合有广告、销售促进和公共关系等。超市广告是当地的营销者或超市为吸引消费者而做的广告，以价格和可获得性为取向，描述的是一部分以促销价销售的商品。超市广告要讲究效果，不可夸大其词，否则消费者会因期望值过高而产生受骗的感觉，也会因此在心理上对超市产生不信任感。

销售促进的方式主要有：竞赛、兑奖、彩票、赠品、优惠券等。销售促进和公共关系也都是基于充分抓住消费者心理状态的基础上开展的。

第二节 超市管理与消费者心理

超市如何赢得并超过竞争者呢？答案是：以消费者为中心，抓住消费者的心理将消费者的需求满足到最好。超市的营销者在确定了超市的营销策略后，接下来的重点应是对影响消费者消费心理和行为的超市管理进行分析。

一、超市卖场氛围管理与消费者心理

超市卖场的氛围直接影响着消费者的购买行为，进而影响超市的营销业绩。卖场的氛围营造主要靠视觉沟通、卖场气味、背景音乐、视场颜色、环境照明等多方要素来完成，通过他们直接作用于消费者的知觉和情感反应，最终影响消费者的购买行为。

1. 视觉沟通

视觉沟通由商店和橱窗里的图形、标志和戏剧般的组成来实现，可以促进销量的增加。

2. 卖场气味

超市卖场的气味，对创造最大限度的销售额也是至关重要的因素。很多购买决策过程是建立在情感的基础上的，对人类感觉而言，气味是影响感情的重要因素。受人喜欢的香味可以给消费者带来好的心境，使他们乐意延长在超市里的停留时间，从而为超市增加销售创造时间机会。

3. 背景音乐

恰当的背景音乐种类和密度可以对超市营销产生积极的影响。好的音乐可以使消费者感到愉快，音乐节奏影响超市顾客的平均逗留时间和平均开支，尽管顾客很难察觉背景音乐的变化。调查显示，在超市里播放悠扬柔和的轻音乐，会使销售额增加40%，音乐有时甚至会影响到商品的选择。有研究表明，播放德国音乐会使德国酒比法国酒卖得好，反之播放法国音乐，会使法国酒比德国酒卖得好。

4. 视场颜色

视场颜色的变化也会引起消费者心情的变化，暖色和冷色能产生相反的物理和心理效果。比如暖色可以提高血压、加速呼吸以及产生其他一些生理反应。当我们把这些发现置于零售环境，暖色被认为可以吸引顾客并获得对商品的注意，但有时也会让人产生不快。

5. 环境照明

环境照明的目的是正确传达商品的信息，展现商品的魅力，吸引顾客进入超市。在设计超市购物环境照明时，一般都会分为基本照明、重点照明和装饰照明来分别进行具体设计。经验表明，可以通过温暖的白色灯光不均匀地照明来营造轻松的氛围。照明配置如果与店宽方向平行，能使销售空间富于变化，气氛变得更加生动。

二、人员服务管理与消费者心理

1. 收银员服务管理

自助式购物是超市经营活动的主要特征，顾客随意地在超市卖场浏览、选购满意的商品，然后再到收银台结算付款。这也是顾客与收银员在超市中唯一近距离面对面接触的机会，因此，收银员的仪表和行为更直接地给消费者传达着超市的经营形象。能否让消费者快速、满意地走出超市，直接影响超市的回头率。

消费者乐于把时间花费在挑选商品的过程中，很多顾客把挑选商品的过程当作是一种享受，但是他们很不愿意把时间花费在收银台上。因此，超市人员管理的重点就是要求收银员必须服务态度好，结算效率高。

资料 3

收银台一幕

2012 年 5 月 1 日上午，某超市迎来了顾客流的高峰期。一位顾客推着一车物品，在收银台前排队结账。当商品条码扫描进行到一半时，收银台前来了两位佩戴红色工牌的商品部门课长。只见这两位课长跟收银员说了几句话，收银员立即放下了手中扫描了一半的商品，跟那两位课长核对起什么来。顾客没说什么，只是耐心地等着。然而 5 分钟过去了，他们三个人的核对仍然没有结束，顾客还是没说什么。10 分钟过去了，核对还没有结束，此时顾客实在忍无可忍地发了火："你们有完没完？能不能把我买的东西算完账再说"。顾客边说边向其他等待买单的顾客说："连个招呼都没有，就把我们晾到一边去了，太不像话了！"其他顾客也都连连点头表示同感。听到顾客的埋怨声，三个人这才结束了核对，收银员又继续开始工作，自始至终，没有人对该顾客说一句"对不起"，结算完成后，顾客很不满意地离开了。

（资料来源：http://www.rundsh.com/index.asp?xAction=xReadNews&NewsID=2001）

2. 理货员服务管理

在超市中，理货人员是指不与顾客进行面对面商品交易的销售人员。在超市里理货员与收银员都是最基层的工作人员，在一定意义上，他们代表着超市的形象，是影响商品销售额的重要因素。有时，理货员的服务质量会影响消费者需求和商品销售额。如果消费者在需要业务人员帮助选购时，得不到业务人员的帮助，顾客的希望就会落空，心理上就会有失落感，甚至会更早地离开超市而减少购物。

影响顾客购买行为的理货员服务管理主要包括两个方面。

（1）营业前管理

此项管理工作主要有两项：一是个人仪容的卫生整理；二是营业区域的环境整理。

（2）店堂巡视

所谓巡视，目的是要发现商品陈列方面的问题，并且迅速采取行动，使问题得到解决。如果发现某一商品销售情况较好，货架上的商品逐渐减少，就必须及时补充。如果发现某种商品不够清洁，摆放不够整齐，应及时进行整理。在店堂巡视时应努力做到：①认真热情地回答顾客询问；②接受顾客的批评和建议；③积极协助需要帮助的顾客解决问题；④保证商品的安全。

3. 保安人员和保洁人员的管理

保安人员作为超市的安全保卫人员，必须时刻关注整个超市的安全，以防各种意外事件的发生。保安人员的设置及认真的工作会让消费者购物时感到心里踏实、放松，从而开心购物。保洁人员负责整个超市的卫生，包括地面、货架等设施。超市保洁人员的认真工作能够为消费者创造出优美舒心的购物环境，对增加商品的销售量会产生一定的影响。

第三节　网络营销与消费者心理

网络营销就是以国际互联网为媒体，用文字化的信息和互联网的交互性来辅助营销目标实现的一种新型的市场营销方式。网络营销相对于传统的市场营销，在许多方面存在着明显的优势，特别是满足了部分消费者的心理需求，带来了一场营销观念的革命。更重要的是，它对企业改善销售环境、提高产品竞争能力和市场占有率具有非常现实的意义。

一、网络营销的概念

目前，网络营销尚无统一的定义，不同的学者给出的定义不同。简而言之，从营销的角度，网络营销可以定义为是企业整体营销战略的一个组成部分，是为实现企业总体经营目标所进行的，以互联网为基本手段营造网上经营环境的各种活动。其实质是利用互联网对产品的售前、售中、售后各环节进行跟踪服务，它自始至终贯穿于企业经营的全过程，包括市场调查、客户分析、产品开发、销售策略和反馈信息等方面。

理解网络营销的概念，应注意以下几点。

1）网络营销是以达成交易为目的的。

2）网络营销是建立在互联网技术基础之上的。

3）网络营销是一种营销手段。

资料4

"双十一"网购狂欢节

在中国，其实"双十一"网购是从 2009 年开始的，到现在仅仅 5 年，但是成交的数额却一年比一年飞快攀升，2014 年"双十一"仅仅一天的时间网上成交额就突破了 571 亿元，让人咋舌。如今"双十一"这个日子已在很多网民的心目中有了足够的分量，曾经是令人心酸的"光棍节"，而如今却变成了众多网民为之狂欢的"购物节"。

二、网络消费者的心理类型

1. 寻求方便、追求快捷

这种类型的网络消费者认为在网上购物是很方便、快捷的，至于其他的因素，如价格、支付的安全性、信誉度等不是十分的在意。这种消费者一般经常接触电脑与互联网，并且对相关操作非常熟练，所以网上购物对于他们来说，要比传统的购物方式方便快捷得多，网上购物的范围也比较广，次数也比较多。此类消费者以工作忙碌、文化素质较高的白领居多。

2. 乐于尝试者

这种类型的消费者一般对新鲜事物比较感兴趣，一旦注意到新鲜事物，他们就会在好奇心的驱使下去积极尝试，网上购物对他们来说也是一种新鲜体验，他们乐于去尝试，部分消费者在尝试后会认可这种消费方式，进而就会变为稳定的网络消费者。还有一些消费者在尝试了几次其好奇心得到满足以后，就会放弃网络消费，可能很长时间就不去网络消费。

3. 理性购买者

这种类型的消费者注重的是购买商品的本身。他们在购买时会全面考量商品的品牌、质量、价格、方便程度等综合因素，至于最后以哪种方式去购买，他们会理性地选择。

4. 信息寻求者

这种类型的消费者只是把网络当作一个收集信息的平台，而不是购物的渠道。网上购物与传统购物相比，他们更信赖后者。这种类型的消费者一般对新鲜事物兴趣不高，固守着传统的消费观念，对购物的安全感要求很高，以中老年人居多。

三、网络消费者的心理特征

1. 追求新鲜，具有好奇心

追求新鲜，具有好奇心是典型的年轻人的特点。目前从网络消费者的年龄构成来看，年轻人数量居多，他们是网络消费的主体。

2. 追求个性化消费

一般来讲，不同消费者之间其消费需求差异很大，在人们生活水平日益提高的今天，消费者更加强调追求个性化消费。

3. 追求购物方便快捷

当今社会人们的生活节奏不断加快，这就使得很多人很少能有充足的时间去逛街购物，于是网络购物这种不受时间、地点限制的消费方式越来越受到消费者的青睐。

4. 追求低价格

消费者在网上购买商品，经历的中间商环节比较少，有些甚至是厂家直销，因此商品中间环节的加价就比较少，多数情况下消费者可以以低于市场价的价格买到所需的商品。

5. 体验特殊的购物乐趣

通过网络购物的最大乐趣就是自由，这里自由的含义不仅是可以悠闲地边听音乐边选购商品，而且不受时间、空间的限制，只要有电脑、有网络，消费者就可以自由自在地选购自己喜欢的商品。

资料 5

网购最大的乐趣在于"网上"购物

陈女士是一位30多岁的咨询公司高管，她这样形容网购的吸引力："在男人和孩子都睡熟的深夜，你可以穿着睡衣，窝在温暖的沙发上尽情挑选、比较，购买自己想要的衣服和手袋，完全不受他人打扰，也不用担心店铺已经打烊，或是在商场附近找不到停车位。"轻而易举地打开某一商品的链接，自由放大或者缩小图片，随心所欲地从多角度观看物品，并在下决心购买前查查已购朋友对这件物品发表的评论——这些已经大大超越了日常购物的体验，让越来越多的"陈女士"体验到了网上购物的快感。

谷歌的一项调查显示，1000 名净资产达到 100 万美元、年收入达到 17 500 美元的消费者认为最喜欢在网上购买的商品是服装，其次是首饰和配饰。而网购这些物品，过去曾经由于无法克服"试穿、试戴"这样的问题，受到冷落。"现在的网页制作技术越来越发达，通过 360 度不同角度拍摄的图片和通过点击细节便可以随时放大查看的网页技术，我已经不会在网上买错东西。这些图片技术甚至还能提醒自己那些在实体店里购物时容易忽略的细节，例如服装的内衬材质、裙子的缝边细节和鞋子的底部设计等。"陈女士如是说。

根据专家调查，每周末晚上的 8 点至 12 点往往是网店销售的黄金时间，事实上消费者可以一边在家里照看孩子，一边"逛街"。这样的购物方式，尤其对 30 多岁的年轻父母来说显得更为轻松。

"即使是在不购物的时候，我也愿意和其他在网站上发表评论的'博友'互相留帖、讨论或者聊天。这种感觉像是久违了的'姐妹淘'。"陈女士说，"城市生活让人们的距离越来越远。由于工作和生活越来越忙，能够与朋友们一起逛街聊天的机会也少了。互相回帖，相对于见面喝茶来说更容易一些。这像是一种虚拟的社区生活，而不仅仅是购物。"

当然，并非所有的奢侈品牌都愿意毫无保留地投入"网上零售大潮"。虽然不少公司已经完全接受了电子商务，但仍有些品牌坚持不在网络上销售，其原因是：网络销售不能给予消费者在精品店中消费的体验，它将打破消费者原来对于奢侈品的感觉。

（资料改编自：http://www.sootoo.com/content/28491.shtml）

四、网络消费者购买行为的心理过程

1. 产生网络购买的心理动机

（1）感情动机

在感情的驱动下产生购买动机的消费者，其心理过程可分为两个阶段，第一阶段是消费者出于对商品的喜欢或好奇而决定去购买商品；第二阶段是买卖双方在互相信任的基础上进行交易，这种信任可以体现一个消费者的道德素养。

（2）理智动机

在理智的驱动下产生购买动机的消费者，一般对网络营销以及网上购物等相关知识了解得比较全面，具有较高的比较、分析和判断能力，外界的影响很少会干扰到此类消费者的选择。

（3）惠顾动机

在惠顾的驱动下产生购买动机的消费者，在心理上对某种特定的事物有着很强的依赖与喜好，他们的购买动机非常明确，购买过程非常执着。一般可能会表现出：成为某个购物网站的注册会员、经常登录这个网站、享受一定的会员折扣、获得会员礼物等。

2. 网上收集相关信息

相关信息的收集需要消费者的耐心和细心。信息收集过程就是消费者购买学习的过程，在网上收集信息，消费者自主性较强，可以随意地根据自己的需要进行信息的检索，但是如果消费者专业知识较少，那么，在信息检索过程中，就难免会走弯路，甚至使学习过程会出现偏差。

3. 信息的分析比较

消费者在获得信息以后，要进行分析比较，以便辅助决策。目前，绝大多数网站都提供比较服务，即把各个网站对同一种产品的报价收集起来，展现在消费者的眼前，这样，消费者就可以很轻松地了解到同种产品在价格上的差异，从而提高分析比较的效率。

4. 做出网上购买决策

消费者在进行分析比较之后，就要作出购买决策。消费者的购买决策要建立在对卖方充分信任的基础上，因为到目前为止网上交易的安全性还不能得到充分保证。另外，对于交易商品，消费者只能在网上见到它的外观与描述，无法接触实物，所以信任就显得十分重要。

5. 网上交易完成后的评价

网上的信息传递非常快捷和方便，所以交易完成后的消费者评价会很快进行收集。商家将网上消费者的反馈与评价收集上来之后，如果有消费者抱怨，商家一定要及时处理，否则消费者一旦将自己的不满在互联网上公布，很快就会造成很大的负面影响。

> 资料6
>
> ### 网购评价"癌变"
>
> 网购→消费者收货→评价，这基本上是一个网络购物的大致流程。
>
> 但是现在许多消费者在评价这一环节会稍显犹豫，近日的"寿衣门"、恐吓短信等事例告诉我们，一旦实事求是地写上中差评，会导致不必要的麻烦。同时，决定消费者网购行为的评价机制正在经历作假、虚构评价、删除差评等暗箱操作，这与购物网站设计评价机制的初衷相去甚远，其公正性正受到前所未有的质疑。
>
> 2011年冬天，某大学生小戴在淘宝上买了一双雪地靴，可是拿到实物时，令她大失所望，不仅质量没有卖家所描述的那么好，连颜色也有偏差。

小戴觉得，这双靴子也能穿，只是卖家夸大宣传，于是她实事求是地给这桩交易打了个"中评"，并将原因一一列举。

第三天，小戴接到了卖家的电话，对方告诉她，如果不满意可以把靴子退回去，并且告诉小戴，既然网购价比市场价便宜那么多，有点质量问题是可以理解的。

小戴当场没有答应对方，可是在接下来的几天里，卖家天天给她打电话，软硬兼施，直到小戴把网购评价改成好评为止。

小戴告诉记者，卖家的电话"开始还是主动让我退货，后来变成了威胁，我当时正忙着复习考试，哪有那么多时间跟他们磨？"

与小戴的放弃不同，网友叮铛坚决不改评价，她说："我拒绝了卖家的要求，你的东西好就是好，不好就是不好，如果不好，我硬给他们说好，不是误导下一位消费者了吗？再说，通篇的好评看起来更会让人觉得不真实。"

是什么导致了评价机制的变味？没有一点瑕疵的评价正常吗？我们网购时到底需要什么样的评价作为参考？

"没有差评就是一个完美状态吗？网购和现实世界的交易一样，充满了各种风险，差评对于买方来说，是一个风险提示的手段，对于卖方，则是对其产品和服务的提醒与警告。尽管这个评价制度还有诸多不完美之处，但差评和好评一样，在网络世界的生态环境中发挥着同样重要的作用。一个只有好评的世界，是不真实的世界，好评的价值也会大打折扣。"

（资料来源：http://www.rsczj.gov.cn/show.asp?id=3311）

第四节　网络营销的策略选择

网络营销策略是指企业为了自身发展的需要，根据其在该行业中所处地位的不同而采取的一系列网络营销方法的组合，主要包括产品策略、价格策略、促销策略、渠道策略、网页策略和顾客服务策略等。网络营销策略就是为有效实现网络营销任务，充分发挥网络营销应有的职能，从而最终实现增加销售和持久竞争优势所制定的方针、计划，以及实现这些计划需要采取的方法。

一、产品策略

在基于互联网的网络营销中，企业的产品和服务要有针对性，其产品形态、产品定位和产品开发要体现互联网的特点。

1. 产品形态

就产品形态而言，在互联网上信息产品和有形产品的销售是不一样的。信息产品直接在网上销售，而且可以试用；而有形产品只能通过网络展示，尽管多媒体技术可以充分生动地展示产品的特色，但无法直接尝试，而且要通过快递公司送货或传统的分销渠道分销。因此网络营销的产品和服务应该尽量是信息产品和服务标准化的产品或在购买决策前无须尝试的产品。

2. 产品定位

就产品定位而言，网络营销的产品和服务的目标应与互联网用户一致。因为网络营销的产品和服务的目标消费者首先是互联网的用户，所以产品和服务要尽量符合互联网用户的特点。

3. 产品开发

就产品开发而言，由于互联网体现的信息对称性，企业和顾客可以随时随地进行信息交换。在产品开发中，企业可以迅速向顾客提供新产品的结构、性能等各方面的资料，并进行市场调查；顾客可以及时将意见反馈给企业，从而大大提高企业开发产品的速度，也降低了开发新产品的成本。通过互联网企业还可以迅速建立和更改产品项目，并应用互联网对产品进行虚拟推广，从而以高速度、低成本实现对产品项目及营销方案的调研和改进，使产品开发从各方面满足顾客需要，最大限度地实现顾客满意。

二、价格策略

网络营销中产品和服务的定价非常重要，在考虑产品定价时应考虑以下因素。

1. 国际化

由于互联网营造的是全球市场环境，企业在制定产品和服务的价格时，要考虑国际化因素，针对国际市场的需求状况和产品价格情况，以确定本企业的价格对策。

2. 趋低化

由于网络营销使企业的产品开发和促销等成本降低，企业可以进一步降低产品价格。同时，由于互联网环境下市场是开放和透明的，消费者可以就产品及价格进行充分比较、选择，因此，要求企业应以尽可能低的价格向消费者提供产品和服务。

3. 弹性化

由于网络营销的互动性，顾客可以和企业就产品价格进行协商，也就是可以议价。

另外，企业也可以根据每个顾客对产品和服务提出的不同要求制定相应的价格。

三、促销策略

网络促销的目的就是使促销更合理，消费者可以通过互联网主动搜集信息，企业也可以把注意力更集中于目标顾客。网络促销的方式有拉销、推销和链销。

1. 拉销

网络营销中，拉销就是企业吸引消费者访问自己产品网页，做出购买决策，进而实现产品销售。网络拉销中，最重要的是企业要推广自己的网页，吸引大量访问者，才有可能把潜在的顾客变为真正的顾客。因此，网页不光要介绍产品，还要力求生动、形象和个性化。

2. 推销

网络营销中，推销就是企业主动向消费者提供产品信息，让消费者了解认识企业产品，促进消费者购买产品。

3. 链销

网络营销中，互动的信息交流强化了企业与顾客的关系，使顾客的满意程度加大是企业开展网络链销的前提。企业使顾客充分满意，满意的顾客就会成为企业的种子顾客，他们会以自己的消费经历为企业做宣传，向其他顾客推荐企业产品，使潜在顾客成为企业的现实顾客，从而形成口碑效应，最终形成顾客链，实现链销。

四、渠道策略

1. 会员网络

网络营销中的一个最重要的渠道就是会员网络。会员网络是在企业建立虚拟组织的基础上形成的网络团体，通过会员制，促进顾客间的相互联系和交流，以及顾客与企业之间的联系和交流，培养顾客对企业的忠诚，并把顾客融入企业的整个营销过程中。

2. 分销网络

根据企业提供的产品和服务的不同，网络分销渠道也有差别。如果企业提供的是信息产品，就可以直接在网上进行销售，从而减少分销商，甚至不用分销商。如果企业提供的是有形产品，就需要分销商。企业要想达到较大规模的营销，就要有较大规模的分销渠道，建立大范围的分销网络。

3. 服务网络

如果企业提供的是无形产品，则可以直接通过互联网实现服务功能；如果企业提供的是有形服务，需要对顾客进行现场服务，就要建立服务网络。

4. 生产网络

为了实现及时供货，以及降低生产运输等成本，企业要在一些目标市场区域建立生产中心或配送中心，形成企业的生产网络，并同服务网络等相结合。

五、网站策略

网站策略是网络营销的特有策略。在网络空间中，网站是企业最重要的标志，在互联网上设立网站是企业进行网络营销的基础。网站不仅代表了企业自身的形象，而且也直接关系到网络营销的效果。企业的网站策略主要包括网站宣传策略和网站设计策略。

1. 网站宣传策略

网站宣传可分为网络渠道和传统渠道两大类。传统渠道是指借助于报纸、广播、电视等传统的媒体宣传企业的网站。另一种方式则是借助于新兴的网络媒体宣传企业的网站，其目标是设法使本企业的网站信息散布在众多的网络空间上，提高知名度。

2. 网站设计策略

网站设计是网站能否成功的关键，客户登录网站的首要目的就是要查阅相关的内容，获得相关信息。网站设计时应注意以下几点：一是提供客户需要的内容；二是必须符合国际通行标准；三是必须快速反应客户的请求。

总之，在采取网络营销实现企业营销目标时，必须采取与企业相适应的营销策略，因为虽然网络营销是非常有效的营销工具，但企业实行网络营销时需要投入并且是有风险的。同时企业在制定网络营销策略时，还应考虑到产品周期对网络营销策略的影响。

小 结

通过本章的学习，应初步了解并掌握现代营销方式的类型及与其相对应的不同心理策略。在经济社会快速发展的今天，结合日新月异的网络信息技术，本章针对现代营销及其心理策略主要介绍了超市营销与消费者心理、超市管理与消费者心理、网络营销与消费者心理、网络营销策略选择等内容。

实 训 练 习

将实训学生分成四组，成立模拟超市购物环境，各组分别代表顾客、收银员、理货员及安保环卫等后勤人员，组织现场操作，体会不同角色人员对超市营销效果的影响程度。

复习思考题

1. 简述超市的定义及特点。
2. 超市营销中影响消费者心理的因素有哪些？
3. 影响超市卖场氛围的因素有哪些？
4. 超市营销的策略有哪些？
5. 网络消费者有哪些心理特征？
6. 简述网络营销环境中产品策略的主要内容。

第十二章　推销员的心理及策略

☞　**本章导读**

　　推销是指企业营销人员通过宣传与说服，把商品卖给顾客的过程。在当今国内外市场主要由买方主宰、同行竞争日益激烈，顾客心理更加复杂多变的情况下，推销工作表现得更加艰巨而繁重，它对企业产品的销售和经济效益将起着越来越重要的作用。通过本章的学习，可以了解推销员的类型、推销员的职能心理、推销员的素质及推销技巧等，有利于从事企业经营管理工作的人员开展好营销工作，取得更加显著的经济效益。

☞　**关键词**

　　推销员（salesman）

　　职能心理（function psychology）

　　职业素质（occpation quality）

　　推销技巧（marketing skills）

　　心理策略（psychology strategy）

开篇案例

乔·吉拉德的推销秘诀

　　乔·吉拉德是世界上最伟大的推销员，他连续 12 年荣登世界吉尼斯纪录大全世界销售第一的宝座，他所保持的世界汽车销售纪录：连续 12 年平均每天销售 6 辆车，至今无人能破。

　　乔的推销生涯中有很多成功的推销秘诀，其中最著名的一条是：建立顾客档案，更多地了解顾客。

　　乔说："不论你推销的是任何东西，最有效的办法就是让顾客相信—真心相信—你喜欢他，关心他。"如果顾客对你抱有好感，你成交的希望就增加了。要使顾客相信你"喜欢他、关心他"，那你就必须了解顾客，搜集顾客的各种有关资料。

乔中肯地指出："如果你想要把东西卖给某人，你就应该尽自己的力量去收集他与你生意有关的情报……不论你推销的是什么东西。如果你每天肯花一点时间来了解自己的顾客，做好准备，铺平道路，那么，你就不愁没有自己的顾客。

刚开始工作时，乔把搜集到的顾客资料写在纸上，塞进抽屉里。后来，有几次因为缺乏整理而忘记追踪某一位准顾客，他开始意识到自己动手建立顾客档案的重要性。他去文具店买了日记本和一个小小的卡片档案夹，把原来写在纸片上的资料全部做成记录，建立起了他的顾客档案。

乔认为，推销员应该像一台机器，具有录音机和电脑的功能，在和顾客交往过程中，将顾客所说的情况都记录下来，从中把握一些有用的材料。

乔说："在建立自己的卡片档案时，你要记下有关顾客和潜在顾客的所有资料，他们的孩子、嗜好、学历、职务、成就、旅行过的地方、年龄、文化背景及其他任何与他们有关的事情，这些都是有用的推销情报。所有这些资料都可以帮助你接近顾客，使你能够有效地跟顾客讨论问题，谈论他们自己感兴趣的话题。有了这些材料，你就会知道他们喜欢什么，不喜欢什么，你可以让他们高谈阔论，兴高采烈，手舞足蹈……只要你有办法使顾客心情舒畅，他们就不会让你大失所望。"

启示：从上述例子我们可以看出，推销员应尽可能多地了解每一位顾客，在销售前做好准备，能引导顾客敞开心扉。顾客接纳了你，就不愁不接纳你的产品。

第一节 推销员的职能心理

随着我国社会主义市场经济的发展，如今的商品推销已经摆脱了过去的传统模式，各种类型的推销人员在社会经济的大潮中各司其职、大显身手。尽管他们各自的推销对象和工作特点有所不同，但所承担的职责是相同的。

资料 1

温州人的推销方式

我国改革开放之初，浙江温州人就带着自己的产品——"温州鞋"走遍了祖国的大江南北，他们为了抓住各种机会推销产品，即使到了大年三十都不回家，仍然远在外地做生意。他们凭着不怕吃苦的精神和坚韧不拔的意志，终于使温州成为我国先富起来的一族。

推销一般可分为上门推销、柜台推销和会议推销三种形式。上门推销是指营销人员采取"走出去"的办法，到顾客家中或用户单位进行推销；柜台推销是指营销人员采取"迎进来"的办法，接待顾客或用户单位进行推销；会议推销则是指现在经常举办的商品展销会、商品博览会和商品洽谈会等，即运用举行会议的方式来接待顾客和用户单位并进行推销，会议推销可以说是上门推销与柜台推销相结合的很受人们欢迎的一种推销形式。

一、上门推销心理分析

1. 推销员上门推销的心理准备

推销员上门推销前，应认真选择访问的对象和考虑访问的时间。一般而言，要访问的对象应该是对推销的商品有一定兴趣和意向的客户，访问时间的选择应以顾客或用户觉得方便为原则。访问初选的对象应从购买企业的业务人员开始，并逐步深入到购买决策者。上门推销，要先说明来意，语言要简练，行为有礼节，态度要和蔼。接着重点介绍商品的性能、特点、用途和质量，以引发对方的兴趣并使其在思想上接受这些商品，从而激发起顾客的购买欲望，进一步作出购买决定。推销人员上门推销，首先在心理上必须做好充分的准备，以解决在推销开始时和推销过程中顾客的各种心理疑虑。如"质量性能"、"品种"、"谁已使用"、"有何效益"等疑虑。古人说得好："凡事欲则立，不欲则废"，上门推销，虽然不能欲求有百分之百的把握，但也必须要有认真充分的心理准备。一个肩负重任的推销员，如果没有良好的心理素质，是很难完成艰巨而繁重的推销任务的。

2. 展示和示范表演是引起顾客购买兴趣的重要手段

要使顾客和用户对推销的产品产生兴趣，除了推销员当面讲解外，更重要的还得让顾客对产品亲眼看一看、亲手摸一摸，这就是商品的展示和示范表演。

（1）展示

展示即是推销员把自己要推销的商品展现在顾客面前，让其亲自体验。"百闻不如一见"是顾客的普遍心态，成功的展示，会使顾客更了解商品，产生购买兴趣。展示的形式有实物展示、图片资料展示、对比品展示和效果品展示等。

资 料 2

"遥控玩具车"的展示策略

2010 年 5 月的一天，广东东莞某大型玩具公司的代表来到某市，在该市的大型商场、娱乐中心、公司等场所举办大型玩具展销会。

在某公司的展示区，一位西装笔挺的中年男士带着一个大约五六岁的小男孩走到玩具摊位前停了下来。

售货员马上走上前去笑容可掬地问道："先生，您好！您要给您的孩子买什么样的玩具呢？"

男士用手指着一辆遥控玩具战车说道："想要这样的遥控玩具。"

售货员说："像您儿子这么大年龄的孩子玩这种玩具正是时候！它有利于开发儿童的智力。"说着便把玩具的开关打开说："您看，我们的这种玩具操作非常简单，用手左右扳动上面这两个遥控杆，就可以前进、后退、转弯……"

她边说着边把玩具放到地上，拿着遥控器，开始熟练地操纵起来，前进、后退、转弯。然后就把遥控器递到这位男士手里："您可以让您儿子试着玩一玩儿！看他是不是喜欢？"

小孩子拿过来就左扳、右扳，刚玩了几分钟就高兴得不得了，简直是爱不释手。

这时这位男士才开始问："多少钱一台？"

售货员回答道："468元。"

"太贵了吧！能不能便宜点？400元好了？"男士还价道。

售货员接着说："这样吧，算420元，我再送您四节电池。"说着将原封的遥控玩具战车连同四节新电池一起塞进了包装用的塑料袋里递给了男士。

男士一手摸口袋掏钱，另一只手接下玩具问道："还用试一试吗？不会有质量问题吧！"

售货员答道："您放心，要是出现质量问题，您尽管拿回来，我们在这儿展销一个星期呢。"

男士高兴地交完钱，拿着玩具满意而去。

（2）示范表演

示范表演是在商品展示的基础上向顾客提供更信服的证据，让顾客产生美好的联想。示范表演要能体现商品的主要性能特点，并且准确无误。例如：示范去污剂要当场表演，让顾客亲眼看到它的确去污效果很好；示范坚硬锋利的菜刀要当场砍骨切肉（甚至砍铁丝），让顾客看到这种菜刀砍坚硬的东西也不会崩刃、卷口。示范表演要有针对性，揣摩和掌握顾客的心态。如果能让顾客和用户亲自参加示范表演，其说服力将会更强，更能吸引顾客。如展现汽车的性能，则可在推销员陪同下让顾客坐到驾驶员的座位上亲自启动汽车。以上这些都是引起顾客购买兴趣的重要手段。

资料 3

推销员推销失败的案例

一家锅具公司推出一款新产品压力锅，初期为了推广该产品，特别针对这款商品的诸多优点培训了一批推销员，并派他们开展上门推销业务。

有位推销员在下午五点左右敲门走进一家正在准备晚餐的家庭，他向主妇说明这款压力锅的特点。正当推销员头头是道、口沫横飞地说明压力锅的优点，还没来得及使出最后一招推销术时，却被那家烧开水的笛声打断了思路，在主妇急着要去做饭的前提下，这位推销员只好悻悻然离开。

晚饭过后，夫妻俩坐在客厅里看电视，主妇向先生提及下午那位推销员和压力锅的事情："我觉得那款压力锅挺不错的，而且价格也算公道，我真的很喜欢那款压力锅，真想买一把。"这时丈夫疑惑地问她：“既然你这么喜欢，为什么不马上买下来呢？”太太说：“我一直在等待推销员要求我买，可是他自始至终没有开口问我要不要买一把来用，后来锅上的笛声一响，我就忙着去做饭了。那位推销员也没有再继续解释并说服咱们就自动走了，所以没有买成。”

　　启示：推销员要学会随机应变，及时把握住成交时机。机不可失，时不再来。

二、柜台推销心理分析

　　柜台推销一般是指在商店柜台或生产经营厂家，或者在展销会上接待顾客或用户进行的商品推销，这是商品推销的经常性工作，认真做好顾客的接待和推销商品的宣传是企业营销工作的重要组成部分。

　　1. 柜台推销与上门推销顾客不同的心理状态

　　柜台推销与上门推销，都是通过推销员与顾客和用户面对面地洽谈商品交易的过程。在工作时间方面，上门推销具有集中性和阶段性，而柜台推销具有经常性和常年性；在工作地点方面，上门推销是到顾客家里或用户单位，而柜台推销则是在商店柜台或企业所在地和企业所办的营销门市部；在工作方法上，上门推销对商品的宣传是以资料为主、样品实物为辅，而柜台推销是以实物展示为主，可以很方便地让顾客面对面地选购商品；上门推销主要是推销员“走出去”，而柜台推销则主要是把顾客“请进来”。以上这些区别，反映在顾客心态上（如反映在购买动机、购买欲望、购买行为等方面）也是不一样的。

　　（1）购买动机的不同

　　顾客或用户来到柜台或销售点，一般都有一定的购买动机，即可能是参观考察，也可能是有意购买，或者是代为采购。而上门推销时，顾客的购买动机则不那么明确，有时是在推销员的推销过程中或结束时，顾客才形成了一定的购买动机。所以，柜台推销与上门推销是有明显区别的。

　　（2）购买欲望不同

　　购买欲望是购买行为的前奏，只有当顾客对某种商品的购买欲望非常强烈时，才可能发生购买行为。柜台推销时，一部分顾客来柜台购买商品的欲望要远比推销员上门推销时强烈得多，他们除动机明确、指向集中外，有时还表现出非买不可的欲望。因为他们中有的是等待急需，有的是任务限期。

　　（3）购买行为成效的不同

　　与上门推销相比，柜台推销在与顾客一对一的业务接触中所发生的购买成效较为显著。就心理状态而言，如果说推销员上门推销是“上门找生意”，那么，柜台推销则可以说是“生意找上门”。但这绝不是说柜台推销的难度要比上门推销小得多，因为在市场经济条件下，顾客是市场的主体，分析柜台推销时顾客的心态，其目的就是要了解顾客，采取有效的心理对策，认真、积极、热情地接待好顾客，提高柜台推销的成功率。不然，"送上门的生意"也会跑掉。

资料 4

为什么最后没有成交

某日一位老板走进一家专门销售进口品牌汽车的车行并询问销售人员。

顾客：宝马 730Li 是不是全铝合金车身？

销售人员：（客户提出的这个问题有点突然，而且是他第一次听到全铝合金车身的概念）哦，不太清楚，我去查一下资料，（查完后告诉客户）不是全铝合金车身。

顾客：刚才我到了某车行看了奥迪 A8，他们的销售人员告诉我奥迪 A8 采用的是全铝合金车身，是最新的技术，能够提升速度，而且省油。我以前开的是宝马 530，对宝马车比较了解，现在想换一部车，准备在奥迪和宝马之间做出选择。如果宝马也是全铝合金车身的话，我就买宝马。

销售人员：（经过确认后再次告诉顾客）实在对不起！宝马 730Li 不是全铝合金车身。

结果：顾客离开了展厅再也没有回来，据了解，他后来买了奥迪 A8。

启示：这位销售人员虽然有好几年的销售经历，但是面对客户提出的"全铝合金车身"的概念还比较陌生，加上沟通能力还没有达到炉火纯青的地步，所以就把这位顾客放走了。如果销售人员事先多掌握一些关于汽车方面的知识和推销技巧，有效地化解顾客的异议，也许会是另一种结果。由此可见，销售的成功往往就在一转念之间，关键就看你愿不愿意去做这样力挽狂澜、扭转乾坤的工作了。

---

2. 柜台推销接待顾客的程序与策略

（1）在柜台接待顾客的程序

当顾客走进商店后，往往先对某商品引起注意，于是便走近观看，从而发生兴趣，在兴趣之中会联想到购买这种商品会给他带来什么好处，如果认为确实有利，就会引起购买欲望。然而，该商品是否完全适合消费者的需求还要进行比较，如从商品的特征、性能、质量、价格、式样、外观等方面作比较，确认满意后才做出购买决定。因此，顾客购买商品的心理活动过程一般是：注意→兴趣→联想→比较→决定。

根据顾客这一心理活动过程，推销员的任务就是要设法加速其从"注意"到"决定"的过程，即迅速促成实际购买行为，为此，推销员在顾客购买心理活动的每一阶段都要做好接待工作。

（2）在企业接待客户的策略

在企业接待客户不像柜台接待顾客那样阶段分明，接待程序也无须那么清晰，但同样应十分注意心理策略。

1）接待老客户。老客户是指对本企业产品已多次使用，已经建立了多年业务关系，互相信任，关系较为密切的单位或个人，是本企业产品销售的主要渠道之一。因此，推销员在接待时应特别热情、周到，并密切关注客户的反应，了解和掌握客户心理发展的动向，想方设法满足客户的要求，加强对客户的服务。同时，在价格上也尽可能地给予适当优惠。

2）接待新客户。新客户是指对本企业产品使用不久或刚开始使用，刚刚建立业务联系，互助关系和信任程度处于摸索、了解阶段的单位或个人。接待新客户时，推销员应非常注重礼节，十分尊重他们，并认真听取他们对使用不久的产品质量、性能及服务方面的意见和要求并给以充分满足，为新客户排忧解难，对使用本企业产品的注意事项应特别交代清楚，使新客户对推销产品产生良好印象，从而进一步扩大产品的销售市场。

3）接待重点客户。重点客户是指一定行业中的在企业规模、地位影响、产值产量较大的单位，一般是该行业的排头兵或重点骨干企业。接待和服务好重点客户对该行业所产生的作用重大，也会对本企业的产品销售产生重大的影响。

4）接待零星客户。零星客户是指使用本企业产品数量小、品种规格多的小型或个体企业。对这些零星客户，推销员也不能冷淡歧视，更不能嫌麻烦，应同样热情接待，满足客户需求。当然，在供货价格上也可根据具体情况做适当调整。

第二节　推销员应具备的素质

一、推销员的职业心理素质

推销工作的好坏在一定程度上关系企业的兴衰。因此，推销员就必须具有克己所短、顺应各种客户需要、获得所有顾客喜欢、打开所有客户大门、在激烈的销售竞争中取胜的能力。这就要求推销员应具有丰富的知识和灵活的技巧，而这些又与推销员的素质密切相关。一般要求推销员应具备以下几方面的素质。

1. 开朗的性格

性格是指人们对待客观事物的态度及其社会行为方式，经常表现出来的稳定的个性心理特征，它决定着人活动的内容和方向。性格同其他心理现象一样，是人精神面貌的本质特征的体现。

开朗的性格在人际交往中是受人喜欢的，推销员性格开朗就能较快地取得对方的喜欢。推销工作要四处走访用户，不断地与社会各界联络沟通，参加各种类型的推销活动、社交活动，需要接触各式各样的陌生人，其中有随和的人，也有狂妄的人，倘若遇上后者有时会遭到冷落。性格开朗的推销员，会面带笑容、悠闲自得地应酬，很快地把对方巧妙地引到自己的思路上来。因此，性格开朗的人比较适合从事推销工作。

2. 宽容大度的胸怀

宽容大度是一种宽容忍耐的心理。人所能承受的心理负荷是有一定限度的，当外界刺激超过一定限度时就会产生心理突变，这个原理称为心理容量原理。人的心理容量是一个变量，容忍就是心理容量的扩大，正如俗话所讲的"虚怀若谷"、"宰相肚里能撑船"。能够忍受挫折的打击，或者能够承受住超过一定限度的外界刺激，而仍能保持个人心理活动正常的适应能力，叫作挫折容忍力。扩大其心理容量，提高其挫折容忍力，则能保持容忍大度。做推销经常会遇到各种各样的困难，有时会遇到个别客户的挖苦、讽刺，甚至谩骂而碰一鼻子灰，所以要求推销员应具有"宽容大度"的胸怀。

资料 5

忍一忍海阔天空

原一平在日本曾被誉为"推销之神"，他为了一笔大交易，在 4 年中拜访同一顾客 71 次，每次都被一位貌似退休的老人挡驾。后来，他了解到那位挡驾的老人，就是他要拜访的那家公司的总经理。弄清实情后，他忍住了心中的愤怒，调整好心态，重新拜访，终于感动了这位目标顾客，达到了创纪录的推销成果。

3. 充足的自信心

作为一名推销员，要想取得推销事业的成功，其前提就是要对推销充满自信心。

（1）对推销职业的自信

推销是一种光荣而高尚的职业，推销能为消费者创造福利、提供方便。正是由于推销员的努力工作，人们才有更多的机会和时间去感受生活、享受人生。

（2）对自己的自信

一个没有自信的人，干什么事都很难成功。自信是成功的先决条件。你只有对自己充满自信，在客户面前才会表现得落落大方，胸有成竹，你的自信才会感染、征服消费者，用户对你推销的产品才会充满信任。学会在工作点滴中体味成就感，利用目标分解与时间管理将自己每天的工作进行分解，分解到每一件事项，每一个时间段。及时办理，及时检查，及时总结，每完成一件事，就是一项成就，每天所有的事都完成，就是一天的成就。只有积点滴小成就，才会累筑成大成就；你只有每天去体味成就，才有信心与勇气继续走下去！当然，自信不等于自傲。自信根生于有学识、有能力的运筹帷幄和决胜千里的感觉。

（3）对公司的自信

推销员要及时了解公司的动态、变化和市场发展前景，包括要熟悉公司获得的一些奖励、近期开发的新产品，以及薪资改革、政府部门访问公司等信息，这样有助于培养销售人员对公司的自信心。推销员要相信公司是一家有前途的公司，是一家长远的公司，是时刻为客户提供最好产品与服务的公司。

（4）对产品的自信

很多推销人员在听到用户议论公司产品有一点点不足时，或者反映公司产品有一点点小毛病时，就马上开始抱怨公司产品质量的低下，这是不利于推销的。当今时代，产品高度同质化，同类产品在功能方面没有太大的区别！只要公司产品符合国标、行业标准或者企业标准，就是合格产品，也是公司最好的产品，一定可以找到消费者或者是购买者。在整个推销过程中，不要对你推销的产品产生怀疑，相信你推销的产品是优秀产品。能不能达成交易，取决你对公司产品的自信和你认真的态度与推销技巧。

资料 6

自信要大声喊出来

天津顶好油脂公司在要求自己的推销员拜访客户时，出门前每个推销员要大声朗诵"我的产品是最好的！最好的！最好的！最好的！"一次比一次声音大，气势雄伟！然后整理好自己的衣着再出门。

4. 坚韧刚强的毅力

推销人员的工作艰巨而繁杂，有时甚至是单调乏味的。这就要求推销人员在长期的推销实践中不断地磨炼自己的意志，在产品推销过程中，不论遇到什么样的艰难险阻，都能始终百折不挠，坚定不移，努力克服来自主观和客观的困难，以充沛的精力和顽强的毅力去完成自己的本职工作，只要有1%的成功可能性，也要用100%的行动去争取，不达目的决不罢休。有时在某些场合，勇气和毅力比经验、技巧更为重要。

资料 7

坚持下去，定能成功

日本著名推销专家齐藤竹之助刚做推销员不久，就制定向五十铃汽车公司推销企业保险（即企业为职工缴纳的用于预备退休金或意外事故保障等的保险费）的计划，可是听说这家公司一直以不缴纳企业保险金为原则，当时很多保险公司的推销员向它发动过攻势，均无济于事。齐藤竹之助却不愿放过这个机会，仍决定试一试，从此，他开始了长期艰苦的推销访问工作。从他家到五十铃公司来回一趟需要 6 个小时，一天又一天，他挟着厚厚的资料和一个又一个的方案，怀着"今天肯定会成功"的信念，不停地奔走，前后大约跑了 300 多次，持续了 3 年之久，终于取得了成功。

5. 有效的自我控制能力

自我控制能力是一种自觉地支配、调节和控制自己行为的能力，是意志力和理智水平的综合表现，是推销人员必备的一种十分重要的心理素质。因为，推销人员有时是无法选择顾客的，为各种各样的顾客服务并使他们满意是推销员的职责。有效的自我控制能力是在正确认识的基础上形成的。

6. 较好的创新能力

推销人员在推销产品过程中，要和形形色色的顾客打交道，要使顾客接受自己的观点，购买自己所推销的产品，如果推销方式千篇一律，就难以适应各种不同类型消费者的要求，这就要求推销人员有一定的创新能力。

资料 8

筚路蓝缕，创新至上

在南太平洋的一个岛屿上，来了两个制鞋公司的推销员，他们分别来自A、B两国。A国推销员看到该岛居民均光着脚，于是马上给公司拍了电报："本岛无人穿鞋，我决定明天回国。"而B国推销员拍回公司的电报却是："好极了！该岛无人穿鞋，真是个销售鞋的很好的潜在市场，我准备长驻此地努力挖掘。"结果，B国公司开发了一个新的市场，取得了巨大的成功。由此可见，开拓创新的精神对企业的发展是多么重要。

7. 诙谐幽默的风格

诙谐幽默的风格能使人豁达超脱、生气勃勃，具有超强的影响力。幽默在人际交往中往往能打破僵局、摆脱困境。诙谐幽默运用于推销工作中取得的成功也不乏其例。

资料 9

幽默开拓新天地

有一位大学生，思想很活跃，为人诙谐幽默。他在做了推销员之后，在一次推销中就成功地运用了幽默的方法。他走进一家报馆问道："你们需要一名有才华的编辑吗？""不。""那你们需要记者吗？""也不需要。""你们的印刷厂如有缺额也可以。""都不需要，我们现在什么空缺也没有。""那么你们一定需要这个东西。"大学生边说边从皮包里取出一块做工精美的牌子，上面写着："额满，暂不雇人。"报馆负责人为这位推销员的幽默机智所动，就买下了这块牌子。

二、推销员的品德素质

品德素质通常包括信念、理想、意识、行为等方面。推销员的工作是一种与客户进行心理沟通和逐步说服的工作。因此推销员应有良好的品德素质，以心换心，才能使心理沟通达到事半功倍的效果。

1. 消费者权益意识

消费者权益是指生产必须适合并保护消费者的权利和利益。在市场经济条件下，消费者拥有以下权益：①有权不买不喜欢的商品。②有权挑选商品的式样和种类。③有权了解商品制造、使用及维修方面的信息和知识。④有权对商品质量、款式、性能、价格等提出意见，并有权要求这些意见被有关工商企业听取。⑤当使用不良的商品使消费者受到损害时，有权要求得到补偿。消费者主权是在一些经济发达国家，由社会公众、政府部门、社会组织联合发起的旨在保护消费者利益的运动中产生的，此后，消费者主权被社会所接受，逐渐形成了消费者主权意识。因此，世界各国的推销员，都要以消费者主权意识作为推销的指导思想，以此赢得消费者的信任与支持。

2. 诚实守信

作为推销员应该实事求是、以诚待人，严格履行自己的承诺，让顾客感觉到你确实是一个可以信赖的人。如果出尔反尔，经常违约，不遵守自己的允诺，则会使竞争者轻易地从你手中抢走客户，也不利于培养和建立长期稳定的关系。做到诚实、守信，言行一致，不说大话，是推销员优良品格的最基本要求，也是促使顾客采取购买行动的最有效方法。

资料 10

努力做得更好

美国麦克唐纳-道格拉斯公司为了将第一批喷气式客机卖给东方航空公司，创始人唐纳·道格拉斯本人专程去拜访东方航空公司的总裁艾迪·利贝克。利贝克对他说，道格拉斯公司生产的新型 DC-3 与波音 707 飞机是两大竞争对手，但都有一个共同的毛病，那就是喷气发动机的噪声太大，并表示愿意给道格拉斯公司一个机会，如能在减小噪声方面胜过波音公司就可获得签订合同的希望。当时这对道格拉斯公司来说，是一桩很重要的买卖，但是，道格拉斯与他的工程师认真商量后，答复说："老实说，我们没有办法去实现你的这一要求，但是我们可以尽最大努力降低发动机的噪声。"利贝克听了后说："我想也是这样的，我这样做的目的，只是想知道你对我是否诚实。"道格拉斯的诚实，赢得了利贝克的信任，他终于听到了一直期待的好消息："你将获得 16 500 万美元的订单，现在，就看你如何将那些发动机噪声控制到最小了！"

3. 强烈的事业心和责任感

事业心是一个人取得成就的需要，是对自己的工作充满热爱的一种高级情感。一个人具有强烈的事业心，他就能激发自己的工作干劲，挖掘潜在的主观能动性，提高工作效率。责任感是人对社会、他人或工作抱有无法推卸的责任而产生的一种义不容辞的情感体验。当一个人在行为上尽到了自己应承担的责任时，就会觉得问心无愧，有一种满意、喜悦、自豪的体验；相反，若没尽到责任，就会受到良心责备，会感到惭愧、内疚、羞耻等。心理学上把一个人对自我行为从理智和情感两方面进行的统一评价，称之为"良心"。现代企业的推销员，一般都有较大的自主权和灵活性，而作为与顾客或用户打交道的代表，他们的言行举止代表着企业的形象，推销员应以高度负责的精神来塑造和维护企业的形象，为企业创造更大的社会效益和经济效益。

三、推销员的业务素质

推销员的业务素质包括以下几个方面。

1. 敏锐的洞察力

推销员对市场行情应该有特殊的职业敏感，善于捕捉市场信息，能眼观六路，耳听八方，见微知著，对市场的发展趋势能够做出正确的判断。人们常说，信息是无形的财富，是决定企业兴衰成败的重要资源。要获得有价值的市场信息，推销员就应有一双"火眼金睛"。

2. 灵活的反应能力

敏锐的观察和判断，灵活地作出反应是相互联系的两个方面，这些都是推销人员必备的心理素质。由于顾客的需要、动机和性格各不相同，如果没有灵活的反应能力，就会应接不暇，甚至出现差错，而如果怠慢了顾客，还会造成连锁效应，贻误了良好的成交机会。

3. 丰富的产品知识

推销员要能有效地将产品推销出去，必须了解相关的产品知识，熟悉所推销的产品，并对其充满信心和自豪感，从而为顾客当好参谋，提供高水平、高质量的服务，真正满足顾客的需要。所谓对产品的了解就是熟知自己所推销产品的品种、规格、型号、性能、特点、用途、价格以及维修保养知识，并能自己动手操作、示范表演和修理产品，排除使用中的故障。尤其是推销家用电器、乐器等商品时，推销员必须比顾客更高一筹，否则，就无法使"内行顾客"满意。

资料 11

眼见为虚，耳听为实

在某县城的集市上响起了一阵阵悠扬动听的乐器声，一位中年男子正在吹奏葫芦丝。只见在他的背包里还有很多各式各样的葫芦丝。很显然，他并不是在自娱自乐，而是想通过现场演奏而推销他的乐器——葫芦丝。

中年男子高超的葫芦丝演技着实吸引了不少赶集的男女老少，悠扬的葫芦丝声使得听众们几乎都陶醉了。人群中走出一位年过花甲的老者，接过葫芦丝叼在嘴里吹了一声说道："音质还可以！"经过讨价还价他最终花20元买了一支，看起来可能是一位乐器爱好者；一名中年妇女也为她的女儿买了一支，小女孩拿到手里乐得合不拢嘴；紧接着，你买一支，我买一支……不一会儿，就卖出去二十多支葫芦丝。

由此可见，乐器推销员掌握熟练的演奏技术，对促销乐器的确具有帮助作用。

4. 高超的社交能力

社交能力即人际交往的能力，人际交往是指人与人之间的一种彼此接触、交流信息、相互影响的行为。推销员社交能力是指自觉地塑造自身形象，增强魅力，以吸引和影响其对象顾客。推销人员要与各种各样的人打交道，应具备高超的社交能力，要学会说服，善于倾听，能够与各种性格的人友好相处。老练的推销员都有一条秘诀，那就是推销员要有效地推销产品，首先必须先推销自己。一流推销员的过人之处，就在于他们具有卓越的自我推销能力，能够拥有众多的顾客。

社交能力不是天生的，是在生活实践中逐步培养的。要培养出高超的社交能力，必须努力拓宽自己的知识面，做到古今中外、天文地理，文韬武略尽可能多懂一些，同时要掌握必要的社交礼仪、礼节常识。

5. 良好的表达能力

推销人员在与广大顾客打交道中，不但要做到服务周到，态度热情，而且还应该充分运用语言艺术来挖掘顾客的潜在购买需求，促成交易。所谓"良言一句三冬暖，恶语伤人六月寒"，就说明了语言在人与人交往中的重要性。推销人员的口语表达能力，是指在与消费者打交道时，运用语言和表情传递信息，进行人际沟通的能力。良好的表达能力，对创造和谐的营销环境，促进消费者的购买行为有重要影响。推销员对用户说话要讲究艺术，要使用礼貌用语和尊重称谓，用明快的语调说话，有诚意而又热情洋溢地与对方说话，说话要富有感情，说话时应保持与对方距离适当，也要注意语言的时间间隔，要善于聆听对方说话，不要使用难懂的语言，话题要简明扼要，恰当地使用方言，发挥声言的魅力等。

6. 基本的法律知识

法律是体现统治阶级意志、由国家制定或认可，并以国家强制力保证实施的行为规范（规则）的总和。依法办事、依法保护自己的权益是推销工作的基本保障。推销员每做一笔生意，从法律上讲，买卖双方同时承担相应的权利与义务，也就是一种经济法律关系。因此，推销员应熟知经济合同法，了解双方的经济行为是否具有法律效力，签订经济合同的基本原则、程序、内容，合同变更和终止的程序，违约责任及其认定以及公证、担保，发生合同纠纷时的仲裁和诉讼程序等，同时还要了解诸如《计量法》、《食品卫生法》、《消费者权益保护法》等法律知识。

四、推销员的仪表素质

推销员的形象是销售工作中的第一块敲门砖，一定要提高对这方面的认识，坚持不懈地修饰自己的仪表。当然，仪表素质的基础是身体素质，因为推销工作是一项劳累奔波、行千里路、入万家门、劳神费力的工作。天南地北、酷暑严寒、塞北江南，四海为家，所以必须具备健壮的体魄，保持充沛的体力，只有在这个基础上，才能追求和掌握包括容貌、风度、服装、打扮、笑容、眼神、姿态、说话等多方面的艺术。

1. 容貌和风度

一个推销员的容貌与其推销成绩的好坏并没有直接的联系，但是，不管容貌如何，都必须有良好的风度。良好的风度是打开推销工作大门的一把钥匙。一位身材瘦小的推销员，在他访问用户见面的第一句话就开了个玩笑说："风真大，一阵风就把我给吹来了。"相反，如果是一位胖墩墩的推销员，则可以说："为了满足您的急需，我就连滚带爬地来了。"见其人，闻其声，虽然他们都其貌不扬，但容貌与讲话的风趣，构成了他们不同凡响的风度，幽默的语言会逗得用户开怀大笑，一下子就缩短了双方的距离，使对方产生亲近感。

2. 服装和打扮

推销人员的服装打扮应力图给人以清新感，由此觉得你人品好，靠得住。无论是着西服还是穿便服，均忌讳奇装异服和过于花哨。衣服的穿着要整洁、体面、利落，行动起来要显得匀称、潇洒。胡乱穿着则会显得粗野而给人一种不信任感。当然，推销员可以根据自己的年龄和体形特点，根据不同季节经常更换衣服，给人一种新鲜感。同时，更要注意自身卫生，注意发型、指甲等方面的清洁，防治口臭或狐臭等生理缺陷，要给人一种清新、典雅的感觉。

资料 12

一位客户的陈述

"有一天上午，一个推销员来拜访我，他开始做产品介绍，但我老是走神。我看着他的鞋子、他的裤子，然后再把目光扫过他的衬衫和领带。大部分时间我都在想，如果这位专业推销员说的都是真的，那他为什么穿得如此落魄呢？他告诉我他手中有很多订单，他有许多顾客购买了他大量的这种产品，但他的外表却显示他说的话不是真的。我最后没有购买，因为我对他的陈述没有信心。"

"有一天下午，我遇上一名推销各种笔的人。他走进办公室后，就坐在我办公桌旁，开始滔滔不绝地介绍他的笔。我很注意地听他精彩的讲解，对于优秀的推销员的现场销售表演，我怎么能错过呢！正听得津津有味时，不知他是因为我专注的神情而紧张，还是感觉我们的空调温度不够低，他拿着几张纸开始扇起来，一阵阵凉风拂过，同时一股难闻的口臭也飘来，我顿时一改对他良好谈吐的欣赏，当然连同他介绍的优质产品一并否决在那飘在空气中的口臭里。"

3. 甜美的笑容

笑口常开是推销员不可缺少的基本功。笑，有各种不同的表情和不同的结果，有迷人的笑，也有可怕的笑。作为一位推销人员，长出一副天生的笑脸，在人际关系方面是一笔难得的财富。甜美的笑容大多不是天生的，可以通过生活的实践用训练的方法塑造出来。

第三节　推销技巧与心理策略

在推销工作中，能够引起顾客的注意和兴趣实质上就能起到刺激顾客购买心理的作用。但能否达到这个目的，取决于推销员实施的推销技巧和心理策略。所谓技巧，主要是接近技巧、面谈技巧、转化异议技巧、成交技巧；所谓心理策略，是指推销人员根据推销活动的特点及对顾客购买活动各阶段的心理演变而采取的心理策略。

一、接近顾客的技巧与心理策略

接近顾客可以分为接近和面谈两大过程。把"接近"和"面谈"合在一起称为"接洽"。能否走好"接近"这一步，必须掌握接近的技巧并采取恰当的心理策略。通常有以下七种技巧与策略。

1. 介绍接近技巧与心理策略

（1）自我介绍法

自我介绍法主要是推销员自我口头介绍，然后用身份证、名片来达到介绍，从而接近推销对象目的的一种策略。口头介绍，可以详细解说一些通过文字无法了解清楚的问题，利用语言的优势取得顾客的好感。

（2）他人介绍法

他人介绍法是利用与顾客十分熟悉的第三者，通过写信、打电话或当面介绍的方法来接近顾客。这种技巧使顾客碍于人情、面子不得不接近推销员。因此，推销员必须在接近之后用高超的语言技巧，很快使顾客对产品产生兴趣。

（3）产品介绍法

产品介绍法是直接将产品摆在顾客的面前，使顾客对产品产生极大的兴趣，从而让产品作出无声的介绍。

资料 13

百闻不如一见

广州表壳厂的推销员到上海手表厂去推销，他们准备了一个产品箱，里面放上多种规格、品种且制作精美、琳琅满目的新产品。进门后，不说太多的话，只要求接待人员先看看箱内产品。箱子一打开，一下子就吸引住了上海手表厂的采购人员，达到了接近的目的。

2. 求教接近技巧与心理策略

求教接近法是推销员利用人们好为人师的心理，有意找一些"不懂"的问题，向顾客请教以满足顾客的自尊、成就感，以博得顾客对其好感进而接近顾客的一种策略。一般顾客是不会拒绝虚心讨教的推销员的，尤其对那些自视能力强、比较高傲的人来讲，采取虚心请教的方法，满足对方高人一等的自我感觉，就可以很好地接近对方。

资料 14

请教有助于接近

例如，某机电公司的推销员对客户说："张总工程师，您是机电方面的专家，您看看这种产品设计是否比老产品更具有优越性？"

再如，推销员说："马厂长，您是我市著名的企业家，我是否可以就如何提高经济效益的问题向您请教？"然后向他说明自己的产品能给他们厂带来哪些经济效益，借机推销。这种技巧总是在赞美之后进行求教，求教之后进行推销，其效果甚好。

3. 好奇接近技巧与心理策略

好奇接近法就是利用顾客的好奇心理引起顾客的注意和兴趣，然后把话题转向要推销的产品，以达到接近顾客，以至最终促成销售目的的策略。

资料 15

好奇才会有兴趣

有一位推销科普书籍的推销员见到男顾客时说："丈夫的寿命与妻子有关，你想了解这是为什么吗？"顾客马上好奇地接过书来翻阅，从而达到接近的目的。又如某一推销领带的推销员，几次求见商店老板不得会面。后来他写了一张纸条："你能否给我 10 分钟就经营问题提一点建议？"这张便条引起老板的好奇心，最后答应可以接见这位推销员。

好奇接近技巧是在掌握人们心理规律的基础上，采用有效的措施，达到接近的目的。由此可见，好奇心理是一种原始性动机，人们在日常生活中的各种行为往往易受好奇心理的驱使，因此，推销员利用好奇心来接近顾客是一种行之有效的技巧。

4. 赞美接近技巧与心理策略

赞美接近法主要是利用人们喜欢被赞美的心理来达到接近的目的。人的本性就是喜欢别人赞美，每一个人都会觉得自己有可以被夸耀的地方，推销员如果能够抓住并很好地利用这种心理，就能成功地接近顾客。但是，赞美并不是随便夸上两句就能奏效，要讲究技巧和策略。

首先推销员要对顾客有所了解，赞扬顾客的内容要确实存在，让对方感到你所赞扬的正是他自以为成功的方面。切不可背离实际漫无边际地赞扬，否则会引起相反的效果。

赞美要符合顾客心理，必须看准对象，了解情况，选对时机，不要凭想当然胡吹乱捧。赞美与奉承是有天壤之别的，奉承和赞美的不同点就在于是否实事求是，无端地夸大、虚情假意地拍马屁，当然不会给顾客带来好感。

资料 16

胡捧乱夸惹人烦

一位推销员在某家门口看见一个小孩与一伙人在一起就夸起来："这孩子真漂亮，和你长得一模一样"。结果顾客大叫起来："别胡说，这是邻居的孩子，怎么和我长得一样，你讲话得有点分寸！"这位推销员不仅没有达到接近顾客的目的，反而惹恼了对方。

5. 表演接近技巧与心理策略

表演接近法起源于古代推销术，其要领是避免与顾客正面接触，而是通过利用所携带的推销产品巧妙而恰当地向顾客演示，以引起顾客的注意和兴趣，进而使其能顺利转入洽谈的一种接近顾客的策略，即所谓"曲径通幽"。

资料 17

不看不知道，一看真奇妙

一位推销员进入用户的办公室后，彬彬有礼地向主人打了招呼，然后指着一块有污垢的玻璃说："让我用新出产的玻璃清洁剂擦一下这块玻璃吧。"果然，涂上这种清洁剂后，就毫不费力把玻璃擦得干干净净了。这一表演立即产生了很好的效果，使顾客产生了极大的兴趣，从而达到接近的目的。

6. 提问接近技巧与心理策略

提问接近法主要是通过推销员直接向顾客提问题，利用问题来引起顾客的注意和兴趣。在提问题时要注意，问题要明确、具体，把重点放在顾客感兴趣的利益点上。推销员在向顾客提问题时，应精心设计、构思。通过连续提问几个事先设计好的问题，使对方无法回避，从而达到接近的目的。

7. 赠送礼品接近技巧与心理策略

赠送礼品法是推销员利用送礼品来引起顾客的注意和兴趣，以达到接近顾客的目的。例如，免费赠送小袋牙膏、小包洗衣粉等；再如推销皮鞋赠送一管鞋油，推销冰箱送上一个温度计，推销衬衣赠送一条领带等。

总之，接近的技巧没有固定的模式，必须不断创新。除以上技巧外，还有调查技巧、聊天技巧、连续技巧等。虽然技巧策略各异，但其基本原理却是一样的。心理学是各种各样技巧的基础，要掌握接近的技巧，就要正确认识顾客心理活动的规律，即摸透顾客心理，以某种方式打动他，引起注意和兴趣，从而达到接近顾客的目的。

二、面谈的技巧与心理策略

接近顾客取得成功后，推销员的下一个目标就是面谈。面谈就是商务谈判，是整个推销成败的关键，是使顾客从对商品感兴趣上升到有强烈的购买欲望的阶段。

面谈技巧的运用在于掌握顾客的心理。顾客的心理虽多种多样，其基本类型有：从容不迫型、豪爽干脆型、家常闲聊型、沉默寡言型、优柔寡断型、固执己见型、感情冲动型、冷淡傲慢型、圆滑难缠型、自我吹嘘型、虚情假意型、心怀怨恨型，等等。一个很好的面谈计划，要想真正落实为具体行动，并取得较好的效果，就必须根据不同类型的顾客，采取不同的面谈技巧和策略。

1. 故事叙述法心理策略

故事叙述法是用讲故事的方法来推销、介绍、说明产品的用途、性质、优点等。例如，某生产公司把自己的产品——数控机床编成一个故事讲给顾客："某某制造厂原来所使用的生产设备都是传统的普通机床，生产率很低，企业长期亏损。自从使用了我公司生产的数控机床以后，生产率和产量增加了几十倍，利润也很快翻了几番，一下子使一个濒临倒闭的企业又起死复生了。"当顾客听完这个故事后，就可能产生购买欲望。

2. 资料介绍法心理策略

资料介绍法是指在与顾客面谈时，巧妙地运用企业的产品目录、照片、说明书、广告文件、产品效用的简报、顾客赞函、各种奖状等资料。

资料 18

真实的资料是无声的语言

有一家食品生产公司的冰淇淋推销员，他有自己独特的推销方法。他把78家长期销售他们公司生产的冰淇淋的个体户、小型食品店最近三年经营情况用相机拍成照片并收集在一个相册里。把这些店由于经营得好、门面的变化、职工的喜悦等镜头全部收集在册，以反映企业的变化，并请这些商店负责人、经理签字，制成了一个推销簿。该推销员在推销面谈过程中常用这个推销簿作为推销的辅助工具。

3. 借助他人推荐法心理策略

借助他人推荐法是指用其他客户对产品的见解、意见和赞扬，来证明推销产品的优异。所谓其他客户，最好是推销对象的熟人、亲友、上司、同事、同学，或者是社会名人，如影视明星、体育明星、大企业家、著名学者等，都会对推销起到很好的作用。

资料 19

借他人之口推荐商品

湖南有一家名酒生产公司到美国市场上进行推销，他们聘请了美国一位推销专家，这位专家让湖南这家酒厂把第一批生产出来的一万瓶酒编了号。然后在"圣诞节"前夕准备了精美的贺年卡，分别寄给一百多名美国最著名的大企业家，并写明："我厂生产一批新酒，准备将编号第××号留给您，如果您想要，请回信。"这些企业家在节日前夕能收到大洋彼岸的贺年卡十分高兴，自然纷纷回信，并寄钱求购。然后这位美国推销专家拿着一百名第一流大企业家的回信，再去找批发商进行推销，结果一举成功。

4. 现身说法心理策略

运用现身说法是指在推销过程中，常常由于推销现场旁观者的三言两语对顾客产生很大的影响，所以推销员要使现场的人站在自己的一边帮助推销，现场人多半是客户的亲朋好友、熟人、下属等，他们若美言一句，或许能起到重要的作用。

5. 为顾客着想的心理策略

在推销洽谈中，如果推销员能够设身处地地为顾客着想，即完全理解顾客心里在想什么，就可以对症下药，使推销洽谈更富有成效。

6. 事实运用的心理策略

在推销洽谈中，推销员用事实支持自己的观点是取得顾客信任、说服顾客的便捷之途。在运用事实时，推销员应尽可能具体地展示和运用事实，实事求是是最基本的要求。不言过其实，不吹牛夸口，是取信于顾客的重要条件。在洽谈中推销员口气要小一些，余地尽量留得大一些，更能说服顾客。

资料 20

事实胜于雄辩

人们在车站、街口等常常见到一些推销员站在显眼处，先把一块干净的手帕弄脏，再掏出一瓶××清洁剂倒一点在手帕上搓了几下，然后放在一碗清水（先喝了一口，以证明无掺入其他特殊的去污物质）里洗了洗，取出来又是一块洁白的手帕，以此来说服顾客们踊跃购买他们销售的清洁剂。

7. 妥协让步的心理策略

在推销洽谈中推销员要成功地推销商品，还必须学会让步，尤其是处于买方市场的情况下，推销洽谈更要注意有计划地实施让步策略。该策略以退为进，缠住对方，最终达到按计划成交的目的。

8. 激将法心理策略

运用激将法是一种相反的心理暗示法。有时对某些顾客用正面陈述法效果不佳，如果用相反的提示、刺激，则会产生更好的效果。这就是"请将不如激将"。如明知此人是老板却故意反问："您能做主吗?"这样的话能刺激顾客马上成交。用这种方法，说话要掌握分寸，既要刺激顾客，又不能冒犯顾客，同时要以尊重和同情顾客为宗旨，切不可过分戏弄和耍笑顾客，否则会产生反作用。

三、顾客异议转化的技巧与心理策略

1. 顾客异议

所谓顾客异议是指顾客对推销人员、推销品或推销活动所作出的一种在形式上表现为怀疑、否定或反面意见的反映。正确对待和妥善处理顾客异议，是现代推销人员必须具备的基本功。

顾客异议是推销过程中经常出现的问题，这正表明顾客已对推销品产生了兴趣。常言道，"褒贬是买主"。所以，异议来自对方对产品的兴趣，它是买卖成交的希望之光，应该欢迎。当然，不能否认有一些顾客异议可能是顾客不买的信号，因为人的购买心理是复杂的。顾客通常的异议类型是：价格异议、货源异议、购买时间异议等。这些顾客购买异议实质上也是推销障碍，是顾客对抗心理的一种表现。

2. 顾客异议对抗心理的产生原因

顾客产生异议和对抗心理的原因是多方面的，主要有以下几种。

（1）认识障碍

认识障碍主要表现为推销员的推销建议与顾客所持的观点相距太远，以至显得明显对立，因而使说服遭到拒绝。从接受心理上分析，当一个人接触他人的观点时，如果觉得与原来认识结构不一致，就会在心理上引起不同的反应。

（2）情绪障碍

心理学研究表明，任何人的心理活动在不同时期都有理智占上风和情绪占上风的交替过程。当理智占上风时，他能尊重客观事实，接受正确建议；当情绪占上风时，会从主观愿望上持排斥他人观点的意识，因而形成情绪障碍。因此，只有设法使其从情绪占上风转为理智占上风，说服才能奏效。

（3）行为障碍

顾客有时对产品会作出某种（甚至是错误的）表示，这时，当推销员的建议与顾客的心理倾向不一致时，顾客有可能不愿意改变原来的表示而拒绝推销员的说服，顾客错误的表示也就成为对抗说服时的行为障碍。

（4）群体对抗障碍

顾客的对抗心理不仅产生于他本人，而且会产生于他所属的单位群体的影响。有时候，从顾客个人来说，他完全可以接受推销员的推销建议，但由于推销建议与顾客的单位规范相冲突，顾客或客户就怕受到所属单位的反对或排斥，而拒绝接受推销员提供的产品。

3. 顾客价格异议转化的主要技巧与心理策略

顾客价格异议其根源来自于顾客心理方面。因此，分析顾客的心理障碍，将有助

于推销员施展推销策略来转化顾客价格异议。转化顾客价格异议可以运用以下几种心理策略。

（1）强调受益的策略

推销员在转化顾客异议时，应特别强调其产品在节省原材料、降低物耗及制造、维修方面的特点，或提高劳动效率、提高质量、增加收益方面的优势。

（2）缩小单价的策略

将报价的基本单位缩到最小，以隐藏价格的"昂贵性"，让顾客产生"价格不高"的感觉，从而达到转化价格异议的目的。如每天少抽一包烟，少喝二两酒，就可以省下一件××商品的钱等。

（3）反问逼退的策略

这种策略是要求推销员在顾客价格异议刚一提出时就马上采取反问的方式，"迫使"顾客自省，使其得以转化。例如，当顾客说："价格太贵了。"推销员不妨反问道："贵吗？那你认为什么价更合适？"类似这种价格异议，顾客若事先未经深思，仅是随口说说而已，就会被突如其来的反问问得张口结舌。若是真有根据，推销员不妨要求提出证明，然后再作调价准备，或用其他方法转化。

（4）比较优势的策略

推销员强调推销品本身相对于其他产品的优点和优势，让顾客感到该产品确实不同凡响，从而促使顾客消除异议。

资料 21

疑问各个击破，异议烟消云散

某家具生产企业的推销员，面对为差价而犹豫不决的顾客时说："我知道这种公文柜的确比别家的贵了 200 元，但是，贵自有贵的道理。第一，我们的柜子比别家的深 150 毫米，存放空间多了 8%；第二，请看这木料和烤漆，都是上等的，不但坚固而且光亮；第三，拉门和抽屉都比别家的灵活、精致、耐用，无论你怎么拉动，永远运转自如，不会给你添麻烦；第四，有两个抽屉都装上了价值 30 元的暗锁，可以存放重要文件和贵重物。从这些方面来看，我们的公文柜的确是上等的。虽然多花 200 元，但你所得的好处却多了很多，难道不值吗?"顾客提出的价格异议，无疑会在推销员逐一强调、分析和比较产品优势的过程中烟消云散。

（5）调整价格的策略

在当今经济社会，为适应市场竞争的需要，一般企业会允许推销员根据顾客提出的竞争价格做有限的减价或者经请示上级同意后做合理的价格调整。推销员如因减价到其极限时，顾客仍不作购买决定，继续要求给予减价，不妨采用"实惠损失法"的策略使其转化。

（6）以旧换新的策略

以旧换新是市场学中的促销策略之一，但若将它应用于推销，就变成转化价格障碍的策略。这种策略的应用，要选择好对旧产品作价的时机，不要过早地对顾客的旧产品作价，必须让顾客充分了解新产品能给他带来实惠和价值之后，在购买决心十分肯定的情况下，才能对顾客原来的旧产品进行收购作价。"先肯定购买，后适时作价"，这是推销学中应遵守的原则。

4. 货源、时间异议的转化技巧与心理策略

（1）货源异议的转化策略

货源异议乃是顾客对推销员提供的产品及企业不表示赞同或存有疑虑时，提出的使推销员处于不利地位的意见。此类异议一般有四种原因：①产品交货、运输不及时；②产品规格不符合规定；③销售服务不周到；④企业声誉不佳。这些障碍的发生，皆与推销员所在企业的交货能力、售后服务、信用状况等问题密切相关。

一般货源异议的转化策略有以下几种。

1）锲而不舍的策略。应付货源异议时推销员要心平气和，尽量设法缓和顾客的情绪，然后锲而不舍地进行说服。一般而论，起初顾客的怨气最盛，经两三次洽谈回合后会逐渐缓和，最后会因受感动而心平气和地再次接受推销员的产品。

2）以礼相待的策略。在业务洽谈中，如果顾客因偏见而引起货源异议，推销员应尽量以礼相待。在可能的范围内，答应顾客的要求，改正不合顾客心意的行为和事实。这种屈从式的礼貌，推销员虽一时受委屈，但对于促成交易却有很大的帮助。

3）有效类比的策略。类比即比喻和类推，常用来应付一些微妙的货源障碍。如顾客对于推销员所代表的企业，因某次交货缓慢而感到不满，致使原可顺利成交的交易暂时停顿，于是推销员在事不由己的情况下，只好将其苦衷用类比方式说出。

4）举证劝诱的策略。举证是理智的劝诱，劝诱是感情的说服艺术。举证劝诱策略就是用证据来证实产品质量的优良与供应能力和条件，以便获得顾客的认可和信任。

（2）时间异议的转化策略

推销员不可忽视顾客时间的异议，现代市场经营环境瞬息万变，顾客拖延购买时间就会造成"夜长梦多"，可能导致不利于推销的变化，甚至会招致意想不到的后果。

时间异议的转化策略有如下几种。

1）货币时间价值法的策略。推销员向顾客讲清楚货币的时间价值观念，指出"立刻购买"与"拖延购买"之间客观上存在的利弊关系，早一点购买和晚一点购买，货币的价值就大不相同。比如有一家化妆品公司的广告词是："早一天使用，晚一天衰老。"

2）良机激励法的策略。这种策略就是利用推销中的特定稀有机会来激励顾客。常

见的有"限量订购"、"节假日优惠"等，用不同的措施来激励顾客早日购买。

3）意外受损法的策略。这种策略与"良机激励"策略相反，推销员利用顾客意想不到但又行将发生的变动因素，如物价上涨、政策变化、市场竞争等情况促使顾客及早作购买决定。

4）不争辩的策略。通常有的人喜欢争辩，推销员则应切忌与之争辩，即使你口齿伶俐，能言善辩，辩赢对方，只能是逞一时之快，但却失去交易机会，失去客户，得不偿失。

5）保全顾客面子的策略。爱面子是人的天性，如果推销员伤害了顾客的面子，纵使你的推销品再好，也无法达成交易。因此，在处理顾客异议时，要表现出恭敬的态度，表示尊重对方看法，然后提出自己的意见。说服顾客最好的办法，是在保全其面子的前提下，让顾客在不知不觉中接受，甚至觉得是他自己的主意。

6）倾听顾客不同意见的策略。推销工作中，如果自己说得太多、不注意听取顾客意见、喜欢在顾客讲了一半时插嘴和辩解，那样会让顾客产生反感，也无法弄清顾客的意图。因此，推销员不应急躁，要耐心听取对方意见。

7）回避顾客异议的策略。当顾客提出异议太多时，不要一一作答，可以挑选较为重要的问题回答。在回答了几个问题之后，可以反问对方是不是都清楚了，如果对方还有问题，可以专门回答，以避免问题太多没有重点。

8）向顾客反问的策略。有时可以用反问的办法使顾客自己回答异议。如对方说，"没有兴趣"。你可以用疑问的方式反问道："那您对什么样的商品感兴趣？"对方只好做答。

9）使用约束性问话的策略。推销员在回答了问题之后可以反问："如果我们能满足您提出的问题，那么请决定要 A 产品还是要 B 产品？"这样的结论，就促使顾客作出二中选一的购买反应，达到成交的目的，所以在推销的结尾，用约束性语言作结论，会起到画龙点睛的效果。

四、成交的技巧与心理策略

推销员从选择推销对象开始，经过约见接近、面谈、转化顾客异议等阶段，最终目的是取得工作成果——成交。在推销洽谈时，要善于捕捉成交信号，及时促成交易；要努力克服心理障碍，坚定信心，勇于成交；要积极诱导顾客，使其主动成交。要做到这些，必须运用好成交技巧和心理策略。由于推销的产品、对象以及所处社会环境和条件不同，因而应根据具体情况采用不同的心理策略。

1. 选择法成交心理策略

选择法就是推销员引导顾客在成交阶段时在一两个品种中进行选择，促使其成交。

资 料 22

循序渐进，顺利成交

有一位服装推销员问顾客："您喜欢什么颜色的？"顾客说："绿色。"推销员问："质料呢？是毛的，丝的，还是化纤的，混纺的？"顾客说："混纺的比较挺。"推销员问："成套的，还是单件的？"顾客说："成套的。"这时推销员已摸清顾客的购买意向，可代为挑选深绿色和浅绿的套装供顾客选择。同时还可以说："您看这两套怎么样？尤其是这套浅绿的，与您的年龄、身材相配很合适。"顾客说："真的吗？那我就要这套了。"于是这笔生意就顺利成交了。

2. 疑虑消除法成交心理策略

推销成交的最大障碍之一是顾客心怀疑虑。转化顾客心中疑虑，首先要弄清顾客心中是什么疑虑。顾客的异议不外乎与价格、货源、不能做主、缺少全面考虑等方面有关。设法弄清顾客心中的疑虑后，可引用异议转化策略加以解决。

3. 假定成交法心理策略

假定成交法的立足点建立在"顾客要买"的肯定假设上。推销员以此为出发点，逐步展开各种推销技巧，一旦获得进展，就可向顾客提出成交的请求。例如，顾客说："是呀，这种产品的价格倒也公平合理。"此时推销员就该很自然地拿出笔与合同书或订货单，放到顾客面前并同时说："请把您的大名签在这里，我们马上就可以送货。"假如对方没表示反对，就证明已同意成交；如果遇到顾客制止，还可利用其他的成交办法。这种策略运用得当，能缓和成交时的紧张气氛，增强顾客的购买信心，使之迅速作出成交的决策。

4. 直接请求法成交策略

这种技巧的基本点是建立在推销人员自信心的基础上，也就是推销说服工作已到了成交时刻，只要推销员提出成交要求，顾客便会自然答应。如推销员间接向顾客提出："请问您这次打算要多少呢？"这样的语气里，虽然没有"购买、合同"等敏感性词语，但也说明顾客同意成交。

5. 连续肯定法成交策略

推销员运用连续发问的方法使顾客回答时只能作出肯定的回答。运用连续肯定法技巧，推销员要具有敏捷的思维能力。每一个问题的提出都要经过仔细的思考、设计。其中特别要注意双方对话的结构，使顾客沿着推销员的意图作出肯定的回答。

资料 23

连续肯定，促成交易

下面是发生在一家装饰材料销售柜台的一段对话。

推销员对顾客说："你们二位是选购装饰材料的吧？"

顾客说："是的。"

推销员："这里装饰材料很齐全，请问你们想选哪个品种？"

顾客："木地板。"

推销员："请到这边来。我想二位要买的一定是物美价廉、坚固耐用的吧？"

顾客："那当然。"

推销员："你们喜欢什么花色的呢？"

顾客："水曲柳花纹的，有真实感。"

推销员："这里共有三种质地和图案的水曲柳木地板，你们愿意选用哪一种？"

顾客说："太好了，那我们就选这一种吧。"

6. 利弊对比法成交策略

利弊对比策略是以顾客正常的购买心理及合乎逻辑的推理为前提。这种策略是推销员明确列举商品或劳务的特征、优点与效益，并保证满足顾客的需求，让顾客自己来衡量其中的利弊得失而作出选择。

7. 引导购买法成交策略

凡是顾客未经试用的新产品，一般都持有怀疑态度，不敢轻易选用，推销员可以针对这一心理状态，把一些可用的实例和经验应用到成交阶段顾客身上，以提高顾客对商品的信任和购买兴趣。如过去成交交货时推销员与顾客的留影照片、顾客使用产品后写来的感谢信或报纸的新闻报道等。

8. 新产品推销的技巧与心理策略

推销员在推销新产品时应遵守这样的一个原则：尽量把新产品描绘得简易些，指出它的优势以及与某种老产品的相似之处，引导顾客的购买心理逐渐过渡到新产品上来。推销员切不可把新产品说得神乎其神，不管顾客的习惯意识多么令人难以理解，推销员都不应挖苦讽刺顾客，更不能强迫顾客改变习惯意识，而应立足于引导。

9. 借助他人帮助的技巧与策略

推销员通过自己的努力与顾客达成交易，是再好不过了。但有的时候，虽然尽了最大努力，还是说服不了顾客。这时推销员不能就此放弃向顾客推销，而应该借助他人的力量说服顾客，使之产生购买行为。例如，顾客在购买时下不了决心，这时可以把销售经理请来，并对顾客说："平常我们经理没有时间一一拜访顾客，但由于您考虑问题比较慎重，为了能更详细地说明产品，我特意把经理请来，您有什么问题尽管提出来，有经理在，什么问题都容易解决。"经理会见顾客，并由推销员从旁协助，会在自然轻松的气氛下，促成顾客的购买行为。

资料 24

借人一臂，促成交易

2012 年的一天，一家意大利在沪独资企业的意籍华人副总经理陶先生来到某汽车销售的展厅，碰到汽车销售人员小刘及销售部经理高先生。先是小刘迎上前去。

刘：先生，您需要什么品牌的车？

陶：想买桑塔纳。这儿怎么不见桑塔纳 2000 啊？

刘：啊，不好意思，那款车刚卖完。不过明天就有货了。

陶：唉，真不巧，那我只有去别家看看了。

此时，在一旁的高先生走过来，小刘把他介绍给客户。简短的寒暄后，高经理得知顾客是为新开张的外商独资企业买自己的"坐骑"。

高：这么说来，陶总也是在为浦东开发作贡献啊！

陶：浦东变化真是快啊！五年前我移民出去，现在大部分地区都认不出来了。

高：您是上海老乡啊！现在是外国大老板呀！像您这个层次的职位真是让人羡慕啊！

陶：我们这家公司全欧洲都知道哇。

高：是大老板大公司啊，那么办事的派头也要大喽。

陶：是的。外国人做生意都讲信用，讲派头，办公地点要定在高级写字楼，而且要在市区繁华地段。员工出差也要住四星级以上的宾馆……

高：陶总，如此看来，买桑塔纳好像不是很妥当了，至少也要买辆奥迪吧。

陶：我不能乱花老板的钱啊。

高：陶总您想想，2000 型的桑塔纳是经济实惠，款式虽然也新，可对您来说，好像就不够档次了。老总要有老总的派头，外国搞市场经济讲信用、讲派头，这里也一样的。再说了，您为老板省了几个钱，当老板来视察时，说不定还会责怪您呢！

陶：这（犹豫地）……话说得有理，名车、豪宅本身就是一种信用。那我跟老板请示一下，看老板是否同意？

……

果然，陶总增加了自己的预算，购买了一辆进口奥迪。

10. 团体成交法心理策略

有时从表面上看，顾客是由几个人组成的一个团体，此时，应用团体成交法的关键在于推销员要集中精力去说服顾客团体中的成交决策者，只要把决策者说服了，那这笔生意也就基本成交了，而不必在其他非决策者身上花太多功夫。

第四节　推销员心理素质的培养

目前，加强企业推销人员心理素质的培训，不断提高推销人员在各种环境下推销商品的能力，已成为企业的当务之急，切不可忽视。

一、推销员应培养的心理素质内容

许多国家的企业家、社会学家和心理学家，对推销员的心理培养做过大量的调查统计和分析，根据推销工作的特点和要求，专家认为，应培养推销人员具有以下几个方面的心理素质。

1. 培养良好的服务心理

良好的服务心理表现在能准确地了解顾客的愿望、需求、爱好、购买习惯等，主动热情、耐心周到地帮助其解决问题，为顾客利益着想，千方百计地满足其需求。反之，盛气凌人、态度冷淡，不为顾客着想等，这不应是推销员所为，只能是服务心理扭曲的表现。

2. 培养细心观察的能力

细心观察能力表现在能够观察顾客的情绪变化及自己所处的环境，并根据自己的观察作出恰当的判断。如推销员通过观察发现顾客的收入状况、对产品的需求，就可以正确提出自己的推销建议。

3. 培养乐于交际的心理

乐于交际的心理表现在推销员处于陌生环境中时，要对陌生的而且可能态度不友好的顾客展开主动交际。要能够应付各种情况，迅速地和各种人交朋友，并且能够随机应变。

4. 培养说话的艺术

推销员只有具备良好的心理，才有较高的说话艺术。说话艺术主要表现在：诚心诚意，富有感情，充分发挥声音的魅力，用明快的语调说话，给顾客一种亲切感，留下较深的印象。

5. 培养自信心理

推销员的自信心理表现在要相信自己完全适合推销工作，能够说服消费者或用户，把商品推销出去。推销员的自信心理还表现在大胆、主动、创造性地工作。优秀的推销员应当永远保持良好的自信心理。

6. 培养克服困难的心理

从事商品推销工作，难免要碰钉子。有些推销人员一遇到挫折或一时不顺利，就垂头丧气，这是缺乏应付挫折能力的表现，也是心理素质不高的表现。克服困难的心理表现在有勇气面对推销工作中无休止的交涉和挫折，在一些执拗的顾客面前要有耐心，用冷静沉着的态度去应对，从失败中吸取教训，找出新的更具说服力的推销方案。克服困难的心理还表现在要有坚强的毅力和十足的干劲去克服长途跋涉、连续不断地到处奔波的困难。

7. 培养良好的道德心理

推销员良好的道德心理主要表现在能从顾客角度考虑问题，设身处地为顾客着想，不推销伪劣商品，不作虚假的商品介绍，不欺骗用户；推销员良好的道德心理还表现在能抵制社会上各种不良风气的影响，不损公肥私，能妥善处理国家、企业、个人三者的利益关系。

8. 培养相关产品的知识

推销人员要向顾客宣传介绍所推销的商品，应该是熟悉商品知识的"内行"。这些知识包括：商品在社会上存在的原因以及给消费者带来的好处，商品的生产方法、用途及使用方法，本企业商品与其他企业同类商品之间的比较，不同类商品之间的比较以及商品的国内外市场状况等。

资 料 25

王婆卖瓜，先要找对买家

河北省某县的一家罗网厂的推销员小王，有一次听说某地有个塑料厂。他想，制塑料得用过滤筛，于是急忙登上火车，昼夜兼程地赶到那里。待他说明来意，对方厂里的人笑说着：我们生产的是白色塑料不用过滤，只有带颜色的塑料才需要过滤。小王只好扫兴而归。后来，小王下苦功夫学习，掌握了各种业务知识，他在部门的推销业绩直线上升，他所在工厂也越办越火。

9. 培养社会认知能力和适应能力

培养社会认知能力和适应能力即培养推销人员对外界事物的了解能力、处理人际关系的能力、观察市场和收集信息的能力等。推销人员应努力去了解哪些消费者喜欢把自己对产品的印象和意见转告他人，经常为企业做"口碑广告"，从而找到能协助自己从事推销的助手。

10. 培养推销的技巧

推销技巧的训练是一种综合性的训练，它包括心理训练、知识训练和技能训练等，通过训练使推销员具备一定的推销技巧。具体地说就是推销人员应掌握顾客需要，会分析顾客心理，通过察言观色，掌握处理买主异议、访问客户时如何说话、如何谈判等各方面的技巧，学会接待顾客、宣传和展示产品的特点和性能，掌握好适时促成交易的技巧等。

上述几个方面是培养推销员应具备的一般心理素质。但是应当看到，对于不同商品和不同情况下的推销工作，推销员需要具备的心理品质条件是不同的。所以，每个企业应当根据自己的情况和要求，确定推销员的条件，测定推销员的心理，有计划地通过培训，提高推销员的心理素质。

二、推销员心理素质的培训方法

国内外企业培训推销人员心理素质的方法主要有以下几种。

1. 系统的理论学习

该方法一般通过脱产到学校进修的途径比较容易实现，也可以采取短期脱产或半脱产学习等办法来实现，这样有利于促进对相关专业知识较系统的掌握，提高培训的效果，但不能直接提高推销人员的实际技能。

2. 轮换角色培训

轮换角色培训即让参加培训的推销人员主动地表演各种典型的场面，比如上门推销、柜台服务等，在此之后，由有经验的推销人员分析评价，指出存在的问题。这种方法具有一定的实践性，有利于调动推销人员的主观能动性，也便于企业发现营销人才。

3. 聘请专家作企业营销的顾问

聘请具有丰富经验的优秀营销专家作为企业的顾问，帮助企业培训推销人员，指导推销人员做好商品推销活动，不断提高推销效果。这种方法针对性较强，特别有利于提高推销人员的实际业务水平。

小 结

通过本章的学习，主要让学生了解推销员的任务、推销员的职能心理，把握推销员的素质与心理，懂得推销技巧与心理策略，了解推销员心理品质的培养。使学生能比较全面地熟悉和掌握推销员的职能心理活动及相关策略等。

案 例 分 析

一个10岁男孩给专业营销工作者所上的一课

时间：某年某月某日晚20时；

教室：西安回民坊某酒馆；

讲师：一个10岁的卖花的小男孩；

学生：三位食客（某制药厂营销总监、市场部经理、驻陕西省经理）；

事由：营销总监在市场部经理的陪同下到西安考察市场。由于航班晚点，安排住宿后三人来到当地的风味饮食"回民坊"吃晚饭，他们一边吃饭一边聊着山西市场的销售工作。

包房外有人敲门，随后一张稚嫩的笑脸探进室内，"几位老板，晚上好！我可以进来吗？"

"可以的，进来吧！"

一个身着洗得有些发白的牛仔服、满脸堆笑的小男孩站在距离餐台1米左右的地方冲着三人说："看几位先生满面红光，一定是发大财了，买几支鲜花吧。"

"你看我们三个大男人买花送给谁呀？"陕西经理不经意地说。

"送给帅哥呗！"小男孩冲着营销总监满脸堆笑地说。

"这小子，还挺会拍马屁。多大了？"营销总监笑着对小男孩说。

"10岁了。听老板的口音是东北人呐，东北人都有钱，看您还抽中华呢！"小男孩说。

"这小子，尽挑好听的说，快走吧，我们不买！"市场部经理有些不耐烦了。

"不买不要紧，我送您一支，玫瑰花能给您带来桃花运的！"小男孩调皮地笑着，一边将一支玫瑰花放在餐台上，一边拿起放在桌上的啤酒瓶挨个给斟满啤酒，然后闪到一边不动声色地看着大家。

"这怎么行，快给这小家伙儿几块钱……"营销总监显然有些着急了。

市场部经理赶忙递给小家伙5块钱。小男孩熟练地接过钱，迅速地揣进上衣口袋，抬起头从容地向营销总监说："一支 10 块钱。"并且迅速地走到市场部经理的背后用他细弱的小拳头为市场部经理捶背！

营销总监和市场部经理相对一笑，市场部经理拿出钱夹，不巧没有零钱！于是，他只好拿出 10 元钱，并准备换回小男孩口袋里的那 5 元钱。然而，出乎意料的是，小男孩接过后又迅速地揣入口袋，并向市场部经理深深地鞠了一个躬："谢谢干爹！"

自然，大家都无语了。市场部经理哪还好意思再要回那 5 元钱呢！

三人已经笑得快喷酒、喷饭了！

小男孩满脸欢笑地向市场部经理做了个飞吻的手势，口中念道："干爹，I love you!"并倒退着走出了房门。

故事似乎应该结束了，当他们用过餐来到大厅的时候，又见到了那个小男孩。与刚才不同的是小男孩手中的鲜花已经全卖光了，他正在大厅的角落里幸福地享受着手里的肉夹馍。当他看到那三个人时，依旧调皮地向他们做着鬼脸。

案例讨论：

1．这个 10 岁的小男孩的成功之处在哪里？

2．在整个"卖花"的过程中，小男孩运用了哪些营销心理学理论？

3．这个案例给你带来哪些启示？

实 训 练 习

实训主题：商品推销洽谈。

实训要求：遵循推销洽谈的原则；事先准备好充足的相关资料，针对不同类型的顾客，灵活熟练地运用不同的推销洽谈方法，达到最终激发顾客的购买欲望之目的。

实训准备：

1．将班级的学生分为若干小组，每组 4～6 人。

2．运用本章讲解的各种接近顾客和面谈的技巧，请学生分别设计出推销人员在上门推销和柜台推销两种场景情况下的推销洽谈方案（产品类型可自行选择，如家用电器、化妆品、笔记本电脑或手机等）。

实训操作规程：

1．写出五种导入推销洽谈方法的方案，先在小组内进行交流，选出优秀者，再在班级内全体同学中交流，教师讲评，选出范例。

2．以小组为单位，用角色扮演法，模拟自己设计的方案与顾客进行推销洽谈、说服顾客购买，轮换进行，然后选出最佳者，再在班级内模拟表演，最后教师讲评，选出全班优秀者。

复习思考题

1. 为什么说展示和示范表演是引起顾客购买兴趣的重要手段？
2. 柜台推销与上门推销的顾客有何不同的心理状态？
3. 柜台推销接待顾客的程序与策略是什么？
4. 推销员应该具备什么样的职业心理素质？
5. 推销心理策略包含哪些内容？
6. 推销员心理素质的基本要求有哪些？
7. 如何加强推销员心理素质的培养与训练？
8. 在产品推销过程中，推销员经常采用的心理策略有哪些？

主要参考文献

冯丽华．2005．营销心理学．北京：电子工业出版社．

黄景清．2004．100 个令人拍案叫绝的营销案例．北京：中华工商联合出版社．

李晓霞．2006．消费心理学．北京：清华大学出版社．

刘国防．2007．营销心理学．北京：首都经济贸易大学出版社．

刘佩华．2007．营销心理学．北京：机械工业出版社．

濮小金，司志刚．2005．电子商务的营销技术．北京：中国水利水电出版社．

单凤儒．2009．营销心理学．2 版．北京：高等教育出版社．

申纲领．2007．消费心理学．北京：电子工业出版社．

孙庆群，王铁．2005．旅游市场营销学．北京：化学工业出版社．

孙庆群．2013．旅游心理学．2 版．北京：化学工业出版社．

田戈．2004．改变世界的 100 个营销故事．北京：朝华出版社．

汪林．2011．消费者心理与行为．北京：中国人民大学出版社．

汪彤彤．2011．消费者行为分析．上海：复旦大学出版社．

汪中求．2007．营销人的自我营销．北京：新华出版社．

薛群慧．2005．现代旅游心理学，北京：科学出版社．

俞文钊，陆剑清．2006．市场营销心理学．大连：东北财经大学出版社．

臧良运．2007．消费心理学．北京：电子工业出版社．

赵晓东，胡伟．2010．汽车消费心理学．北京：北京理工大学出版社．